JEAN RICHEPIN

LAGIBASSE

— ROMAN MAGIQUE —

VT.

QUATRIÈME MILLE

PARIS
BIBLIOTHÈQUE-CHARPENTIER
EUGÈNE FASQUELLE, ÉDITEUR
11, RUE DE GRENELLE, 11

1900
Tous droits réservés.

LAGIBASSE

SCEAUX. — IMPRIMERIE E. CHARAIRE

LAGIBASSE

I

Sauf sur quelques enseignes de *débitants* dans les vallées supérieures de l'Oise et du Thon, sauf encore au titre d'une vaillante petite feuille hirsonnaise, c'est un nom désormais peu en usage que le nom de la Thiérache.

A mesure que le chemin de fer, pendant ces trente dernières années, pénétrait et changeait de fond en comble la vieille province, y substituant le pâturage et l'industrie à la culture morcelée, à l'exploitation forestière, à la sauvagerie même en certains endroits, il semble que les habitants du pays aient voulu, eux aussi, devenir autres et perdre jusqu'à leur appellation de jadis et de naguère. Comme s'ils avaient honte d'être Thiérachiens et du méchant calembour qu'on en faisait de temps immémorial (*Thiérachiens ont tierre-à-chiens*), ils ont renoncé maintenant, surtout parmi les générations nouvelles, à dire même le nom de la pauvre défunte Thiérache.

Une fois disparus les cinquantenaires d'aujourd'hui, l'antique nom à son tour disparaîtra, éteint à tout jamais sur les lèvres vivantes des hommes. On ne le retrouvera plus que dans les copieux traités de géographie historique en trente ou quarante volumes, vaguement cité dans une note au bas d'une page, et définitivement obscur et aboli à cette place comme un mort d'autrefois, oublié de tous en un petit coin d'un grand cimetière.

La Thiérache, au surplus, n'a été en aucun temps favorisée par la gloire. Enclavée entre le comté de Namur et les Ardennes du Luxembourg, formant là une pointe de terroir très spécial et comme étranger aux sols voisins, avec ses âpres collines aux escarpements broussailleux, ses fonds de marécage, ses innombrables sources qui en font une éponge toujours gonflée d'eau, elle a vécu isolée, confite dans son humidité hargneuse, offrant peu de tentations aux conquêtes, ne cherchant pas non plus à se répandre hors d'elle-même. Et ainsi son existence a coulé sans bruit.

Les invasions et les guerres ont presque toutes passé autour d'elle, n'y fusant que par brèves infiltrations. Seuls, les bohémiens, pour qui la vallée de l'Oise est une route traditionnelle, y ont laissé trace de leurs migrations rapides, en quelques colonies de vanniers. La race est donc restée autochtone, et extrêmement particulière. Au dire des ethnographes, c'est un des gisements humains les plus anciens de l'Europe. A des caractères irréfragables, on y reconnaît, encore aujourd'hui, marqué par de singuliers retours d'atavisme, le sang farouche et primitif des peuplades quaternaires qui avaient là leur habitacle bien avant l'arrivée, non seulement des Francs et des Germains, mais des Gaulois eux-mêmes.

Sans avoir recours, d'ailleurs, aux explications plus ou moins hypothétiques de l'ethnographie, il suffit d'être un tantinet observateur pour voir tout de suite combien le type thiérachien, en général, diffère des types picard, wallon, ardennais, que l'on rencontre dans les provinces limitrophes, en France, en Belgique et dans le Luxembourg. La race, ici, est plus trapue, de poil plus noir, de peau moins claire. Les yeux, surtout, y ont une expression significative. Ils vous font penser irrésistiblement à des époques très lointaines, très mystérieuses, où l'homme se dégageait encore mal de l'animalité. Beaucoup d'entre eux en ont gardé jusqu'à nos jours et en montrent à plein, par moments, le reviviscent souvenir, dans des regards à la fois rusés, lubriques et féroces.

Cela soit dit, bien entendu, sans vouloir faire injure aux Thiérachiens d'aujourd'hui, lesquels sont, en bloc, les plus honnêtes et les meilleures gens du monde ! Mais cela soit dit quand même, comme la vérité l'exige, et comme en peuvent témoigner les annales judiciaires d'une contrée qui est la contrée de France la plus féconde en crimes passionnels poussant la luxure jusqu'à l'étrange et la cruauté dans la vengeance jusqu'au monstrueux.

Aussi bien faut-il avouer que la contrée elle-même semble avoir en quelque sorte donné son âme à ces regards rusés, lubriques et féroces, où ressuscitent encore maintenant les instincts sauvages des ancêtres thiérachiens. Elle a des sites qui invitent à l'amour, à l'embuscade et au meurtre.

Ses innombrables sources, aux chansons chuchotantes, sont comme autant de serpents qui siffleraient des mélodies d'oiseaux, incessamment, obstinément, avec une insistance d'entremetteuse. On a, pour les entendre mieux, envie et besoin de se coucher, l'oreille contre la terre. Cette terre est molle, feutrée de mousse en matelas, où le corps s'enfonce doucement, où l'oreiller s'offre de lui-même, où tout de suite est suggérée l'idée d'un lit voluptueux.

Non pas d'un lit pour y dormir! Car, une fois étendu là, on perçoit les mille bruits fourmillants de cette terre toujours en travail, sous laquelle l'eau court comme de la sève, comme du sang. Un bourdonnement vous en monte, chatouillant à fleur de peau, s'infiltrant par vos pores, vous mettant la chair en vibration. En même temps, du creux de la vallée prochaine s'exhale l'odeur légèrement croupie du marécage, qui sent la grenouille visqueuse aux yeux d'or en extase. Il s'y mêle l'haleine âcre de l'oseraie, qui fleure l'écorce verte, arrachée, écrasée, de suc irritant. Ah! sur ce lit vivant, aux courtines de désirs, non, ce n'est pas dormir qu'on veut!

Et alors, la tête à l'envers, le cœur battant la charge, les sens troubles et frénétiques, on se prend à rêver d'une capture possible, comme si l'on était redevenu un de ces quaternaires habitant là jadis, un impulsif n'obéissant qu'à ses brusques appétits, capable de tout pour les satisfaire. L'affût se présente si facile, dans ces taillis épais, aux détours de ces sentes encombrées de ronces, par ces grimpettes à pic d'où l'on peut bondir ainsi qu'un fauve!

Et, tout au bas, le sinistre étang, dont la vase enlizante a des trous sans fond, des trous de noir cœur impénétrable! Ce n'est plus dans le rêve qu' va, mais dans le cauchemar. On voit une fillette assaillie, en proie, étranglée dans un coup de folie furieuse, et son corps englouti parmi les remous glougloutants du marécage.

Et l'on se réveille épouvanté d'avoir songé un aussi abominable songe, de l'avoir songé sans horreur, d'en avoir horreur seulement après. On revient à soi. On se retrouve un homme d'aujourd'hui, policé, adouci, raisonnable. Mais on comprend à quelles reffervescences des vieux instincts primitifs et sauvages un être, plus près de la nature, peut et doit être poussé violemment et inconsciemment, par cette âme de la terre thiérachienne, par cette âme faite de toutes les âmes de tant d'ancêtres à demi brutes, par cette âme qui vit

1.

encore dans tant de regards là-bas, à la fois rusés, lubriques et féroces, par cette âme d'un pays qui sue l'amour, l'embuscade et le meurtre.

II

Précédant de quelques siècles dans l'oubli le nom de la Thiérache, il y a déjà longtemps que s'est éteint pour l'histoire le nom de la plus vieille et de la plus illustre famille noble thiérachienne, les Leleup de Marcoussy de Lagibasse.

Elle avait cependant compté de nombreux et glorieux représentants, dignes du grand ancêtre, qui, en 1097, était parti pour la première croisade avec Godefroy de Bouillon, et s'y était fait tuer héroïquement après avoir déconfit à lui seul, dit la chronique de Goëzal, dix-sept Sarrazins en une heure. Pendant près de quatre cents ans, les descendants de ce preux avaient continué ses traditions de bravoure, tantôt au service des comtes de Namur, tantôt au service des rois de France, quelquefois même pour leur propre bénéfice, tâchant d'ériger le domaine de Marcoussy en marquisat indépendant.

Déboutés finalement de cet espoir orgueilleux, ils avaient perdu le plus beau de leurs biens à la mort du Leleup de Marcoussy de Lagibasse, qui fut décapité sous Philippe le Hardi. Il faut croire néanmoins que leur soumission à la maison de

Bourgogne ne les avait pas complètement réduits à *quia;* car l'histoire cite encore un Leleup de Marcoussy de Lagibasse parmi les gentilshommes amenés par Marie de Bourgogne à la cour de l'archiduc Maximilien d'Autriche, lors du fameux mariage conclu entre l'héritière de Charles le Téméraire et le fils héritier de la maison de Habsbourg, en 1477.

Le noble Thiérachien est, d'ailleurs, dans les chartes relatant la cérémonie, l'objet d'une simple et brève mention, sans plus. D'où il est permis d'inférer que, si la famille Leleup de Marcoussy de Lagibasse avait encore place dans l'armorial de la province, elle n'y avait plus une place prépondérante, ni même très reluisante, le noble Thiérachien n'étant catalogué dans la domesticité de Marie de Bourgogne que parmi beaucoup d'autres serviteurs français, et pêle-mêle avec le tas des noms dénués d'importance.

C'est, au reste, la dernière fois qu'un Leleup de Marcoussy de Lagibasse ait donné à l'histoire l'occasion d'enregistrer son nom. A partir de ce moment, c'est-à-dire depuis plus de cinq cents ans, la plus vieille et plus illustre famille noble de Thiérache a vécu, comme la province elle-même, dans une profonde obscurité.

Sans doute elle était ruinée et n'avait pu se relever d'avoir perdu Marcoussy. Peut-être aussi, après tant de guerres et d'aventures, avait-elle trouvé le repos, sans en plus vouloir sortir, dans le pauvre, maigre, mais tranquille et isolé domaine de Lagibasse; et dès lors les capitaines de jadis n'avaient plus reparu, s'étaient changés en hobereaux casaniers, buveurs et chasseurs, le sang s'étant épaissi à des alliances paysannes.

Toujours est-il que ni au xvie ni au xviie siècle, on ne retrouve un seul Leleup de Marcoussy de Lagibasse, je ne dis pas à la cour et dans les honneurs, mais simplement à l'armée, ne fût-ce que comme cadet et comme officier de fortune. Terrée à Lagibasse, la famille n'en sort plus.

Elle va même s'embourgeoisant officiellement dès le xviie siècle, où l'on cesse de la qualifier *très haute et très puissante maison* dans les actes notariés, à propos des ventes, achats, mariages ou héritages qu'elle fait. Quelques-uns de ces actes poussent parfois l'irrévérence jusqu'à oublier la particule nobiliaire, omise aussi dans les signatures, qui tantôt portent Leleup-Marcoussy et tantôt Leleup-Lagibasse.

Enfin, à dater de la Révolution française, la famille s'appelle Lagibasse tout court, et elle est représentée alors, suprême effort de l'atavisme guerrier, par un soldat, il est vrai, mais par un soldat arrivé seulement, pendant l'Empire, à l'épaulette de laine et filigrane de l'adjudant sous-officier.

N'empêche qu'entre le grand ancêtre et ce pauvre chien-de-berger de pousse-cailloux, la filiation était parfaitement établie, très nette, et sans discussion possible, par authentiques parchemins et titres de propriété gardés au château de

Lagibasse, ou du moins à ce qu'on dénommait dans le pays le château de Lagibasse. C'était maintenant, ce château, une vaste ruine inhabitable, flanquée d'une ferme mélancolique, au centre d'un immense parc en friches, clos de murailles effondrées presque partout.

Mais, néanmoins, c'était toujours le château de Lagibasse; et l'adjudant retraité, qui s'y était retiré en 1815 pour y vivoter de sa vague pension, avait bel et bien le droit de se dire qu'il rentrait là, en suprême et légitime descendant, dans l'ancestrale et glorieuse demeure d'où était sorti, en 1097, Leleup de Marcoussy de Lagibasse, le compagnon de Godefroy de Bouillon à la première croisade.

Et, ce qu'il y a d'assez inattendu, c'est qu'il se l'était dit.

Son dernier capitaine, au septième léger, était un Thiérachien, Isidore Denamps, ancien séminariste du séminaire de Liesse, qui avait jeté le froc aux orties pour s'engager, et qui, grâce à son instruction, avait fait assez rapidement son chemin dans cette armée d'illettrés. Au séminaire, Denamps avait étudié, par goût spécial, l'histoire de leur vieille province. Trouvant parmi les hommes de sa compagnie un Lagibasse, il l'avait interrogé, avait acquis la certitude que c'était là un véritable Leleup de Marcoussy de Lagibasse, et lui avait fait honte d'en avoir si peu de souci et d'orgueil.

— A ta place, lui avait-il dit, je me décarcasserais jusqu'aux moelles pour qu'une si antique et si glorieuse maison ne restât pas de la sorte en *deliquium*. Quand on a eu un aïeul à la première croisade, compagnon de Godefroy de Bouillon, on est un propre à rien de ne pas en être fier. Tu es un brave troupier, sans doute; mais cela ne suffit pas. Instruis-toi. Je t'instruirai, si tu le veux. Tu passeras officier. Tu n'es pas vieux. Tu n'as pas quarante ans. Tu as encore le temps de devenir colonel, pour peu que tu fasses des actions d'éclat. L'Empereur aime à rallier les gens de la vieille noblesse. Avec lui tu redonneras à ta famille le lustre qui lui convient, entends-tu !

Mais on était à la veille de Waterloo; l'Empereur avait d'autres chats à fouetter que de rallier la famille Leleup de Marcoussy de Lagibasse; les étapes ne laissaient guère à l'ancien séminariste le loisir d'enseigner à son élève tout ce qui manquait, pour être un homme instruit, à ce pied-de-banc sachant juste lire, écrire et compter; et finalement l'adjudant était rentré *dans ses foyers* simple adjudant, son rêve cassé par Waterloo, Lagibasse comme devant, hélas! Mais aussi, avec la conscience, éveillée en lui maintenant, d'être le descendant du grand preux, compagnon de Godefroy de Bouillon, avec le sentiment d'un devoir à remplir envers sa famille éteinte dont il fallait rallumer la gloire, et avec la très ferme volonté de consacrer le reste de son existence à ce devoir.

Et d'abord, malgré ses habitudes de caserne, son horreur de vivre autrement qu'en garçon, il avait pris la résolution de se marier. Pouvait-il, en effet, par lui-même, après la quarantaine toute proche, sans profession aucune, presque sans le sou, avec sa misérable pension de retraite pour unique mise de fonds, pouvait-il tenter cette rude entreprise de relever la maison de jadis? Évidemment non. C'est un fils qu'il fallait avoir, avant toute chose, et dresser à cette besogne, et munir de ce qui était nécessaire pour la mener à bien, c'est-à-dire d'instruction, d'éducation, de temps et d'argent.

Tablant là-dessus, il avait mis en œuvre tout ce qu'il possédait d'atouts à ce jeu de séducteur où il avait eu quelques succès comme sous-officier. c'est-à-dire sa belle prestance militaire, sa plus élégante tenue civile qui lui sanglait encore le torse comme dans son frac d'adjudant en grand uniforme de parade, et surtout le bagout de bivouac, à la fois galant et bravache, casse-cœur et casse-museau, d'un Gaspard ayant eu des aventures d'amour et de duel dans toutes les capitales de l'Europe.

A quoi s'était assez facilement laissé prendre le parti qu'il guignait, la veuve d'un meunier, femme de trente-cinq ans environ, peu attrayante, plutôt même laide, de face camuse, de corps lourdement équarri, mais de complexion ardente, disait-on, faite pour être mère en tout cas (puisqu'elle avait eu deux enfants déjà) et enfin à la tête d'un respectable magot estimé couramment de quarante à cinquante mille francs, sans compter le moulin.

Les deux enfants du meunier étaient morts en bas âge, à cause de la mauvaise santé que leur avait léguée leur père, faible de la poitrine. La fortune de la veuve ne devait donc rien à personne. Valide comme il l'était, l'ex-adjudant se promettait bien de donner à cette gaillarde un héritier qui vivrait, celui-là, et auquel servirait le patrimoine ainsi conquis, pour remettre un jour en honneur le vieux nom des Leleup de Marcoussy de Lagibasse.

Qu'il eût, lui, cette idée, et qu'elle dût devenir chez lui, chez ce Thiérachien têtu et patient, une idée fixe, il n'y avait là rien que de très naturel. Le remarquable, c'est qu'il en ensemença profondément la caboche de sa femme. Par amour pour ce beau et solide mâle, qui la régalait après les jeûnes subis avec son premier époux, par une poussée d'orgueil en même temps à la pensée d'être une noble et de faire souche de nobles, la commère se donna tout entière à ce rêve. Ils se mirent tous deux au travail âprement, faisant valoir le moulin, fructifier le magot, vivant de lésine pour mieux économiser, et allant jusqu'à économiser sur la progéniture, aussitôt obtenu le premier enfant, qui se trouva, par bonheur, être un fils, et qu'ils décidèrent devoir être et rester fils unique.

Le mur effondré de l'antique parc avait été tant bien que mal reconstruit peu à peu, afin de clore sûrement la propriété ancestrale dont les antiques bois furent mis en coupe réglée. La ferme misérable de là-haut avait été requinquée aussi, louée à bon prix pour dix-huit ans par un fermier qui devait l'ameublir de fond en comble. Des ruines, on avait tiré assez de pierres pour rebâtir au château une aile habitable, qui serait plus tard la demeure du châtelain au domaine à peu près reconstitué.

Pendant que le père et la mère peinaient ainsi à la tâche, et entassaient les gros sous sur les gros sous, et préparaient les voies au futur régénérateur de la famille, ce Benjamin, espoir de la glorieuse résurrection si bravement voulue, était élevé dans un lycée de Paris, ne manquant de rien, recevant des répétitions particulières, apprenant jusqu'aux arts de luxe dont les leçons étaient si coûteuses, la musique, le dessin, l'escrime. Le plus gros des revenus, gagnés avec tant de mal, y passait. Mais qu'importe! On faisait de Valentin un homme instruit, *éduqué*, distingué, supérieur, qui entrerait à l'École polytechnique pour le moins, et qui serait enfin digne du grand ancêtre, compagnon de Godefroy de Bouillon à la première croisade.

Les pauvres gens n'eurent pas le bonheur de voir leur rêve entièrement réalisé. Mais ils jouirent cependant de le voir tout prêt à l'être. Comme Moïse, ils moururent au seuil de la terre promise, en s'en emplissant les yeux. Quand la mère trépassa, Valentin venait de terminer brillamment ses études. Quand le père la suivit au cimetière, un an après, Valentin était un grand et élégant garçon de dix-neuf ans, sachant tout ce qu'on peut savoir à cet âge, possesseur de cent vingt mille francs, d'un moulin et d'un château, et dont les cartes de visite portaient :

VALENTIN LELEUP DE MARCOUSSY DE LAGIBASSE

III

Valentin savait l'espoir qu'avaient fondé sur lui ses parents. Ce beau rêve, de remettre en lumière l'antique et noble maison, ce rêve auquel tous les deux ils avaient si bravement et si tenacement sacrifié leur vie, il en avait lui-même été bercé dès l'enfance, nourri et saturé. Un très légitime orgueil lui en était venu, lui gonflant le cœur et lui mûrissant la pensée, avant même l'achèvement de son adolescence, en sorte que, jeune homme, il se trouvait déjà être un homme par le sérieux, le vouloir, la conscience nette d'un but à atteindre et la ferme décision à tout faire pour y atteindre.

Un autre que lui, lâché à dix-neuf ans dans l'existence, maître d'une petite fortune constituant un assez gros capital pour qu'on fût tenté de la manger à même, n'eût certainement pas résisté à cette tentation. Sans famille à qui demander conseil, sans tutelle appliquée à l'empêcher de faire des sottises, en pleine et entière indépendance, il sut sagement prendre conseil de lui-même, et bon conseil, et être son propre tuteur avec une étonnante sévérité. Il se dicta une conduite à suivre, et se la dicta, non par métaphore, mais en réalité, dans les lignes que voici, écrites après mûre réflexion, et à la rédaction desquelles il apporta tout le soin précis et méticuleux qu'un vieillard expérimenté, sagace et grave, apporterait à la rédaction d'un testament :

1º Renouveler le bail du fermier de là-haut, pour dix-huit ans, dans de meilleures conditions, si c'est possible, puisque la terre, grâce à son travail dans les dix-huit années de son premier bail, a augmenté de valeur.

2º Vendre le moulin, qui est actuellement de bon rapport, mais qui ne l'est que fictivement ; car, pour qu'il puisse rendre ce qu'il a rendu sous l'administration de mes parents, il y faut leur âpreté à la besogne et à l'économie, âpreté que n'aurait certes pas un locataire.

3º En placer le prix, joint à mes cent vingt mille francs de patrimoine, en rentes sur l'État, incessibles et insaisissables, afin d'en garantir la sécurité absolue, non seulement contre tout danger extérieur, mais aussi contre moi-même, au cas où des passions imprévues viendraient assaillir ma jeunesse et me solliciter à faire mauvais emploi de ma fortune.

4º Prélever sur mes rentes la somme jugée nécessaire, après expertise faite par des gens compétents, à la reconstitution des bois de Lagibasse un peu trop appauvris en vingt ans de coupes, à l'entretien régulier de la grande muraille, à rebâtir peu à peu l'autre aile du château, et, s'il y a moyen, le corps principal, à regarnir les appartements de tous les meubles que comporte une demeure seigneuriale, bref, à restaurer pour le mieux le domaine.

5° Me réserver le reste de mes revenus, à la mesure la plus stricte possible, pour vivre dans une extrême simplicité, mais dans une complète liberté, sans avoir besoin de me livrer à aucun gagne-pain, en m'assurant contre tout souci matériel, en me laissant tout loisir de devenir l'homme supérieur qu'il faut que je sois avant la quarantaine.

6° Pour devenir cet homme-là, retourner à Paris et y chercher d'abord ma vocation, si je dois en avoir une, mais l'y chercher sincèrement, c'est-à-dire par l'étude acharnée. Car peut-être ma vocation, sur laquelle je me suis interrogé déjà, est-elle, en somme, de tout savoir, et d'être un grand philosophe. Aussi bien, à notre époque, me semble-t-il qu'il n'y a plus lieu de vouloir s'illustrer, après Napoléon, par la guerre, comme mes ancêtres. D'autre part, je me sens peu de goûts pour la politique ou la diplomatie, où mon nom aurait chance de briller. Les carrières artistiques, dignes d'un gentilhomme, ne m'attirent pas non plus, ne me reconnaissant pas d'aptitudes spéciales pour la littérature d'imagination, la musique, la peinture ou la sculpture. Je crois, au contraire, être particulièrement doué de facultés philosophiques, et c'est donc de ce côté que je pousserai d'abord mon effort.

7° M'imposer l'obligation absolue, à quelque

beau résultat que j'arrive avant la quarantaine, de
ne point en compromettre l'éclat par une éclosion
hâtive. Porter mon œuvre en moi très patiemment,
afin qu'elle y devienne parfaite. Ne remettre en
lumière et en gloire un Leleup de Marcoussy de
Lagibasse que le jour où je serai bien sûr de ne pas
risquer un avortement ridicule. Ce serait trahir
notre rêve que d'agir autrement.

8° Si, à quarante ans, je ne suis arrivé à rien de
ce que j'espère, si je suis alors dûment convaincu
de mon impuissance à être le régénérateur de
notre maison, imiter le sublime dévouement de
mon père, me sacrifier à un futur régénérateur
plus heureux, faire le riche mariage que me per-
mettront à ce moment ma fortune accrue et le
domaine reconstitué, me consoler ainsi de ma dé-
convenue dont je n'aurai pas été coupable, et
vieillir et mourir la conscience en paix, fier quand
même d'avoir rempli de mon mieux ce qui était
mon devoir envers nos ancêtres, et joyeux d'avoir
été un de ces *cursores,* dont parle Lucrèce, *qui vitaï
lampada tradunt.*

Tel était le curieux, noble et vraiment peu banal
programme qu'avait tracé d'avance à sa vie ce jeune
homme de dix-neuf ans, en qui tout le vieil esprit
thiérachien s'exprimait sans qu'il y prît garde,
esprit à la fois très ordonné, très orgueilleux, très
chimérique, et très méfiant.

A coup sûr, un homme en pleine maturité n'eût
pas mieux réglé que lui l'établissement de ses
affaires présentes, où se retrouvait l'économie bien

entendue et dure de ses parents. Mais le cœur de l'ex-adjudant et celui de la meunière eussent tressailli d'aise aussi à ces projets d'avenir, d'une vue si claire, d'un propos si résolu, d'une si audacieuse et en même temps si précautionneuse envolée. Et sachant que Valentin était leur fils, sachant de quelle ténacité eux-mêmes ils avaient été capables, et avec quelle ferveur ils avaient cru en leur chimère, ils n'auraient pas eu l'ombre d'un doute touchant l'énergie qu'il allait déployer à son tour au pourchas de ce rêve, où se continuait et perdurait le leur, en meilleure allure de se réaliser maintenant.

Surtout ils n'auraient pas pensé, fût-ce une seconde, que c'était là une chimère, pas plus que ne le pensait Valentin. Tout à fait ignorants de ce que cela pouvait être qu'un grand philosophe, ils auraient admis d'emblée qu'un grand philosophe était l'équivalent, en gloire, de l'ancêtre, compagnon de Godefroy de Bouillon à la première croisade, et que Valentin devait devenir ce grand philosophe. Le germe d'une telle idée et d'une telle ambition, chez ce jeune homme, était cependant bien peu de chose, puisqu'il venait simplement d'un succès de collège, Valentin ayant obtenu un prix de logique au concours général. Mais, si peu de chose que fût ce germe, ils y auraient eu foi, les bonnes gens, comme Valentin y avait foi; car il y a un ancien proverbe de Thiérache qui dit :

Qui fit grand rouvre à grand rapport?
Ch'tiot gland châ du groin d'nô porc.

IV

Les choses n'allèrent pas tout d'abord, dans la réalité, aussi facilement que Valentin en avait, sur le papier, tracé l'ordre et la marche. Il dut perdre plus de quatorze mois, d'un temps précieux, à rester dans le pays pour y conférer avec les notaires, les marchands de bois, le fermier de là-haut, plusieurs architectes de la ville voisine, en vue de tout régler comme il le désirait. Encore ne put-il arriver à ses fins qu'approximativement.

Comme il était jeune, on essaya de l'entortiller de toutes parts. Il se défendit à belles dents. Le sang paysan de sa mère lui fournit l'astuce, l'entêtement retors, qui lui étaient nécessaires. Émancipé avant la mort de son père, il faillit avoir un procès avec des cousins éloignés qui firent mine de vouloir attaquer l'acte d'émancipation. Personne ne lui vint en aide. A lui seul, il tint tête. Finalement, il triompha.

Loin de le dégoûter de son œuvre, les obstacles rencontrés ainsi à l'accomplir, et dès le début, l'y engagèrent d'autant plus ardemment. Traité en ennemi par tous, il se promit de revenir un jour en maître dans ce domaine, parmi ces anciens serfs

malfaisants que sa gloire reconquise réduirait
encore en servage. Il se prémunit toutefois contre
eux, en attendant, et solidement.

En premier lieu, par la reconstruction intégrale
et très coûteuse de la grande muraille qui pouvait
seule garantir le parc des déprédations. On avait
peu à peu, en effet, pris l'habitude d'y venir, par
les brèches mal réparées, non seulement ramasser
du bois mort, mais tailler à plein dans les futaies,
pour y faire du bois à vendre. Il présida lui-même
aux clôtures des trous, hérissa les halliers de pièges à loups, fit assermenter le fermier comme
garde-chasse, afficher aux bans de la commune
l'interdiction absolue de pénétrer dans Lagibasse
sous peine de procès-verbal et d'amende.

Pareillement, furent protégées les ruines, dont
une partie était devenue comme une carrière de
pierre ouverte à tout prenant. Le fermier en fut
rendu responsable, après inventaire dressé par un
architecte et déposé à la mairie et chez le
notaire.

Le prix du fermage, par exemple, au lieu d'être
augmenté comme l'avait espéré Valentin dans son
programme, dut être diminué. Renouvelé pour
dix-huit ans, mais avec charge, pour le fermier, de
veiller sur le parc et les ruines et de tenir compta-
bilité des arbres et des pierres, le bail cessa de re-
présenter un revenu de trois cent quatre-vingts
francs. A grand'peine Valentin obtint un loyer de
deux cent cinquante. Il consentit, par amour pour
la conservation du parc et du château, et parce

que le fermier, fils du précédent, était un homme probe, actif et sûr.

La liquidation du moulin fut la moins heureuse de ses affaires. Ainsi qu'il l'avait prévu, la valeur en était uniquement subordonnée à l'administration tout à fait admirable de ses parents. Exploité par eux, avec un labeur frénétique et une prodigieuse économie, il *rendait* comme s'il eût valu presque une quarantaine de mille francs. Mais les vannes en étaient de pièces et de morceaux, tout en menus et patients rafistolages, ainsi que la roue et les meules. Il y avait là un matériel entier à refaire. Les acheteurs possibles le savaient. Ils en jouèrent habilement. On ne pouvait, non plus, les en laisser trop longtemps jouer; car, pendant ce temps-là, le matériel se détériorait davantage et la clientèle risquait de dépérir, allant ailleurs. Il fallut donc en passer par les exigences des malins en expectative d'une bonne occasion au rabais. Le moulin fut vendu seulement vingt mille francs.

Valentin n'arriva pas, non plus, à s'entendre selon ses desseins, avec les architectes, pour la lente reconstruction de l'aile et du corps principal du château. Il eût voulu un traité à forfait. On lui demanda des conditions trop dures. Il y renonça. Il préféra remettre à plus tard cette œuvre énorme, extrêmement onéreuse. Il se contenta de passer un acte à tempérament avec un maître maçon qui, payé à l'année, devrait entretenir l'aile déjà rebâtie, la tenir bien close et couverte. Pour le restant, Valentin décida de capitaliser le plus qu'il pourrait de ses revenus pendant dix-huit ans, et au bout de ce long terme, de consacrer tout l'argent ainsi accumulé à la restauration en bloc du château.

Ayant vécu très chichement pendant ces quatorze mois de batailles pour mettre ordres à ses affaires, Valentin avait devant lui, quand tout fut terminé, une assez grosse somme économisée sur son budget de l'année présente. Il en dépensa une partie à s'assurer dans une tontine un remplaçant militaire pour le cas où il tomberait au sort. Du surplus, il fit élever, dans le cimetière du village dont dépendait le château, un monument funéraire à ses parents, haut monument en granit bleu, d'une massive et orgueilleuse simplicité, portant cette inscription :

A François et Clémentine Lagibasse, morts à la tâche pour que pût revivre l'antique et illustre maison des Leleup de Marcoussy de Lagibasse, leur fils respectueux.

Lui-même alors se mit à la tâche comme eux, ne se contentant pas de ce témoignage gravé d'admiration pour leur œuvre, mais s'y employant aussitôt, à cette œuvre, avec une énergie et une abnégation comparables aux leurs. Il ne se donna pas, en effet, ce tout jeune homme qui n'avait pas encore vingt et un ans, le temps même de se reposer un peu avant d'entreprendre sa rude et longue besogne, ni un jour de fête, ni un plaisir de garçon libre et riche ayant au moins le droit de goûter, si furtivement que ce fût, aux joies de la vie. Tout de suite, sans attendre, il partit pour Paris afin de s'y confiner dans les études qui lui paraissaient nécessaires à devenir un grand philosophe.

Et il y arriva comme un pauvre, ce riche.

Tous ses comptes réglés, le prix du moulin joint au patrimoine des vieux, il possédait cependant cent quarante mille francs, qui, placés en rentes sur l'État au taux cinq où était alors l'argent déposé dans les caisses publiques, lui constituaient sept mille livres de revenus. Sur ces sept mille francs annuels, il en réserva six, destinés à être capitalisés pour servir plus tard, dans dix-huit ans, à la restauration du château. Il n'en préleva que mille pour lui-même, auxquels se joignirent les deux cent cinquante francs de fermage.

Et ainsi, toute sa fortune étant assurée en vue de l'œuvre à venir et si lointaine, et l'assurance étant prise contre lui-même par le placement en titres incessibles et insaisissables, c'est avec douze cent cinquante francs de pension pour tout viatique, un tout petit peu plus de cent francs par mois, que Valentin Leleup de Marcoussy de Lagibasse s'établit à Paris, pour y entamer à sa façon la croisade de son chimérique espoir et de son splendide orgueil.

V

La maison où s'installa Valentin en arrivant à Paris pour y devenir un grand philosophe, et qu'il avait choisie expressément à ce dessein, vaut la peine d'être connue en détail, dans ses aîtres et ses êtres. Car elle devait avoir sur sa vie une extraordinaire, lente et, à la longue, bouleversante influence, dont il ne pouvait se méfier et qu'il ne pouvait même pas prévoir, en y entrant.

Certes, sa résolution était bien sincèrement prise d'y mener une vie solitaire, cloîtrée dans l'étude, sans s'y laisser distraire de son œuvre par quoi que ce fût ni qui que ce fût. Et sa volonté, d'autre part, était de force à tenir ferme cette résolution. Il en avait déjà donné assez de preuves, pendant ces quatorze derniers mois de luttes préparatoires, pour avoir le droit de compter sur son énergie et sur sa faculté de résistance aux hostilités extérieures. Néanmoins, malgré toute sa certitude en lui-même, et si renfermé qu'il y fût, si virilement armé contre le dehors, il était d'un âge où l'on est fatalement accessible aux choses et aux personnes qui vous entourent, et où l'on s'imbibe et se pétrit, sans y faire seulement attention, de l'atmosphère qu'on respire.

Or, les choses et les personnes de cette maison étaient, sous leur apparence tranquille, d'une bizarrerie rare, et par conséquent prenante. L'atmosphère y était spéciale, chargée de fièvre, comme on le verra. Il eût été préférable, pour ce jeune homme, à la tête exaltée par un grand projet, d'habiter parmi des gens absolument dénués eux-mêmes de toute exaltation. Et, précisément, cette étrange maison était, à certains égards, une sorte de maison de fous.

Elle n'en avait pas l'air le moins du monde, par exemple; et l'on comprenait fort bien que Valentin, cherchant un repaire de calme profond, se fût trompé à l'aspect, particulièrement serein, jusqu'à en paraître stupide et presque mort, de cette demeure silencieuse. Un malade, las et avide de paix, désirant couler quelque part une douce convalescence que rien ne vînt troubler, n'eût pas trouvé dans tout Paris asile plus conforme à son désir.

Cette maison était située rue des Boulangers, une petite rue qui monte assez raide de la place Saint-Victor, et par laquelle, à cause de la grimpée, passent très peu de voitures. C'est un quartier pauvre, d'ailleurs, non pas trop populeux non plus, sauf dans le bas de la rue, du côté de la place. Le haut est plutôt occupé par des employés, des gens de bureau, de médiocres bourgeois aux maigres rentes. On s'y croirait dans une lointaine ville de province, même encore aujourd'hui, après la percée des larges voies voisines' qu'encombre une foule grouillante et que sillonnent les tramways à la stridente trompette. Du temps où y logeait Valentin, ce voisinage bruyant n'existait pas encore. Il y avait là tout un inextricable dédale de rues, ruelles, passages et impasses sans passants ; et la plus déserte à coup sûr, de toutes ces rues vides, c'était la rue des Boulangers, surtout dans le haut, où se trouvait la maison.

Cette maison, d'ailleurs, ne donnait même pas sur la chaussée. De ce côté se dressait une vieille bâtisse à trois étages, dont les deux supérieurs loués précisément à quelques-uns des susdits employés, gens de bureau et petits rentiers. Le rez-de-chaussée et le premier étage étaient tenus par la propriétaire, une veuve nommée Mme d'Amblezeuille, noble ruinée, qui en avait fait une pension de famille. A la suite de cette vieille bâtisse à trois étages venait une cour pavée, puis un vaste jardin au centre duquel s'élevait une seconde maison, de deux étages seulement. C'est dans celle-ci qu'habitait le jeune homme.

Le jardin entre les deux maisons, avec ses allées en gravier, ses bordures de buis, ses bosquets de lilas rabougris, sa statuette de plâtre huilé sous une tonnelle de vigne vierge, sa fontaine à la vasque ébréchée, avait encore tournure de jardin, de vilain et banal petit jardin bourgeois.

L'autre partie du jardin, celle qui, après la seconde maison, allait dévalant vers le quartier

Saint-Victor, n'avait plus l'aspect que d'un terrain vague livré à la poussée folle des plantes en liberté.

Quatre terrasses le composaient, mais écroulées en quelque sorte chacune sur la suivante. Car les escaliers, devant servir à les faire communiquer, étaient rompus presque partout; les murs de soutènement s'éventraient, laissant couler leurs entrailles de terre; le sol n'était que trous et bosses. Quelques arbustes morts gesticulaient sinistrement, de leurs bras de squelette, montrant seuls que jadis il y avait eu là un jardin. Mais ils en étaient les derniers et rares vestiges. Parterres, plates-bandes, bordures et allées, tout le reste avait disparu, et depuis bien longtemps sans doute, sous une impénétrable broussaille de ronces, de lambruches sauvages, de lianes en fouillis et en serpentins, qui en faisaient comme une petite forêt vierge.

Une sente, pourtant, se distinguait, longeant la muraille de droite, et débouchant, au fond, sur une étroite clairière pleine d'orties. Et là gisait un banc de pierre devenue verte à cause de l'humidité du lieu. Ce retrait, en effet, tout en contre-bas, devait être le réservoir de toutes les eaux filtrant à travers ces quatre terrasses en éboulis. Et néanmoins, à n'en pas douter, sur ce banc lugubre, d'où l'on ne voyait rien que l'encoignure formée par l'angle de deux murs lépreux, quelqu'un venait assez souvent s'asseoir; car la sente y conduisant était pelée par des pas, et une place, usée

3.

par le frottement, faisait une tache blanche sur la mousse verte de la pierre.

L'être qui aimait ce coin, l'hôte inattendu et extraordinaire de ce triste jardin, était le locataire principal de la seconde maison. Il en occupait le rez-de-chaussée et le premier étage depuis quinze ans.

C'était un prêtre, ou du moins il en portait le costume. Mais il ne semblait pas exercer le sacerdoce. Jamais, en effet, il ne sortait pour aller dans une église. Était-il interdit? Était-ce seulement un véritable prêtre, ou ne se vêtait-il pas d'une soutane par goût spécial pour cette robe noire congruente à son humeur? C'est ce que personne ne savait, sauf sans doute Mme d'Amblezeuille, qui était son amie très intime, mais qui n'avait pas une figure à révéler les secrets.

Le second étage de la petite maison était divisé en quatre chambres qui n'étaient louées qu'avec le consentement formel du locataire principal. Et c'est précisément cette condition qui avait décidé le choix de Valentin. Lorsqu'il était venu chez Mme d'Amblezeuille, alléché par un écriteau annonçant une chambre avec vue sur des jardins, elle lui avait dit vivement tout d'abord :

— Avant tout, jeune homme, puisque vous désirez un logement propre au recueillement et à l'étude, il faut savoir si vous êtes vous-même propre au recueillement et à l'étude, et c'est l'abbé seul qui peut en juger. Autrement, mieux vaudrait pour vous, pour lui, pour nous tous, que vous prissiez une chambre dans la maison du devant, tranquille aussi, mais non pas consacrée, ainsi que le sanctuaire, aux hautes et sérieuses spéculations de l'esprit.

Cette étrange façon d'accueillir un locataire possible avait étonné Valentin, mais en le charmant. Il avait été séduit aussi, non sans un certain trouble de pensée, par la désignation spéciale donnée à la maison du jardin. Que signifiait ce mot de sanctuaire? Et qui était cet abbé? A une furtive interrogation sur ces points obscurs, Mme d'Amblezeuille avait répondu gravement :

— L'abbé Garuby est un théologien, dont j'ai l'honneur d'être l'amie. Il est locataire principal de la seconde maison et du grand jardin. Il consent à ce que l'on habite l'étage supérieur de la maison, pourvu qu'on lui plaise. En revanche, si on lui plaît, je fais des conditions de loyer extrêmement douces. C'est ainsi qu'il y a déjà, dans la maison, deux jeunes gens agréés par lui, auxquels je fournis la chambre sans meubles, et la pension sans vin, pour soixante francs par mois chacun.

Elle avait ajouté, avec un geste impérieux et presque menaçant de l'index, et comme choses de la plus sérieuse importance :

— Vous entendez bien, jeune homme, sans meubles et sans vin. Et quand je dis sans meubles, ce n'est pas qu'il m'en coûterait d'en fournir; mais c'est que l'abbé tient absolument à ce que ses locataires aient leurs meubles à eux, composés d'une couchette monacale, d'une table en bois blanc et d'une unique chaise de paille. Et quand je dis sans vin, ce n'est pas non plus par un sordide esprit d'économie ; mais c'est que l'abbé exige chez ses locataires l'abstinence complète du vin. Avant même de savoir si vous lui plaisez ou non à d'autres points de vue, il est bon de prendre vous-même votre parti touchant ces deux conditions-là.

De plus en plus stupéfait, et ravi en même temps, Valentin avait accepté d'emblée ces deux conditions. Que n'eût-il pas subi, à l'idée d'être logé dans cet asile du recueillement et de l'étude, chez ce sévère théologien si difficile sur le choix de ses voisins, et à ce prix miraculeux de soixante francs par mois? Ainsi, reçu là, il serait à l'abri de tout souci matériel, de toute distraction intellectuelle, et, sur son budget de cent et quelques francs par mois, il lui en resterait plus de quarante pour son entretien et pour l'achat des livres dont il aurait besoin ! Il n'eût jamais osé rêver pareille aubaine. Il s'écria naïvement :

— Pourvu que je ne déplaise pas à M. l'abbé !

— Cette inquiétude même prouve en votre faveur, répliqua Mme d'Amblezeuille. Et je ne doute point que vous lui plaisiez; car vous me plaisez, à moi. Et c'est déjà un pas de fait dans son jugement.

Cela fut dit avec un sourire qui parut ambigu au jeune homme, et avec une sorte de clin d'œil en coulisse qui ne laissa pas de lui donner quelque inquiétude. Ce fut son unique appréhension avant d'entrer dans la maison qui allait avoir tant d'influence sur sa vie. Mais cette appréhension fut brève. Elle se dissipa aussitôt, absolument, à un attentif examen de Mme d'Amblezeuille, qui était une très vénérable dame de cinquante ans environ, grande et sèche, aux allures distinguées et un brin trop cérémonieuses, au visage plutôt sévère entre ses deux boudins de cheveux coiffés en longues papillotes à l'anglaise. Ce clin d'œil en coulisse et ce sourire ambigu n'étaient évidemment qu'une sorte de tic, de grimace, par quoi Mme d'Amblezeuille manifestait son désir d'être aimable. Et finalement, au lieu d'en être inquiet, Valentin en fut rassuré, puisque cela lui pronostiquait l'agrément plus que probable de l'abbé.

Il avait donc tout de suite demandé la présentation au redoutable juge de qui dépendait son installation dans ce qui lui semblait le paradis pour son œuvre. A quoi Mme d'Amblezeuille, redevenue hautaine, lui avait réparti qu'il devait premièrement se soumettre à l'épreuve préliminaire de dîner avec les hôtes de la pension de famille.

— C'est, lui avait-elle dit, pour savoir si vous préférerez prendre vos repas avec eux, ou seul dans votre chambre.

— Oh! seul! avait vivement répondu Valentin.

— Encore une bonne note pour vous! avait fait Mme d'Amblezeuille. Mais, quand même, l'abbé tient absolument à ce que ses locataires soient de temps en temps en contact avec les miens. Ainsi, une fois par semaine, le dimanche, si vous restez ici, vous devrez dîner avec nous à la maison du devant. La table y est, d'ailleurs, je n'ai pas besoin de vous le dire, fort bien fréquentée.

Et, comme l'heure du repas était proche, elle lui fit rapidement le portrait et la biographie des personnes qui étaient ses locataires et ses pensionnaires dans la maison du devant. Valentin l'écouta d'une oreille. Toutefois, ces paroles s'étaient gravées dans sa mémoire, inconsciemment, assez nettes pour qu'il reconnût, en mangeant, les personnes ainsi décrites.

Les deux plus notables étaient certainement M. le professeur Dubogard de Cérons et Mme la comtesse Éveline de Varençais, en qui Valentin reconnut tout de suite un vieux couple de gens vivant maritalement ensemble, mais toutes les apparences convenables soigneusement et exagérément sauvegardées.

La comtesse avait passé la soixantaine, mais conservait des prétentions à la joliesse, sous sa perruque d'un blond trop jeune, dans sa toilette trop claire et trop fanfreluchée, avec ses gestes à l'enfant, et le tout souligné en ridicule par un corps court et mafflu, par une bouche mal dentée dans une grosse face à bajoues et au dur nez de perroquet.

Le professeur Dubogard de Cérons était un petit septuagénaire qui avait l'air d'un pantin en bois, aux articulations jouant sec. Il avait le visage complètement rasé, très parcheminé, tout en rides. Il était outrageusement teint d'une teinture qui donnait à son toupet en poire l'aspect d'une poire, en effet, luisante et verte. Il parlotait, d'un verbe sautillant comme son allure. Ce qui ne surprit point Valentin, Mme d'Amblezeuille lui ayant révélé que le professeur Dubogard de Cérons avait été professeur... de danse. Elle avait ajouté, il est vrai, avec admiration :

— A la cour de Saxe-Meiningen, pendant l'émigration, et, plus tard, à la cour même du roi de France.

Les trois autres hôtes de la pension de famille n'avaient rien de particulièrement original.

Il y avait M. et Mme Bussins, créoles de l'île de la Réunion, ruinés par les guerres anglaises, deux êtres nonchalants et peu bavards, mélancoliques comme des exilés, jeunes encore, car le mari n'avait pas plus de quarante ans et la femme plus de trente, mais sans âge réel à cause du précoce automne dont les avait accablés la perte de leur fortune et l'absence de leur beau soleil.

Il y avait un docteur hollandais, dont le nom, difficile à prononcer, n'avait pas été retenu par Valentin. C'était un grand et gros homme, silencieux mangeur, venu à Paris pour y étudier spécialement l'ophtalmologie et en même temps le français.

Mais il y avait aussi, ce jour-là étant présisément un dimanche, les deux locataires de la maison du fond : un jeune étudiant en médecine nommé Prosper Broguet, bisontin, et un Polonais, Ladislas Wronsky.

Ce Polonais, dont Mme d'Amblezeuille avait parlé

comme d'un très puissant esprit, tête encyclopédique, semblait cependant encore plus jeune que le bisontin. Son pâle et maigre visage glabre, sous son épaisse crinière aux mèches violemment retroussées et couleur de feu, faisait penser à quelque archange foudroyé en pleine adolescence.

Ces deux derniers pensionnaires ne prononcèrent pas un mot pendant toute la durée du repas, qu'animèrent seulement les lourds grognements du docteurs hollandais, les quelques phrases susurrées à voix traînante par le couple créole, et surtout le jeu de raquette de la conversation toujours soutenue en volants renvoyés par la comtesse et le professeur, tous les deux faisant assaut de volubilité papoteuse, minaudière et sautillante.

Ce qu'ils dirent, et ce qu'y répondit Mme d'Amblezeuille, attentive à son rôle d'hôtesse qui traitait ses pensionnaires comme des invités dans le meilleur monde, c'est ce que Valentin n'entendit pas, n'y prenant aucun intérêt. Il était tout occupé à contempler les deux jeunes gens qui avaient plu au difficile abbé, et à se demander par quoi ils lui avaient plu de la sorte, et à s'inquiéter de savoir si lui-même il avait de quoi lui plaire.

Il en désespérait devant l'étrange et belle figure de Ladislas Wronsky, devant cet air d'archange adolescent et foudroyé. Il reprenait un peu confiance à examiner le jeune bisontin, Prosper Broguet, de mine assez terne, avec sa peau bise, son front bas, son corps lourd et gauche. On ne voyait en celui-là aucun indice de génie. On y sentait seu-

lement une dure application au labeur, une volonté
tenace. Or cela, il l'avait aussi, lui, Valentin, le
travailleur, le patient, le têtu Thiérachien.

Et, en plus, n'avait-il pas son haut projet? Mais
de ce projet, fallait-il en parler? Il s'interrogeait
là-dessus anxieusement. Certes, c'était bien là de
quoi séduire l'abbé, semblait-il. Mais n'y avait-il
pas une sorte de faiblesse, de lâcheté, à prendre
ainsi, tout de suite, à la légère, un inconnu pour
confident? En fin de compte, c'est ce que pensa
Valentin, se disant :

— Si l'abbé pouvait voir ce qui se passe en
moi, et la brave décision où je m'arrête, de garder
mon secret, il n'en aurait pour moi que plus
d'estime, j'en suis sûr. Mais il n'en saura rien. Si
je lui déplais, tant pis!

Pourquoi, d'ailleurs, attachait-il tant d'importance à l'estime de l'abbé? Il se le demanda un
moment avec une ombre de peur, ayant comme
une vague idée que cela n'était pas digne de la
haute estime où il se tenait lui-même. Mais il se
rassura vite contre cette peur. Évidemment,
pensa-t-il, plaire à l'abbé n'était pas une chose
dont il pût faire fi, puisque de cela dépendait
l'entrée dans cette maison offrant de si grands
avantages matériels et moraux. Et il se convainquit aisément que ses angoisses avaient pour
unique source une sage et pratique sollicitude de
ses intérêts, rien de plus.

Cette impression fut corroborée dès qu'il se
trouva, le repas fini, en présence de l'abbé. Ce

sévère théologien, qu'il avait imaginé un peu comme un juge terrible, en tous cas comme un être ayant quelque chose de mystérieux, lui parut, au contraire, le plus simple et le plus ordinaire des hommes. Tout de suite, devant lui, il fut à l'aise.

C'était le type connu du prêtre gras, mal soigné, paresseux et indifférent. Sa soutane était élimée, sale, tendue en avant sur un petit bedon pointu qu'exagéraient encore les plis lâches d'une ceinture à l'abandon. Il portait, au lieu de souliers à boucles, des savates dont le quartier de derrière, éculé et rabattu sous le talon, laissait voir des bas gris troués. Ses cheveux pendaient longs, plats, huileux, jusqu'à ses épaules poudrées de pellicules. Sa face bouffie de panne blême était rasée de vieux, en sorte que le bleu de la barbe y ressemblait à une sorte de moisissure hérissée. L'allure entière du corps était affaissée. Les mains, molles, avaient l'air de mains mortes, ballantes dans une flasque nonchalance, au bout de deux bras courts, manifestement hostiles à toute fatigue de gesticulation. En somme, chaque figure humaine évoquant par analogie l'image d'un animal à lui comparer, l'image qui s'évoquait ici était celle d'un batracien à sang froid, gonflé, visqueux et immobile.

Trois choses seulement avaient chance d'accrocher et de fixer l'attention, dans l'examen détaillé de ce personnage plutôt banal, et y donnaient lieu à l'hypothèse d'une originalité quelconque. C'était, d'abord, l'impossibilité absolue où l'on se trouvait de lui assigner un âge précis. Et c'étaient, ensuite et surtout, sa bouche et ses yeux.

La couleur des cheveux, très noirs et sans le moindre fil blanc, indiquait certainement un être n'ayant point passé la quarantaine, et même étant peut-être encore assez loin d'y arriver. Et cependant, le fané du teint, le détendu et le plissé d'une peau qui flottait malgré le soutien de la graisse, le jaune aussi de cette graisse, s'infiltrant dans les tissus et les injectant comme de beurre rance, et aussi l'avachissement de cette masse de chair, l'horreur des gestes faisant songer à la paralysie, la somnolente lassitude d'un corps où les ressorts ne jouaient plus, tout cela était marqué au sceau de la plus décrépite vieillesse.

Les dents auraient pu servir d'indice pour démentir ces stigmates ou les accentuer. Mais on ne les voyait point. Elles demeuraient cachées, si cachées qu'on les croyait absentes, sous la bride serrée de deux lèvres minces qui laissaient passer les paroles, sans presque s'ouvrir, par une fente longitudinale pareille à la fente d'une tirelire en grès. Et c'était extrêmement singulier, dans ce large visage en motte de beurre rance, cette bouche dure dont l'étroit orifice linéaire semblait taillé à l'emporte-pièce et en pleine matière pierreuse.

Quant aux yeux, ils étaient démesurément grands et gros, mais non pas à fleur de tête, néanmoins, ainsi que le sont en général ces yeux-là. Ils s'enchâssaient, au contraire, très profondément sous des arcades sourcilières surplombantes, garnies de poils touffus et broussailleux. Ils étaient, d'ailleurs, pâles à la fois et troubles, comme du brouillard où s'allumerait péniblement une clarté. Et lorsqu'un regard, brusque et furtif, y flambait, ce qui n'arrivait qu'à de rares intervalles, on eût dit des flaques d'eau miroitant en phosphorescences au creux d'une caverne.

Ces trois choses, pouvant et devant être significatives, échappèrent cependant à l'examen du jeune homme, qui n'était pas un assez subtil et expérimenté observateur pour y prendre garde, et qui perçut seulement l'aspect total du bonhomme, à l'air très bonhomme, en effet. D'autant que l'abbé ne se mit pas en frais de questions ni de conversations, comme Valentin s'y attendait. Et, vraiment, des phrases qu'ils échangèrent il n'y avait pas grand renseignement à tirer sur la nature ni le caractère du personnage.

— Alors, avait-il dit, vous désirez loger dans ma maison, et vous acceptez toutes les conditions dont vous a fait part Mme d'Amblezeuille?

— Parfaitement, avait répondu Valentin.

— Et, avait repris l'abbé, à quelles études spécialement vous livrez-vous, ou voulez-vous vous livrer?

— A la philosophie.

Ici, l'abbé avait longuement regardé le jeune homme, sans prononcer une parole, sans bouger, semblant dormir pendant ce regard interminable, où, seules, s'étaient tenues éveillées les phosphorescences de ses yeux pâles. Puis il avait murmuré, tout bas :

— C'est bien. C'est bien.

De nouveau il était resté silencieux, les yeux clos cette fois-ci, et comme s'il dormait réellement. Après quoi, le regard rallumé et plongeant à fond dans celui de Valentin, il avait ajouté :

— Vous n'avez rien de particulier à me confier, touchant un projet que vous pourriez avoir?

Valentin avait été un peu interloqué par cette interrogation qui avait l'air de lire en lui-même. Mais il s'était aussitôt remis de son étonnement, attribuant à la question la seule portée qu'elle devait avoir, et n'y trouvant qu'un naturel mouvement de curiosité à quoi le hasard donnait un semblant de précision divinatoire. Et il avait répliqué tranquillement :

— Non, rien de particulier, rien. Je n'ai aucun projet autre que d'étudier la philosophie.

L'abbé avait refermé les yeux, était redevenu muet, puis, ainsi que tout à l'heure, mais à voix plus haute, avec une sorte de joie intérieure, avait répété :

— C'est bien. C'est bien.

Le silence avait repris, si long, que le jeune homme s'en était senti gêné. L'abbé avait maintenant les yeux grands ouverts, mais sans flamme, absolument troubles et en brouillard.

Valentin crut qu'il était devant un malade prêt à s'évanouir. Lui-même avait d'étranges fourmillements dans tous les membres. Il se secoua et dit brusquement :

— Alors, monsieur l'abbé, vous consentez à me recevoir dans votre maison, n'est-ce pas?

Et l'abbé, faisant pour la première fois un geste, et le congédiant de ce geste, avait répondu à lèvres serrées et d'une voix lointaine :

— Oui, je le veux. C'est bien. C'est bien.

VI

Tout compte fait, d'après ses impressions premières, en quoi il avait volontiers très grande confiance, et aussi d'après les consciencieuses remarques dont il ne manqua pas néanmoins d'y ajouter le sage contrôle, Valentin avait conclu pleinement, au bout d'une quinzaine, à l'excellence de son choix. C'était bien là, en effet, la demeure qui convenait à ses desseins, tranquille Thébaïde propice au travail solitaire, aux longs espoirs et aux vastes pensées, Thébaïde voisine du quartier des écoles, de la Sorbonne, du Collège de France, des bibliothèques et des bouquinistes, et, ce qui ne gâtait rien, Thébaïde à très bon marché.

On y avait, sans plus, à subir, une fois par semaine, la société de la pension de famille, et, le reste du temps, les conversations, souvent un peu trop inquisitoriales, de Mme d'Amblezeuille. Mais le dîner du dimanche, en somme, servait de légère distraction ne pouvant guère nuire à l'esprit. D'autre part, la curiosité de Mme d'Amblezeuille était facile à satisfaire, ne s'exerçant guère, invariablement, que sur des matières de ce genre :

— N'avez-vous pas, en dehors de la maison,

quelques amis capables de vous entraîner à mal faire?... Êtes-vous pieux et pratiquant?... A quoi vous destinez-vous, quand vous aurez achevé d'étudier la philosophie?... Avez-vous l'intention de vous marier un jour?

A quoi Valentin n'avait pas été embarrassé pour répondre, d'abord qu'il ne connaissait absolument personne à Paris et qu'il ne tenait à y connaître personne, et qu'il n'avait aucune envie de mal faire; puis, touchant ses opinions religieuses et ses intentions pour l'avenir, qu'il se livrait à l'étude de la philosophie précisément pour s'y faire consciencieusement une croyance, qu'il n'avait pas d'autre but dans la vie, et enfin qu'il n'était pas encore d'âge à savoir s'il voulait ou non se marier un jour.

Il s'était de nouveau un peu méfié, tout d'abord, de ces questions, surtout de la dernière que Mme d'Amblezeuille lui adressait avec son sourire le plus mielleux et son clin d'œil en coulisse. Mais bientôt, comme naguère à l'inattendue éclosion de ce sourire et de ce clin d'œil, il avait reconnu un tic et une grimace. Et, un jour, l'interrogation ayant lieu en présence de l'abbé, il avait été tout à fait rasséréné là-dessus, et avait compris que l'abbé seul poussait à ces questions Mme d'Amblezeuille. L'abbé, en effet, sur les réponses du jeune homme, avait clos les yeux et murmuré son fameux:

— C'est bien. C'est bien.

Il ne s'agissait donc que d'un supplément d'information sur Valentin, et l'abbé devait tenir à savoir la bonne conduite et les pures intentions de ses locataires, comme il tenait à leur sommaire mobilier et à leur abstinence du vin. Le jeune homme avait simplement affaire à un maniaque d'une espèce particulière, à deux maniaques, plutôt, Mme d'Amblezeuille lui paraissant aussi, à sa façon, quelque peu timbrée.

Mais ces timbrés-là, vraiment, n'avaient pas de quoi lui rendre désagréable une maison où il trouvait, en compensation, tant de précieux agréments.

La nourriture était modeste et suffisante. La chambre était grande, claire, avec une large fenêtre ouverte sur un bel horizon où s'étalait en panorama tout un morceau de Paris, de ce Paris, lumière du monde, et où Valentin remettrait un jour en bonne place d'éclat glorieux le nom des Leleup de Marcoussy de Lagibasse.

Ce n'était pas non plus le voisinage de ses deux compagnons de loyer qui pouvait gêner le jeune homme. Ils étaient, comme lui, des travailleurs et des solitaires. Le bisontin, au surplus, vivait au dehors une grande partie de la journée, ayant à suivre les cours de la Faculté de médecine, les cliniques des hôpitaux et les besognes d'un amphithéâtre où il était préparateur. Quant au Polonais, c'est à peine si on pouvait s'apercevoir qu'il habitât une chambre de l'étage. Il n'y faisait aucun bruit. Rien n'y décelait sa présence. Sans doute travaillait-il de tête uniquement, rêveur mathématicien qui n'avait besoin ni de tableau noir, ni même de papier.

Valentin trouva le moyen, cependant, d'échanger avec l'un et avec l'autre quelques vagues paroles ; mais elles furent d'une banalité complète, et comme si ses deux voisins n'avaient aucun désir d'entrer en relations plus familières avec lui. Il en conçut pour tous deux beaucoup d'admiration, et tâcha de leur en inspirer une semblable par ses manières désormais plus réservées. Ils y répondirent en se montrant de moins en moins liants. Et de la sorte Valentin vécut, auprès d'eux, ainsi qu'auprès d'étrangers.

Il n'apprit d'eux qu'une chose, c'est qu'ils avaient, tantôt séparément, tantôt réunis, de longues conférences nocturnes avec l'abbé. Il se demanda, non sans quelque dépit, pourquoi lui-même n'était jamais invité par l'abbé à ces soirées bizarres. Puis c'est avec dédain qu'il se demanda ce qui pouvait bien se dire d'intéressant entre ce lourd bisontin, ce Polonais à face d'illuminé scientifique, et ce somnolent théologien écroulé dans sa graisse.

Finalement, il jugea que de telles préoccupations étaient mesquines, au-dessous de lui, que sa solitude devait lui être d'autant plus chère dans son absolu, et il s'y cloîtra, ayant méticuleusement organisé son existence d'étude.

Elle était extrêmement sévère, d'une sévérité même excessive, que lui dictait la puissance d'exagération naturelle à son âge. Sous prétexte

que la philosophie est la science des sciences, il
s'était mis en tête qu'il devait tout apprendre et
avait ainsi surchargé son programme de travaux
sans nombre auxquels ne suffisaient ni les jours
de la semaine ni les heures de la journée. Il était
obligé, pour arriver tant bien que mal à ses fins,
de se lever à la pointe de l'aube et de se coucher
fort tard.

Par bonheur, il avait des cours à suivre, qu'il
avait choisis et auxquels il s'était imposé d'assister assidûment, soit à la Sorbonne, soit au Collège
de France, ce qui le faisait sortir et le tirait de sa
coquille. Sans quoi il y fût devenu mollusque,
collé à sa chambre comme le Polonais, qu'il voyait
pâlir et quasi se fondre peu à peu, quand par hasard il le voyait, ce qui était de plus en plus rare.
Le Polonais, en effet, avait obtenu, paraît-il, l'autorisation de ne plus dîner le dimanche à la table
d'hôte de la pension de famille.

— Cela, avait dit Mme d'Amblezeuille interrogée
là-dessus, parce qu'il a franchi définitivement le
degré d'épreuves auxquelles le soumettait l'abbé.

— Épreuves pour parvenir à quoi? avait demandé Valentin.

— A la sagesse, ou du moins à l'initiation qui
y conduit, avait répondu la dame avec son sourire
et son clin d'œil les plus mystérieux.

Et elle avait ajouté, accentuant le mystère de
ses grimaces à sous-entendus :

— Peut-être y aurez-vous part un jour, vous
aussi, jeune homme, si vous êtes persévérant

dans la conduite que vous tenez, et dont l'abbé se montre on ne peut plus satisfait.

Que l'abbé continuât ainsi, sans en avoir l'air, à le surveiller en quelque sorte, c'est ce qui avait d'abord étonné, et même un peu irrité le jeune homme. Irrité, car il lui semblait humiliant d'être en tutelle et sous un tuteur dont il ne sentait en aucune façon la supériorité dominatrice. Étonné plus encore, car il ne comprenait guère comment l'abbé pouvait exercer cette surveillance. Jamais, en effet, il ne se trouvait en contact avec lui. On eût même dit que l'abbé prenait un soin jaloux d'éviter les occasions de contact.

— Ne parlez à l'abbé, lui avait recommandé Mme d'Amblezeuille, que s'il vous fait entendre nettement par un signe son désir de causer avec vous.

Or, ce signe, Valentin était encore à l'attendre. Assez souvent il rencontrait l'abbé, volontiers errant en lentes promenades autour de la maison, ou assis sur un grand fauteuil à demeure devant l'entrée du vestibule ; et toujours, quand le jeune homme passait près de lui en le saluant, l'abbé, rendant le salut par une simple inclinaison de tête, fermait les yeux. Il est vrai qu'ensuite Valentin sentait ces yeux se rouvrir, derrière lui, et le suivre d'un long et pénétrant regard ; mais un tel regard, loin d'avoir quelque chose d'engageant à lier conversation, semblait lui défendre de se retourner.

Et, de fait, le jeune homme ne se retournait

pas, pris, au contraire, d'une vague et inexplicable peur qui le faisait penser malgré lui :

— Ah! tant mieux, qu'il ne m'ait pas encore manifesté cette fois le désir de me parler!

Puis, de cette vague et inexplicable peur, il eut honte. Il en prit sa revanche en se complaisant à tenir, lui aussi, sous son regard, l'abbé silencieux et renfermé, quand l'abbé allait, chaque soir, faire sa station au fond du jardin, se rendant au banc de pierre par la sente qui longeait la muraille. De sa fenêtre, à travers la vitre sur laquelle il soulevait un coin de rideau, Valentin le suivit et le contempla patiemment plusieurs fois, goûtant un plaisir de vengeance à se dire :

— C'est moi, en ce moment, qui suis le dominateur. C'est moi qui vois, qui regarde, qui observe.

Mais il se lassa vite de ce jeu. Le plaisir lui en parut puéril. Il y perdait d'ailleurs, un temps précieux, volé à son travail. Puis, finalement, il n'y trouvait aucun bénéfice et n'y apprenait rien de nouveau touchant le bonhomme, qu'il revint à considérer comme un bonhomme, pas davantage.

L'abbé, en effet, à cette quotidienne et vespérale station sur le banc de pierre, ne faisait jamais quoi que ce fût de significatif pouvant renseigner sur sa nature, ses goûts, son âme.

A pas lourds et menus, que gênaient les branches des ronces et les chevelures des lianes, il allait par la sente, sa soutane drapée serrée autour du corps, ses savates criant sur le gravier, et sa tête nue au-dessus des feuilles, sa grosse tête aux longs cheveux plats qu'il avait l'air de baigner dans la verdure.

Une fois arrivé au banc, il s'asseyait pesamment, toujours juste sur le même bout où il y avait une tache blanche produite par l'usure. Il posait ses deux mains sur ses genoux écartés et demeurait là, immobile de tout le corps, pendant une bonne heure.

Sa tête seule bougeait, et uniquement de bas en haut et de haut en bas, à de très rares intervalles, d'ailleurs, selon que son regard se fixait sur le coin noir formé par l'angle des deux murs lépreux, ou selon qu'il se relevait vers le ciel où s'allumaient les premières étoiles. Mais, qu'il contemplât le coin de ténèbres ou bien le ciel piqué de scintillations, son visage gardait la même placidité morne et sans expression. On eût dit qu'il ne voyait pas, tant il restait insensible à ce qu'il voyait.

L'heure passée, il revenait par la sente, à pareils pas lourds et menus, mais, cette fois, le front plus bas qu'en allant, comme s'il y portait le poids d'une fatigue ou d'une tristesse.

Sur ce dernier détail seul, qui lui parut pouvoir être caractéristique, Valentin arrêta sa réflexion, et crut même devoir demander des éclaircissements à Mme d'Amblezeuille. Elle lui répondit :

— Vous êtes un petit curieux, jeune homme.

Il insista :

— Mais enfin, que fait-il, que peut-il faire l'abbé, tous les soirs, sur ce banc ?

Elle secoua ses anglaises comme pour s'en voiler le visage, à cause de la brutale irrévérence avec laquelle Valentin avait jeté cette question, et elle répliqua d'une voix dévotieuse :

— Parlez de ce banc, je vous prie, sur un autre ton. Ce banc est l'oratoire de l'abbé. Il s'y abîme quotidiennement dans la méditation et dans la prière.

Et elle ajouta, tout bas, avec l'air de quelqu'un qui révèle un secret à la révélation duquel il y a presque un sacrilège :

— C'est là qu'il a fait ses plus beaux voyages.

— Allons, pensa définitivement le jeune homme, Mme d'Amblezeuille est une vieille folle à lier, et l'abbé n'en vaut guère mieux, comme je l'avais imaginé tout d'abord.

Et il avait pris la ferme résolution de ne plus désormais se tarabuster l'esprit à propos de ces billevesées, aux apparences étranges, mais d'une explication facile, en somme. Car il s'agissait là, évidemment, d'une sorte de vague roman mystique, piétiste, entre une dévote tendre et un prêtre fainéant, faisant passer son silence pour de la profondeur et sa paresse endormie de grasfondu pour de l'extase.

A partir de ce jour, il n'avait plus vu dans l'abbé, faisant sa promenade quotidienne et vespérale, que ce qu'y voyait en réalité son œil de Thiérachien narquois, c'est-à-dire un gros, lent et lourd crapaud, qui allait chaque soir humer un peu de frais et béatifier sa digestion.

Et ses deux premières années de séjour chez Mme d'Amblezeuille se passèrent sans qu'il eût à cet égard changé d'opinion, non plus que sur le Polonais, classé par lui, comme un malade en exaltation de mathématiques, non plus que sur le bisontin, pesant travailleur sans génie, non plus que sur les hôtes de la pension de famille, fantoches absolument dénués de tout intérêt. La maison était bien, ainsi qu'il l'avait désiré, le sûr et calme asile où il pourrait mûrir son grand projet de gloire future, et il en avait profité pour pousser dans tous les sens ses études acharnées, avec une continuité et une fièvre d'application où s'épanouissait en joie son orgueil.

VII

Ce lui fut un repos bienfaisant et nécessaire, quand, après ces deux ans de dur labeur, il vint prendre des vacances à Lagibasse. Il en avait un impérieux besoin, dont il ne se doutait pas tant qu'il était dans l'entraînement de son effort, mais qu'il sentit, aussitôt cet effort détendu. Ce délassement de deux mois, au bout des deux premières années, avait été, par lui-même, sagement prévu dans son programme; mais il n'avait certainement pas prévu la vive et profonde félicité qu'il y rencontra.

Tout d'abord, il se rendit compte de l'exagération qu'il avait apportée à l'étude, voulant apprendre tant de choses à la fois et n'ayant pas soumis cette ingurgitation énorme à une méthode suffisante. Il en éprouvait comme une indigestion et une courbature cérébrales. Il savait, évidemment, beaucoup; mais il savait mal et désordonnément. Il avait grand'peine à formuler en idées générales les connaissances particulières, disparates, morcelées, qu'il avait acquises. Il estima que sa conduite intellectuelle n'avait pas été d'un philosophe, mais d'un curieux, d'un enfant glouton se ruant à l'assaut d'une table parmi les plats servis pêle-mêle. Il se promit de diriger mieux sa besogne à l'avenir. Il eut même le courage de penser qu'il devait considérer comme à peu près nulle et non avenue la débauche de travail à laquelle il venait de se livrer, et qu'il devait y remédier par une cure complète de paresse pendant ces deux mois.

A cette paresse, dont il avait si peu l'habitude, il prit le goût de la rêverie, qu'il ne se connaissait point, et l'amour de la nature, dont il n'avait jamais auparavant soupçonné le charme.

Le parc, en ce moment, s'offrait miraculeusement à satisfaire ce goût et cet amour. Abandonné depuis tantôt deux ans, mais gardé soigneusement des déprédations par le fermier vigilant, la peur des pièges à loups, et la muraille d'enceinte sans une brèche, il était devenu un bois touffu, vert, farouche, solitaire et délicieux. Les arbres et les arbustes y étaient en pleine et verte frondaison, peuplés d'oiseaux dont les nids avaient été laissés tranquilles. L'herbe avait poussé dru dans les clairières. Le cresson, le muguet, les mousses, abondaient aux fontaines. Partout, selon le hasard des graines qu'avait propagées le vent, et dans une libre promiscuité de forêt vierge, se dressaient en bouquets, ou s'étalaient en tapis, des fleurs multicolores, dont les plantes, retournées à l'état sauvage, avaient pullulé en prodigieuse luxuriance.

Le jeune homme, qui, parmi tant de sciences absorbées hâtivement, avait appris entre autres la botanique, ou du moins avait cru l'apprendre, était étonné de sa crasse ignorance devant tous ces trésors vivants dont il ignorait les noms. C'est à cette constatation humiliante qu'il conçut pour la première fois cette idée, destinée à féconder plus tard son esprit de philosophe, à savoir que la connaissance réelle des choses ne s'acquiert point dans les livres, mais bien dans la communion directe avec ces choses. Et il jouissait exquisement de ces fleurs qu'il ne pouvait nommer, tandis que naguère il les avait nommées sans percevoir leurs formes, leurs nuances, leurs parfums, dont il prenait conscience aujourd'hui en sensations précises et suaves.

Il éprouva un grand plaisir aussi, très profond et très neuf, auquel il ne s'attendait guère, dans la fréquentation des humbles gens de la ferme. Il était parti jadis du pays, et y était revenu, avec la conviction que ces gens étaient des espèces de brutes. Il découvrit peu à peu que c'étaient des êtres humains, et qu'il pouvait se plaire avec eux, et même les aimer, sans déchoir.

Le fermier garde-chasse, ancien soldat, beau et vigoureux gars de trente-cinq ans environ, les connaissait par leurs noms, lui, toutes ces plantes aux noms ignorés de Valentin. Il leur donnait, il est vrai, des appellations patoises, qui n'avaient rien de scientifique, mais qui n'en étaient que plus expressives et mieux caractérisantes en leur verbe d'image. Le jeune homme y admirait avec quelle force le peuple traduit ce qu'il sent, et il en concluait la netteté et la vigueur de ces sensations.

Ce n'est pas seulement les plantes, au reste, qu'il connaissait si bien, ce Jacques Campion, le garde-chasse! Les animaux pareillement, il en savait la nomenclature, et l'histoire, et les mœurs. Et il était en possession, aussi, de beaucoup d'autres secrets, touchant la terre, le ciel, les eaux, les pronostics qu'on en peut tirer pour le temps, et touchant les maladies des plantes, des bêtes et des hommes, et les remèdes à y apporter.

L'homme était, au surplus, agréable à voir autant qu'instructif à entendre. De taille moyenne, mais bien découplé, coureur intrépide, infatigable marcheur, il avait l'air, dans ses mouvements, d'une statue en marche. Son visage irrégulier, au nez un peu tors, aux yeux trop petits, aux cheveux en chaume, respirait la franchise et le courage.

Sa femme, Mélanie, était une gaie luronne, du même âge que lui, toujours occupée au ménage ou aux soins des deux enfants, à la ferme, au tricotage, et toujours le sourire aux lèvres, quand ce n'était pas la chanson. Sans compter qu'elle cuisinait à merveille, de la vieille et fine cuisine thiérachienne, au beurre léger, à la crème douce, dont Valentin se régalait, y retrouvant de lointains et savoureux souvenirs du temps où il était petit, et où sa mère, la brave meunière, leur faisait, à son père et à lui, faire si bonne chère à si peu de frais, les jours de grande fête.

Sa subite condescendance envers ces petites gens allait jusqu'à trouver un certain agrément même en la compagnie des anciens fermiers, parents du fermier actuel, et qui étaient cependant de vieux *pile-la-terre*, comme on dit là-bas, c'est-à-dire de pauvres êtres usés par une dure existence de peine et de lésines, vieux à soixante et quelques années ainsi que des centenaires, tous deux cassés et voûtés, et toujours acagnardés au coin de l'âtre, malgré le soleil d'août flambant au dehors. Il s'intéressait à cette précoce décrépitude, fruit de labeurs excessifs et de privations incessantes, tâchait d'y rallumer des tisons de mémoire éteinte où lui-même revoyait son enfance et ses parents en leur jeunesse.

Ce qui le rendait, d'ailleurs, attentif à ces deux ruines, et très particulièrement, c'est la câlinerie maternelle dont les entourait une servante, à peu près de leur âge, mais d'une conservation extraordinaire, cette vieille-là.

Elle avait cependant peiné, souffert, et jeûné au moins autant qu'eux, la Doctrové, puisqu'elle avait, de temps immémorial, depuis sa première jupe, pour tout dire, été en service dans cette ferme. Mais elle semblait y être demeurée à jamais l'enfant qu'elle y était entrée, orpheline prise en domesticité à sept ans. Son corps n'avait que très peu grandi, et, à mesure qu'il grandissait à peine, s'était en même temps ratatiné. Ce n'était pas une naine; mais il ne s'en fallait pas de beaucoup. Ses membres étaient restés grêles, menus, noués.

Très maigre, et toute noire de peau, et ses

cheveux gris dissimulés sous un serre-tête noir aussi, elle avait l'air d'une fourmi. Elle en avait eu l'existence. Oui, d'une de ces fourmis qui font dans la fourmilière tous les ouvrages, et qui même y sont nourrices, mais qui n'y seront jamais mères, étant des êtres neutres et sans sexe. Elle n'avait connu, en effet, aucune des passions de la femme. Et cela se lisait à plein dans ses yeux naïfs, ingénus, dans ses yeux de fillette qui avait toujours sept ans.

Doctrové amusait les deux vieux décrépits en leur contant des contes. Elle en savait à profusion, ne tarissait jamais, y ajoutant souvent de son cru, comme Valentin s'en convainquit aisément en l'entendant conter, et mêler à des légendes antiques tel ou tel fait arrivé le jour même dans la vie de la maison. Ces contes paraissaient à Valentin de pures merveilles. Et, comme il avait pris dans le parc le goût de la rêverie et l'amour de la nature, il prit auprès de Doctrové la passion, tout à fait extraordinaire chez lui, de l'antique et si luxuriante imagination populaire.

Et cela aussi lui fut un repos charmant. Il y retrempa en fraîcheur son âme dure de vingt et un ans, qui ne demandait qu'à rouvrir ses pétales de jeunesse, trop recroquevillés, depuis longtemps déjà, par la maturité de ses projets, la rigueur de sa conduite, la solitude, l'étude, et même la société vieillotte de la pension de famille.

Ces deux bons mois s'écoulèrent donc, pour Valentin, tout à fait salutaires physiquement et moralement. Son corps anémié et ankylosé y reprit vigueur et souplesse dans le soleil, les longues errances au grand air, les balsamiques effluves des arbres et de l'herbe, la saine nourriture mangée avec appétit, les sommeils profonds. Son esprit, bouillonnant de connaissances troubles et comme vaseuses, s'y clarifia aux conversations précises du garde-chasse, aux chansons souriantes de la ménagère, même aux papotages si simples et quasi végétatifs des deux vieux, et il s'illumina en beauté naïve aux enfantines légendes de Doctrové.

Parmi ces légendes, il y en avait une que Valentin aimait particulièrement à entendre. Il la demandait souvent à la servante; et même, lorsqu'elle avait fini de la conter, il se sentait une envie irrésistible de lui dire, comme les tout petits épris d'une histoire qui les a bien amusés :

— Encore! encore!

Les détails, les péripéties, en étaient extrêmement amusants, en effet, d'autant que Doctrové, quand elle se trouvait en verve, les multipliait et les variait à l'infini, soit qu'alors sa mémoire fût plus abondante et plus riche, soit que la griserie de la verve lui fit l'imagination inventive. Mais ce n'est pas par ces broderies d'aventures que la légende séduisait surtout Valentin; c'est par les sens symboliques et profonds qu'il y distinguait, et par l'application qu'il en faisait, en certains passages, à sa propre destinée.

Il ne se doutait pas, toutefois, que cette application à sa propre destinée devait être poussée au point où elle le fut, et que cette histoire, en somme, lui était réellement prophétique ; car elle allait, transposée, transfigurée, être à peu près la sienne.

A cause de cela, il est nécessaire de la noter ici, comme il la nota d'ailleurs lui-même, c'est-à-dire en son essence, dépouillée des mille variantes qu'y festonnait Doctrové au hasard de ses improvisations, et exprimée dans un français aussi simple que possible, mais rendant mal l'ingénuité savoureuse du patois thiérachien.

Il va de soi, en effet, que Doctrové la contait dans ce patois qui était sa vraie langue, et qui a gardé la rudesse et les grâces de l'ancienne langue d'oïl, aux mots brefs et contractés, aux constructions elliptiques. Ce patois, Valentin ne le parlait point, mais le comprenait fort bien. On en perçoit quand même un peu les vives allures, à travers sa traduction très probe, et que voici.

VIII

Il y avait une fois, dans la forêt d'Ardenne, un vieux, vieux, vieux château qu'on appelait le château des Hommes-sans-Tête. Et on l'appelait ainsi parce qu'il était rempli de statues à qui l'on avait coupé le chef.

Celui qui leur avait coupé le chef était un vieux vieux, vieux bonhomme, que tout le monde avait toujours connu vieux, vieux, vieux, depuis que le monde est monde.

On dit même qu'avant l'existence du monde il était déjà vieux, vieux, vieux, à ne pas savoir son âge. Et pourtant on dit aussi qu'il passe tout son temps, et qu'il l'a toujours passé, et qu'il le passera toujours, à compter sur ses doigts combien il a d'années.

Il y avait une fois, dans le château des Hommes-sans-Tête, un petit garçon qui était venu là pour chercher des nids de corneilles, en prendre les œufs, les vider sans les casser et en faire un grand collier à sa bonne amie.

Sa bonne amie était une petite fille qu'il n'avait jamais vue, mais dont lui avait parlé un oiseau bleu, lui disant :

— Elle est la plus belle petite fille qui soit. Elle a des cheveux en soleil. Elle a des yeux en étoiles. Elle a une peau en aurore. Quand elle parle, cela sent comme un champ de roses. Quand elle fait un geste, cela sent le jasmin. Quand elle marche, cela sent le chèvrefeuille. Et quand on l'embrasse sur la bouche, on y boit un vin qui vous fait croire qu'on est le bon Dieu.

Le petit garçon avait demandé :

— Où est-elle donc ?

L'oiseau bleu avait répondu en sifflant :

— Elle est dans sa chemise, pour sûr.

Le petit garçon avait demandé :

— Mais où est sa chemise ?

Et l'oiseau bleu avait répondu, sans siffler cette fois :

— Sa chemise est boutonnée autour de son cou, et vous apparaît, avec elle dedans, quand on lui a mis au cou un grand collier d'œufs de corneille dénichés au château des Hommes-sans-Tête.

Et voilà pourquoi le petit garçon se trouvait dans le château des Hommes-sans-Tête, en train d'y faire la cueillette des œufs de corneille.

Quand il en eut trois bonnes douzaines, qu'il les eut vidés sans les casser, et qu'il les eut enfilés à la queue leu leu avec un fil de chanvre, il vit soudain le fil de chanvre se changer en fil d'or, et l'oiseau bleu lui dit :

— Passe ton collier au cou de la petite fille.

Le petit garçon répliqua :

— Je ne demanderais pas mieux ; mais je ne la vois point.

Alors l'oiseau bleu s'envola, lui ayant dit dans un ricanement :

— C'est donc que tu es aveugle, car elle est devant toi.

Mais le petit garçon avait beau écarquiller ses yeux tout grands, il ne voyait toujours point la petite fille. Ce qu'il voyait, c'était le vieux bonhomme, vieux, vieux, vieux, qui jouait aux boules avec les chefs en marbre des hommes sans tête.

Le petit garçon était très brave. Il s'avança vers le vieux bonhomme et lui cria, en lui tirant la barbe :

— Eh ! vieux bonhomme, savez-vous où est la petite fille ?

Le vieux bonhomme s'arrêta de jouer aux boules et répondit :

— Elle est devant toi

Le petit garçon reprit :

— Savez-vous, alors, pourquoi je ne la vois point ?

Le vieux bonhomme se mit à rire dans sa barbe et répliqua :

— Oui, je le sais. C'est parce que tu veux la voir avec tes yeux.

Et le vieux bonhomme recommença tranquillement à jouer aux boules, pensant avoir dit quelque chose que le petit garçon n'avait pas compris. Mais le petit garçon était très malin et il avait compris parfaitement. Les yeux clos maintenant, il flairait l'air, le palpait et l'écoutait.

Et voilà qu'il sentit auprès de lui une odeur de chèvrefeuille, à quoi il reconnut que la petite fille marchait, puis une odeur de jasmin, à quoi il reconnut qu'elle faisait un geste, puis, soudain, une odeur comme de tout un champ de roses, à quoi il reconnut qu'elle ouvrait la bouche pour parler.

Et la petite fille parla, en effet, lui disant :

— Garde tes yeux clos, si tu veux me plaire. Tu m'as sentie déjà. Tu m'entends à présent. Achève en me touchant le cou pour y passer le collier.

Le petit garçon tendit ses mains en avant, tout à tâtons, tenant le collier déployé en rond de son mieux, afin de le mettre au cou de la petite fille. Ses doigts furent frôlés par les cheveux en soleil, puis par la peau en aurore, et il en eut un grand tressaillement du crâne aux talons.

A ce moment, deux très fortes odeurs lui furent soufflées aux narines. Dans l'une il devina celle du vieux bonhomme, si vieux, vieux, vieux, et celle-là puait la mort. Dans l'autre, il devina celle de l'oiseau bleu, si bleu, bleu, bleu, et celle-là embaumait le ciel.

Et le vieux bonhomme, si vieux, vieux, vieux, lui murmurait tout bas à l'oreille droite, en y bavant à travers sa barbe dont les longs poils le chatouillaient désagréablement :

— L'oiseau bleu s'est moqué de toi, et moi aussi. Tout ce que tu flaires, et entends, et touches, de la petite fille, c'est un rêve que tu fais.

Et l'oiseau bleu, si bleu, bleu, bleu, lui chantait

dans l'oreille gauche, avec une voix d'ange qui lui caressait le cœur :

— Non, ce n'est pas un rêve que tu fais. La petite fille est bien devant toi. Ses yeux en étoiles te regardent. Elle t'aime. Elle va te baiser sur la bouche, et, dans ce baiser, tu vas boire le vin qui te fera croire que tu es le bon Dieu.

Et le petit garçon attendait, attendait, disant à la petite fille :

— Vite, vite, embrasse-moi.

Mais la petite fille ne répondait rien, rien, rien, plus rien.

Et cela dura longtemps, en vérité, très longtemps, si longtemps que le vieux bonhomme en vit sa barbe grandir d'au moins une demi-brasse, et que l'oiseau bleu en perdit sa huppe et sa queue, et que le petit garçon en devint un jeune homme, puis un homme pour tout de bon, la moustache lui poussant sous le nez.

Mais le jeune homme, puis l'homme pour tout de bon, étaient aussi têtus que le petit garçon avait su l'être. Et toujours il attendait, se contentant de répéter de temps à autre :

— Embrasse-moi donc !

Il ne s'apercevait pas, au reste, des ans qui passaient, et se croyait encore le petit garçon de jadis.

Et sans doute il serait demeuré ainsi jusqu'à la mort, si tout à coup la petite fille ne s'était écriée :

— Allons, tu as été assez patient. L'heure est venue que tu en sois récompensé. Ouvre les yeux, que je t'embrasse.

Le petit garçon devenu homme ouvrit alors les yeux, et vit devant lui une femme de corps parfait, portant bien au cou son collier d'œufs de corneille, mais qui, au-dessus de ce collier en coquilles vides, n'avait point de tête.

Il se mit à pleurer et dit :

— Pourquoi ai-je ouvert les yeux ?

Et le vieux bonhomme, qui avait recommencé à jouer aux boules, lui répondit :

— Parce qu'on finit toujours par les ouvrir.

Mais l'oiseau bleu ajouta :

— On ne les ouvrirait pas si l'on n'avait pas de tête, bien sûr.

Or, l'homme était aussi malin que le petit garçon avait su l'être, et il se dit aussitôt :

— Je vais donc me couper la tête.

Comme il l'avait dit, il le fit.

Et voilà que sa tête, à lui, s'est mise sur les épaules de la petite fille, où elle est devenue une jolie tête aux cheveux en soleil, aux yeux en étoiles, à la peau en aurore.

Et la petite fille a dit :

— Maintenant je peux donc t'embrasser, mon cher amour, et te donner à boire, sur ma bouche, le vin qui te fera croire que tu es le bon Dieu.

Mais la petite fille, en parlant ainsi, était une sotte ou une méchante. Car avec quoi le cher amour aurait-il pu la baiser sur la bouche, puisque lui-même n'avait plus de bouche désormais ?

Le vieux bonhomme se mit à rire et dit :

— Imbécile, reprends ta tête.

Mais l'oiseau bleu ajouta :

— Non, laisse-la-lui. En voici une autre.

Et l'oiseau bleu, toute sa huppe ayant repoussé, se trancha le col de son bec, et planta sa propre tête sur les épaules de l'homme, redevenu en même temps petit garçon.

Et c'est depuis ce temps-là qu'au château des Hommes-sans-Tête, pendant que le vieux bonhomme si vieux, vieux, vieux, continue sa partie de boules en comptant son âge sur ses doigts, c'est depuis ce temps-là que le petit garçon à tête d'oiseau bleu fait l'amour avec la petite fille qui lui a pris sa tête, et qu'il y boit dans son baiser le vin qui lui fait croire qu'il est le bon Dieu.

IX

Valentin, on s'en souvient, avait grande confiance dans ses premières impressions. Or, tout de suite, à l'audition de cette légende, il s'était reconnu lui-même en ce petit garçon, et le château des Hommes-sans-Tête lui avait paru être le château de Lagibasse, et la petite fille lui figurait proprement sa chimère.

Pourquoi? Il n'aurait su le dire. Il se défendait même de ces allégories, en trouvant la terminaison de sinistre augure. Ce vieux bonhomme ne représentait-il pas le Temps, sûr décapiteur de son espoir? Cet oiseau bleu n'était-il pas son imagination, le vouant finalement à la folie? Et n'y avait-il pas un commencement de folie, déjà, très vague, mais dangereux quand même, à se laisser envahir et dominer l'esprit par ces bizarres concordances?

N'importe! Il ne pouvait s'empêcher de s'y complaire. Il allait jusqu'à se reprocher de s'en défendre. Il taxait d'enfantillage, sans doute, la soudaine application qu'il avait faite de ce conte à lui-même; mais il taxait de plus grand enfantillage encore l'importance qu'il semblait y attacher maintenant, et son besoin de se dire :

— Ce sont des billevesées.

Et néanmoins, à ces billevesées, il se sentait pris, puisqu'il tenait à se rassurer contre elles, puisqu'il en discutait les probabilités, puisqu'il en raisonnait, jusqu'à y voir parfois une sorte d'avertissement mystérieux.

— Oui, pensait-il, ce château des Hommes-sans-Tête est le mien, je suis ce petit garçon, et je cherche ici le baiser qui fait croire qu'on est le bon Dieu, le baiser de ma chimère qui doit me verser ce vin d'orgueil. Et c'est l'âme légendaire de mes ancêtres qui me parle par la bouche ingénue de Doctrové. Elle me met en garde contre les périls de mon œuvre, contre les ruses du Temps et de mon imagination. Elle me prévient de la folie qui me guette, peut-être.

Et, souriant, il ajoutait :

— Mais un homme averti en vaut deux. Je ne me couperai pas la tête, moi, pour en donner une à ma chimère. Je serai plus fort qu'elle et que le vieux joueur de boules. Je ne me laisserai pas...

Puis, avec le plus grand sérieux du monde, il se demandait ce que le petit garçon aurait dû faire, au lieu d'ouvrir les yeux, et ce qui serait advenu s'il ne les avait point ouverts. Il ne trouvait rien, d'ailleurs, et s'en irritait.

Il croyait alors avoir mal compris le mot des symboles cachés sous les images du conte, et il les retournait dans tous les sens pour en tirer une interprétation meilleure. Que signifiaient, exactement, ces odeurs, ces yeux clos, ce collier en œufs de corneille? Il se torturait l'intelligence pour en avoir le clair shiboleth. Il n'y arrivait pas, et il s'obstinait d'autant plus.

Finalement, de ces prétendues billevesées, sans queue ni tête selon toute apparence, il avait l'obsession incessante et la hantise.

Il en vint, lui, le philosophe, l'étudieur, l'homme supérieur qu'il avait conscience d'être, au moins en puissance, il en vint à interroger sur ces symboles la pauvre et simple Doctrové. Mais elle n'entendit goutte à ce qu'il voulait dire. Quelque effort qu'il y fit, elle ne put même pas se rendre compte de ce que représentait exactement ce mot « symbole ». Valentin lui dit :

— Bref, quelle est, pour toi, ce qu'on appelle la moralité de cette histoire?

Et, lui récitant une fable de La Fontaine, il lui expliqua ce qu'en était la moralité, contenue dans le vers final.

— Ouette, ouette, répondit-elle, je vois bien ce que vous demandez, nô maître. Mais, dans mon histoire, à moi, comme dans toutes celles que je connais, il n'y en a point, de ce que vous appelez moralité.

— Et, fit-il, pourquoi les conte-t-on, alors?

— Pour les conter, pas plus, répliqua-t-elle. N'est-ce pas assez?

Il voulut savoir, du moins, d'où et de qui elle les tenait, ces histoires, et en particulier celle du château des Hommes-sans-Tête. Mais elle l'ignorait absolument, et ne s'en était jamais souciée.

— C'est des histoires, dit-elle, qu'on a contées toujours dans le pays.

Elle ajouta même cette réflexion naïve et profonde, dont Valentin goûta toute l'inconsciente sagesse :

— Si les bêtes parlaient, et les arbres aussi, les bêtes et les arbres les conteraient, mes histoires, core bien mieux que moi.

Après une telle réponse, ce n'est pas seulement d'une façon métaphorique, on le conçoit, que Valentin considéra Doctrové comme l'obscur truchement par où s'exprimait l'âme de ses ancêtres. Elle lui apparut, en nette réalité, la voix même de l'antique et immémoriale Thiérache.

Il n'en fut, à partir de ce jour, que plus vivement frappé par le conte obsesseur et mieux soumis à son emprise. L'idée qu'il était le petit garçon du château des Hommes-sans-Tête devint chez lui une idée fixe, véritablement. Il cessa de s'en défendre, cessa aussi d'en sourire, ne se jugea plus du tout enfantin d'y attacher une grande importance, et se promit de mettre à profit l'avertissement salutaire inclus dans la fin de l'histoire.

Qu'il y eût là un résultat de la vie menée pendant ces deux mois dans la solitude rêveuse, la nature féerique, la société des deux vieux à face d'ombre et de Doctrové la légendaire, ou que ce fût déjà le premier prodrome d'un trouble cérébral à l'état latent dans cette tête, exaltée et précocement surmenée, il est difficile de le savoir, et même un aliéniste hésiterait à en décider.

Ce qu'il y a de certain, c'est que Valentin n'eut pas, lui, la moindre inquiétude touchant la solidité de sa raison, où il ne sentait aucune fêlure. Et ce qu'il y a de non moins certain, c'est qu'il rentrait à Paris avec un germe de détraquement, et qu'il allait désormais, un peu fou lui-même, offrir un terrain plus perméable aux infiltrations de démence stagnant dans sa maison de fous.

X

Mais comment eût-il pu concevoir l'ombre d'un doute, et sur la maison, et sur lui-même? Il la retrouvait, elle, toujours aussi calme, aussi monotonement calme, avec ses habitants immuables et plus endormis que jamais dans leurs vieillottes petites manies, desquelles il était bien sûr de n'avoir rien à craindre. Et il y rentrait, lui, le corps en parfaite santé, la tête rafraîchie par ces deux mois de plein air, et, à sa propre estime, l'esprit beaucoup plus pondéré qu'il ne l'avait quand il en était sorti.

Il avait apporté, en effet, une très sage modification à son programme d'études, et avait conscience de témoigner, en cela, d'une prudence presque terre à terre. Renonçant à se bourrer désormais de toutes les sciences à la fois, il avait décidé de procéder avec méthode à ce gavage nécessaire, et de commencer humblement par les sciences naturelles, auxquelles son orgueil de métaphysicien attribuait le dernier rang parmi les connaissances humaines.

Il était poussé à ce choix, d'ailleurs, par l'interprétation définitive qu'il avait donnée à certains symboles du conte. Dans cette interprétation, les yeux représentaient la spéculation abstraite sur les choses et l'être, dont la notion concrète devait être acquise d'abord au moyen des autres organes de la sensation, figurant les sciences naturelles. Il était enchanté de cette interprétation ingénieuse, et y avait subordonné la conduite de son intelligence.

Il se mit tout de suite à la besogne, et, pour s'y pouvoir livrer sans tâtonnements inutiles, crut bon de demander conseil à son voisin, le bisontin Prosper Broguet, qui lui parut un guide expérimenté en ces matières. L'étudiant en médecine fut extrêmement flatté de cette demande et offrit d'être pour Valentin non seulement un guide, mais un professeur véritable.

— Entre étudiants pauvres comme nous sommes, dit-il, il faut s'entr'aider. Je vous enseignerai avec joie les sciences que je possède. Ne m'en ayez, d'ailleurs, aucune gratitude. Ce ne sera pas du temps perdu pour moi. Au contraire! L'enseignement est, pour celui qui sait, la meilleure pierre de touche à contrôler ce qu'il sait.

Cette formule plut à Valentin et aussi la complaisance empressée de Broguet, en qui aussitôt il subodora un esprit supérieur à ce qu'il avait estimé jusqu'alors. Ce lourd et gauche bisontin, sans génie apparent, lui manifesta, au surplus, et très vite, une hauteur de pensée que Valentin ne s'attendait guère à lui découvrir, et dont il ne croyait même pas qu'on eût à faire usage dans l'étude des sciences naturelles.

Il avait pris volontiers, en ses classes littéraires, et surtout en son année de logique couronnée par un prix au concours général, l'habitude de mépriser ces sciences. Il n'y soupçonnait qu'un amas de faits, un fatras de calculs, une nomenclature d'observations, conduisant à certaines lois générales, il est vrai, mais à des lois qui, en somme, restaient dans le domaine restreint du relatif. Quelle différence, se disait-il alors, avec les lois de la pensée elle-même, évoluant dans le domaine infini de l'absolu ?

Il fut stupéfait d'apprendre que, par ces lois physiques aussi, on s'élevait jusqu'aux problèmes mettant en jeu l'origine et la fin des choses, et qu'elles y pouvaient même suggérer des solutions.

Prosper Broguet n'était pas, en effet, comme il avait l'air de l'être, un vulgaire assimilateur transformant sa mémoire uniquement en un répertoire bien classé. C'était, à sa manière, un philosophe, un métaphysicien aussi, un de ceux qui attaquent le mystère par l'analyse patiente, et qui sont fermement convaincus de pouvoir, au bout d'une lente, tenace, minutieuse et pénétrante communion avec la matière vivante, en toucher l'essence.

Dès les premières leçons données à Valentin, tout en lui enseignant des faits et les lois qui les régissaient, il lui laissa entrevoir le but vers lequel tendait, pour lui, la connaissance de ces faits et de ces lois. Et, du coup, lui, l'analytique, et Valentin, le synthétique, ils se rejoignirent au seuil du même rêve touchant la cause des causes, c'est-à-dire dans la foi profonde à la future réalisation de ce rêve.

Que l'on y dût arriver par le chemin de Prosper Broguet, c'est ce dont Valentin ne voulut pas convenir tout d'abord ; mais que ce chemin, quand même, menât à un carrefour de fécondes hypothèses servant de sûrs viatiques pour aller plus loin, il fut bien forcé de se l'avouer, le jour surtout où le bisontin lui révéla certaines théories nouvelles qui étaient son idée fixe, à lui.

Il y avait plus d'un semestre déjà qu'ils travaillaient ensemble, le jour où Broguet, dans un accès extraordinaire d'exaltation, lui ouvrit brusquement cette porte sur le fond de sa pensée.

Et ce fut, pour Valentin, comme une illumination.

L'illustre Darwin, alors tout jeune, mais déjà en possession des éléments qui devaient plus tard constituer sa doctrine, venait de communiquer en ce temps-là, confidentiellement, à de rares amis, quelques-uns des précieux matériaux d'observation qu'il avait recueillis dans son voyage de six années sur les côtes de l'Amérique du Sud. On sait qu'il en fit, par la suite, le tissu principal et solide de son célèbre ouvrage sur *l'Origine des espèces par voie de sélection naturelle*. Or, parmi les rares amis honorés, dès maintenant, de ses confidences, se trouvait un jeune médecin anglais, Nathaniel Burpitt, camarade de Prosper Broguet à l'École de médecine, et qui lui avait écrit là-dessus de longues lettres. Le bisontin, d'autre part, avait eu pour professeur un ancien secrétaire du chevalier de Lamarck, et s'était profondément trempé, non seulement aux écrits publiés, mais à la pensée intime, de cet esprit audacieux, véritable inventeur, sinon formulateur, de ce qu'on appela, longtemps après lui, la génération spontanée et le transformisme.

On comprend, par ces deux détails de sa biographie, quelles étaient les théories nouvelles de Prosper Broguet; et, si l'on songe aux ténèbres dans lesquelles vagissaient encore ces hypothèses, on devine sans peine le bouillonnement de pensée qu'elles devaient produire chez un néophyte et l'étrange clarté qu'elles devaient allumer à l'horizon pour un esprit comme celui de Valentin.

— Vous imaginez-vous bien, lui disait Prosper Broguet, le pas gigantesque, définitif, que nous faisons ainsi vers l'explication du mystère? La vie elle-même, la vie palpitant sous nos doigts, voilà ce que nous allons tenir bientôt. Les espèces dérivant les unes des autres, en trouver les chaînons n'est plus qu'une affaire de temps et de patience. Remonter à l'origine de l'existence organique, en déterminer les conditions, en fixer les éléments primordiaux, en expérimenter les combinaisons, bref, en établir la complète analyse, puis en reconstituer la synthèse, voilà ce qui nous reste à faire. Encore une fois, le temps et la patience y suffiront. Et alors, alors, la matière n'aura plus de secrets! Alors, l'homme assistera, lui, créé, à la création! Que dis-je? Il sera devenu le créateur. L'homme sera Dieu.

7.

Le lourd et gauche bisontin, à ce moment, n'était plus l'être quelconque et sans allure que Valentin avait tant méprisé depuis deux ans. Sa peau bise était comme dorée, de l'intérieur, par la flamme du sang jeune et chaud qui lui montait du cœur aux joues. Son front bas, où de grosses veines se gonflaient, semblait prêt à éclater sous la poussée de son cerveau en ébullition. Ses yeux, qui faisaient songer d'ordinaire à des yeux de rat fureteur en quête de miettes de fromage à grignoter, flamboyaient avec un éclat aigu, térébrant, comme si ce rat s'attaquait, en guise de fromage, à l'orbe entier du monde. Le pauvre étudiant se révélait soudain en beauté. Valentin, tout ému, presque envieux, l'admira.

— Mais, s'écria-t-il involontairement, mais, vous avez du génie !

L'autre, d'une voix assurée, reprenant son expression de labeur et de ténacité, répondit lentement :

— Oui, je le crois.

Cette fois, Valentin fut envieux tout à fait. Une mauvaise rancune lui vint d'avoir admiré et d'avoir laissé parler son admiration. Pour abattre un peu l'orgueil du bisontin, il sourit aigrement et dit :

— Mme d'Amblezeuille m'avait bien affirmé qu'il y avait du génie dans la maison; mais ce n'est pas à vous qu'elle l'attribuait, c'est à Wronsky.

— Oh ! répliqua vivement le bisontin, il en a aussi, lui, n'en doutez pas. Il a le génie de l'abstrait

comme j'ai celui du concret. Nous nous entendons
fort bien, au reste. Nous sommes partis des deux
pôles opposés de la pensée humaine; mais nous
allons au-devant l'un de l'autre.

Valentin se tut, son mauvais sourire brusquement éteint. Il se trouva petit, auprès de cet
orgueilleux rendant hommage à un frère en orgueil.
Son air humble fit craindre au bisontin de n'a-
voir pas été compris. Il ajouta :

— Entendez-moi bien. Je suis un matérialiste
d'une espèce particulière, pour qui la matière et
l'esprit ne sont qu'une seule et même chose, considérée sous deux aspects. Or, moi, je prends la
matière par ce qu'on appelle spécialement la
matière. Lui, il la prend par ce qu'on appelle l'esprit. Voilà tout ce qui nous distingue. Au fond,
nous formons un angle et notre sommet est
unique.

Voyant que Valentin gardait toujours le silence,
le bisontin lui laissa le temps de réfléchir à ces
paroles, d'apparence obscure, où il avait mis pourtant le plus de lumière possible; puis il conclut
ainsi :

— En d'autres termes, je cherche le protoplasma
de l'existence, et il en cherche l'équation. Com-
prenez-vous enfin?

Valentin fut blessé de ce doute, et, pour bien
montrer que son silence n'était pas un témoignage
de stupidité, il répondit, d'une façon très nette :

— Je comprends parfaitement, et depuis votre
premier mot. Vous voulez dire que lorsque Wronsky

aura trouvé son x, vous mettrez, vous, sous cet x, un chiffre.

— C'est cela, vous y êtes, répliqua le bisontin. Ajoutez seulement, pour être complet, que ce chiffre sera un être.

De nouveau, Valentin admira cette assurance, et, tout ensemble, en fut envieux. Il ne put se tenir de manifester encore cette envie, bien qu'il s'avouât que la manifestation, dans les termes où il la fit, était bassement vilaine et mesquine. Elle consista, en effet, à dire, comme l'eût dit le dernier des niais :

— Il va de soi, n'est-ce pas, qu'en vous mettant personnellement en cause, Wronsky et vous, je pense, non pas à vous-mêmes, mais bien aux deux formes de l'intellect que vous représentez, le mathématicien et le physicien. Vous n'espérez pas, bien sûr, ni lui, ni vous, être précisément ceux qui poseront le point final à ce long problème, dont la solution a échappé jusqu'ici à l'humanité tout entière. Espérer cela, vous le savez, ce serait de la folie.

Et il soulignait sa phrase décourageante de son plus sceptique sourire.

— Mais, répondit tranquillement le bisontin, nous ne nous cachons pas, Wronsky et moi, d'être des fous. C'est même à ce titre que l'abbé nous aime. Il y croit, lui, à notre espoir.

— Il est donc fou aussi? fit railleusement Valentin.

— Certes, répliqua l'étudiant avec une superbe

expression d'enthousiasme, et le plus fou de nous trois, c'est-à-dire le plus grand. Oui, oui, je lis dans vos yeux votre surprise, et un peu de mépris pour l'opinion que j'ai de l'abbé, et pour l'abbé en personne encore davantage. Vous vous le figurez comme un bonhomme de vieux prêtre fainéant. Je me le suis jadis figuré de la sorte, moi aussi, avant qu'il m'eût fait la grâce de m'emmener dans ses voyages à travers l'infini. S'il vous la fait un jour, vous verrez l'âme prodigieuse qu'il est.

— Et pourquoi donc ne me la ferait-il pas, cette grâce ? interrompit vivement Valentin.

— Parce que vous n'êtes pas fou, dit l'étudiant.

Puis il ajouta, le regard vague et perdu :

— Et aussi parce que le triangle est complet à présent, Wronsky et moi en formant les deux côtés qui convergent vers le sommet, et l'abbé en constituant la base.

Malgré l'humiliation qu'il éprouvait à confesser l'obscurité où le plongeait cette phrase, le désir de la comprendre fut le plus fort chez Valentin, et, tout en enveloppant l'aveu dans une ironique intonation consolante pour son orgueil, il laissa négligemment tomber un :

— Je ne saisis pas très bien ce que vous voulez dire.

— Parbleu ! fit l'étudiant, si vous pouviez y arriver ainsi du premier coup et sans initiation, c'est que vous seriez mon égal.

— Je le suis, s'écria Valentin. Et la preuve, c'est que je vais vous l'expliquer, ce que vous avez voulu dire, et vous l'expliquer d'un mot.

Il venait de faire un violent effort de pensée où il avait cru atteindre, d'un bond, au sens de l'énigme. Il jeta triomphalement ce mot :

— Mysticisme !

— A mon tour, repartit l'étudiant, je ne comprends pas. Nous jouons à la charade.

Et il s'esclaffa d'un gros éclat de rire, après quoi il reprit, sur un ton d'indulgente et dédaigneuse pitié :

— Non, non, allez, mon petit, n'essayez pas de me faire croire et de vous faire croire que vous êtes de taille à m'entendre. J'ai eu tort de vous entr'ouvrir la porte d'un sanctuaire où vous ne pouvez pas entrer. Contentez-vous d'en avoir aperçu la lumière, et estimez-vous heureux qu'elle ne vous ait pas aveuglé. Mais restons-en là, je vous prie, et redescendons à vos plus modestes études de science. Je continuerai de grand cœur à y être votre guide. Et nous verrons plus tard si...

Valentin ne le laissa pas achever. Il était outré de ces façons méprisantes. Il lui déclara tout net et avec fureur qu'il n'attachait aucune importance à ces modestes études de science, qu'il était, lui, une tête à idées générales, un puissant cerveau capable des plus hautes synthèses, qu'il avait la légitime ambition de devenir un grand philosophe, et que, par conséquent, il avait droit à entrer dans ce sanctuaire dont parlait le bisontin, et qu'il y entrerait, de gré ou de force, et tout seul, sans avoir besoin de personne pour lui en ouvrir la porte.

Dans la fière révolte qui le soulevait, toute sa superbe déployée en large envergure, il s'écria :

— Car je suis un fou, moi aussi, n'en doutez pas !

Une étrange exaltation brillait dans ses yeux, devenus légèrement bigles et hagards. Malgré sa colère, il était tout pâle. Ses mains tremblaient. Il proféra les paroles suivantes, qui lui parurent, pendant qu'il les proférait, d'une éblouissante clarté :

— Évidemment, le triangle est complet, ou du moins semble tel, puisque Wronsky et vous et l'abbé en êtes les trois côtés nécessaires et essentiels par définition; mais c'est un triangle mort, tant que ne s'y inscrit pas la circonférence de la prunelle vivante qui est Dieu. Or, cette prunelle vivante, ce sera moi, moi, moi, moi, entendez-vous, moi !

Et, tirant sa carte de visite, il y lut, lentement et solennellement, très haut, comme s'il lisait dans un livre sacré, avec un scandement sacerdotal de toutes les syllabes :

— Valentin Leleup de Marcoussy de Lagibasse.

Et soudain, il fut pris de vertige, et s'évanouit; et, au moment de s'évanouir, il pensa au château des Hommes-sans-Tête et se dit :

— Je l'ai sur la langue, le goût du vin qui fait croire qu'on est le bon Dieu.

XI

Ce n'est plus le goût de ce vin-là que Valentin avait sur la langue quand il revint à lui. C'est un goût de nausée amère et de déboire qu'il y sentit, et non en sensation imaginaire, mais en effective et réelle sensation, comme s'il se réveillait d'un lourd sommeil où l'on a cuvé une ivresse. Machinalement il la fit claquer, sa langue, qu'il avait épaisse et rêche en ce moment.

— Oui, un peu pâteuse, n'est-ce pas?

Il fut surpris et fâché d'entendre Prosper Broguet lui parler de la sorte. Il l'avait oublié. Il lui sembla que le bisontin se moquait de lui et il lui en voulut de cette intrusion dans son réveil. L'étudiant n'y mettait pourtant aucune malice, et se bornait à une simple constatation médicale.

— C'est un phénomène connu, ajoutait-il, et observé souvent dans la syncope. Il y a un vertige avant, et de l'embarras gastrique après, avec saburration de la muqueuse buccale.

— Je le sais, répondit brusquement Valentin.

— Vous êtes donc sujet aux syncopes? reprit l'étudiant.

— Oui, répliqua Valentin, qui mentait, sans raison.

Pourquoi mentait-il, en effet? Il eût été incapable de le dire. Il se le demanda, en ayant honte. Il n'y trouva d'autre explication, sinon la honte plus vive encore qu'il éprouvait, d'avoir perdu connaissance. Il se disait avec tristesse, presque avec remords :

— Perdre connaissance, cela s'appelle aussi tomber en faiblesse. Je viens donc d'être faible, d'être lâche.

Et voilà que, pour excuser cette défaillance, passagère et anormale, il l'attribuait à une habituelle infirmité de son organisme! Il en conçut un profond mépris de lui-même, et, par contre-coup, une rancune contre Broguet, qu'il détesta soudain. Il eût voulu lui crier des injures. Il se contenta, débile encore et mal remis, de lui jeter un long regard haineux. Le bisontin s'en aperçut et dit en souriant :

— Qu'avez-vous donc contre moi? Je ne vous ai rien fait de mal, voyons! Je vous ai soigné de mon mieux, au contraire. Sans moi, savez-vous bien, vous y seriez peut-être resté, dans votre syncope.

Valentin ouvrit de grands yeux effarés. Il ne se doutait pas qu'il avait pu être en danger à ce point. Il eut une terreur rétrospective qui lui donna le frisson. Timidement, il demanda :

— C'est donc grave, une syncope?

— Dame! répondit Broguet, cela dépend de la cause. Si ça vient d'une maladie de cœur, par exemple, ça peut... Mais, au fait, vous devez connaître la cause des vôtres, puisque vous y êtes sujet. Que vous en ont dit les médecins qui vous ont traité pour cela?

Valentin rougit, confus, et avoua son mensonge de tout à l'heure, avec un redoublement de rancune contre l'étudiant. Quoique cette rancune fût visible, Broguet n'y prit pas garde, d'ailleurs, cette fois. Il était absorbé maintenant dans des idées, qu'il exprimait tout haut :

— Syncope accidentelle, alors, moins grave tout ensemble et plus grave. Vertige purement stomacal, peut-être; mais, peut-être aussi, trouble psychique. Oui, oui, cela plutôt. C'est, comme toujours, l'abbé qui a raison.

Il se parlait ainsi à lui-même, évidemment. Valentin, toutefois, l'entendait, et il lui en venait un nouveau frisson de peur. En quoi l'abbé avait-il raison? Que signifiaient ces étranges paroles? Il ne comprenait pas, et n'osait interroger. Il prit un biais et dit :

— Mais vous êtes seul à savoir que j'ai eu cette syncope !

— Pardonnez-moi, répliqua l'étudiant. L'abbé vous a vu, lui aussi, dans cet état.

Valentin croyait fermement n'être resté évanoui que pendant un temps très bref. Il l'évaluait à la durée d'un éclair, pas plus. Or, comment, en si peu de temps, l'abbé aurait-il pu être averti, monter, et le voir?

— Ah çà ! pensa-t-il, ce bisontin s'amuse de moi, ou bien je suis fou!

Et, impérieusement, il exigea une explication.

Les forces lui étaient revenues. Il s'était dressé, sur son séant d'abord, puis debout sur ses pieds, malgré ses jambes qui étaient encore un peu molles, et c'est d'une voix énergique et hautaine qu'il parlait.

— Vous vous moquez de moi, n'est-ce pas? L'abbé est en ce moment dans sa chambre, en bas de la maison : et, à moins qu'il ne puisse regarder et vous entretenir à travers les murs...

— Il le pourrait, interrompit l'étudiant.

Ce mot arrêta tout net l'explosion de Valentin, qui en demeura bouche bée, ne croyant plus du tout à une plaisanterie, tant le ton de Broguet était sérieux.

— Certes, répéta l'étudiant, il le pourrait. Ce sont choses qu'il fait couramment, quand il le veut. Mais il n'a pas eu besoin, pour le cas présent, de recourir à ce moyen-là. Il vous a vu et m'a parlé par des moyens moins extraordinaires. Je l'ai appelé, il est venu, voilà tout. Et il en a eu tout le temps, quoi que vous en pensiez. Votre syncope, en effet, a duré dix bonnes minutes, au moins.

— Dix minutes! s'écria Valentin.

— Oui, reprit l'étudiant. Et, pendant deux de ces dix minutes, l'abbé vous a tenu la tête dans ses mains, et vous a examiné.

C'est d'une voix toute tremblante à présent que Valentin murmurait :

— Examiné! Examiné! Ah! vraiment! Et... et... qu'a-t-il dit?

— Rien, répliqua l'étudiant. L'abbé formule rarement ses jugements par des mots. Il a seulement conclu en posant son index sur votre front, là, entre les sourcils, à la racine du nez. Et cela signifiait, pour moi qui connais l'expression de ses gestes, qu'il concluait à un trouble psychique probable. Finalement, je crois qu'il avait raison.

Brusquement, tout son vieux bon sens thiérachien lui remontant au cerveau, Valentin éclata de rire à la barbe du bisontin stupéfait. Puis il sortit de la chambre en disant :

— Tas de toqués, va !

Et il descendit quatre à quatre, traversa le premier jardin au pas de course, dans une hâte extraordinaire, et positivement fébrile, de quitter cette maison et de se retrouver dans la rue, comme s'il s'évadait d'un endroit dangereux.

Il venait, en effet, et presque au même instant, d'en avoir comme une terreur, puis de juger cette terreur ridicule. Il lui semblait, depuis qu'il s'était réveillé de son évanouissement, vivre, sentir et penser à travers des limbes de cauchemar. Mais maintenant, n'est-ce pas, c'était fini ! Un trouble psychique, en lui, dans sa solide tête, allons donc ! C'est le bisontin, c'est l'abbé, qui étaient des déments ! Le souffle contagieux de leur démence l'avait effleuré un peu, pendant l'affaiblissement cérébral qui avait succédé à sa perte de connaissance ! Oui, cela, peut-être cela, et rien de plus, rien.

Et il la secouait au grand air du dehors, sa tête,

et il le respirait à pleins poumons bien portants, ce grand air, qui lui fouettait le visage et faisait remonter le sang à son cerveau un moment anémié. A cette poussée de vigueur, et à la vive allure de son pas, il se ressaisissait tout, en pleine certitude d'être sain, physiquement et intellectuellement.

Une autre preuve de cet état normal lui était, d'ailleurs, fournie par la netteté avec laquelle il analysait à présent les phases d'exaltation philosophique, d'orgueil génial, de pensée et de volonté violemment tendues, par quoi tout à l'heure il avait passé avant d'arriver à cette sorte de griserie mentale terminée en évanouissement. Il se complaisait à s'affirmer, en le répétant :

— Non, non, un esprit malade ne raisonnerait pas si net et si ferme. Non, je n'ai rien là de détraqué, non, mille fois non !

Et il se touchait le front, d'un geste insistant, fort, l'index appuyé entre les deux sourcils, à la racine du nez, précisément à l'endroit où s'était, avait dit l'étudiant, posé l'index de l'abbé.

Brusquement, il s'aperçut que des passants le contemplaient, arrêtés, et qu'il s'était arrêté lui-même, et qu'il était sorti sans chapeau, et qu'il avait marché sans savoir où, et qu'il devait, depuis assez longtemps, avoir cet aspect hétéroclite auquel il n'avait pas pris garde ; car des gamins l'escortaient en ricanant. Il les fit s'égailler, comme une bande de moineaux, par un cri de menace, puis se coula dans une rue moins fréquentée, retrouva son chemin, et entra chez le premier chapelier rencontré pour y acheter de quoi se couvrir la tête.

En essayant des chapeaux, il sentit à son front une brûlure. Il s'approcha du miroir où il regardait ses essayages, souleva la coiffure qui lui faisait mal, et constata qu'il avait, en effet, comme une bosse douloureuse, partant de la racine du nez et montant jusqu'aux cheveux.

— Bon, bon, se dit-il, c'est moi qui me suis meurtri ainsi en me frappant tout à l'heure, sur le front, plusieurs fois et très fort.

Mais, tout en se donnant cette explication, il la savait fausse et avait parfaitement conscience de se mentir à lui-même.

Car, si la cause de la meurtrissure eût été celle qu'il disait, la meurtrissure produite de la sorte se fût traduite par une ecchymose ronde et rouge. Or, ce qu'il voyait à son front, ce qu'il ne pouvait pas ne pas y voir, c'était une espèce de cloque longitudinale et pâle, partant précisément du point où s'était posé l'index de l'abbé, et s'élevant de là, perpendiculairement à la ligne des sourcils, comme si cet attouchement lui avait, sous la peau, fendu le crâne en deux.

Il fut pris d'un nouvel accès de terreur, impossible à maîtriser cette fois. Jetant le chapeau au nez du marchand stupéfait, il se sauva en courant et regagna tout d'une haleine la maison, comme une bête traquée détale vers son gîte. Il se sentait en proie à l'irrésistible besoin d'aller se mettre à genoux devant l'abbé, de lui demander pardon, bien qu'il ignorât de quoi, et de lui crier :

— Délivrez-moi ! Otez-moi ce stigmate ! Recollez cette fêlure que vous avez faite ! Ma cervelle coule, coule par là ! Bouchez la fente ! Vite ! Vite ! Je vous en supplie. Je le veux.

Et il était résolu, si l'abbé refusait, à le tuer.

Mais, en arrivant rue des Boulangers, à bout de souffle, il était à bout d'énergie aussi. Il eut juste la force qu'il fallait pour grimper jusqu'à sa chambre, s'y enfermer à clef, barricader sa porte avec la table, et se laisser choir tout habillé sur son lit.

Il s'y endormit aussitôt et profondément, comme en léthargie.

Le lendemain, au réveil, après une longue nuit sans rêves et sans mouvement, il lui parut qu'il sortait d'une maladie, mais qu'il en sortait tout d'un coup, n'y ayant eu aucune transition de convalescence entre le plein de l'état morbide et l'absolu retour à la santé.

De tout ce qui s'était passé depuis son évanouissement jusqu'à ce réveil du lendemain, et qu'il fit effort à se rappeler exactement, il n'avait gardé qu'un souvenir trouble, incohérent, fuligineux, dénué d'apparence réelle. Il en vint à s'imaginer que cela s'était passé dans un rêve, et à le croire.

Étant brave de nature, et s'étant reconnu très valide, il avait voulu en avoir le cœur net, en effet, et, à peine sur pieds, était sorti pour aller interroger le chapelier chez qui son cauchemar plaçait l'étrange vision du stigmate au front. Or, malgré toute la bonne volonté de ses recherches, il n'avait pu retrouver ce chapelier. Il était alors entré chez un autre et avait essayé des chapeaux, sans éprouver derechef la sensation douloureuse causée par la pression sur la prétendue meurtrissure. N'ayant aucun miroir dans sa chambre, il avait profité de celui de la boutique pour regarder longuement et attentivement son front, sans y voir la moindre trace de la fameuse cloque longitudinale et pâle.

En fin de compte, il était revenu rue des Boulangers se moquant de lui-même, comme un bon Thiérachien narquois qu'il était, et avec cette conclusion rassurante :

— Sans doute qu'à se soûler de philosophie et d'orgueil on attrape aussi mal aux cheveux !

XII

Sous une forme goguenarde, Valentin exprimait là une vérité. Seulement, il ne se doutait pas de l'accablante paresse intellectuelle qu'amène à sa suite ce *mal aux cheveux*, d'une espèce toute particulière. Il s'en aperçut, par expérience, à l'absolue incapacité de travail où il se trouva soudain, n'ayant plus le moindre goût à l'étude.

Il se figura d'abord que cette aversion portait uniquement sur les sciences physiques et naturelles, et avait pour cause l'aversion même du bisontin qui les lui enseignait. Mais il dut vite se convaincre que sa répugnance au labeur cérébral n'était pas localisée ainsi, et s'étendait jusqu'à ses occupations les plus chères, telles que la métaphysique en personne, par exemple. Ayant repris Spinoza, il n'y put fixer son attention. Un quart d'heure de lecture le harassait. Il lui fallut bien se rendre à l'évidence, et constater qu'il avait comme une courbature de la pensée.

Cette fatigue, d'ailleurs, il ne la sentait que là, et quand il voulait se forcer au travail intellectuel. Pour tout le reste, sa tête lui semblait en bonne santé, ainsi que son corps. Parcourir des journaux, feuilleter des romans, lui était agréable. Il comprit que son esprit avait besoin de distractions. Il songea un moment à refaire une cure de fainéantise là-bas, dans sa bonne et reposante Thiérache. Mais on était en hiver! Puis, ces vacances supplémentaires, non prévues dans son programme, avaient pour lui quelque chose d'humiliant. Il préféra se les donner à Paris, en se trompant lui-même et sans avoir l'air de se les donner.

— Quelques jours à ne rien faire, pas plus, se dit-il, et je me remettrai facilement à la besogne, après un peu de ce que Pascal appelle du divertissement.

Et c'est, en effet, proprement ce genre de divertissement-là qu'il s'offrit, à savoir les très modestes plaisirs de la société, de la conversation, du temps perdu à parler pour ne pas dire grand'chose, sa principale, et même sa seule débauche consistant en la fréquentation plus intime, et bientôt quotidienne, des pensionnaires de Mme d'Amblezeuille. Cette idée lui était venue le premier dimanche après sa crise, un soir où le dîner à table d'hôte l'avait, par extraordinaire, intéressé, voire charmé.

Ce dîner avait été, cependant, exactement pareil à celui de tous les dimanches, et il ne s'y était rien dit ni rien fait qui en ravigotât le ragoût banal. En revanche, Valentin n'y avait point assisté avec son âme habituelle, hautaine, absorbée dans l'orgueilleuse certitude d'être en compagnie de niais. Amolli et détendu par la conscience de sa présente atonie intellectuelle, il s'était tout de suite ravalé, sans y prendre garde, au niveau de ces compagnons quelconques, et y avait pris plaisir. Il n'avait même éprouvé aucune honte en avouant ce plaisir à Mme d'Amblezeuille et en lui demandant l'autorisation de dîner désormais tous les soirs à la table d'hôte.

— Comment donc! avait répondu aussitôt Mme d'Amblezeuille. Mais très volontiers! Je suis extrêmement heureuse, pour tout dire, que la proposition vienne de vous. Je me préparais, en effet, à vous la faire un de ces jours.

Légèrement interloqué par cette nouvelle, Valentin avait eu un regard interrogateur à ce propos ; elle avait ajouté, avec son sourire le plus ambigu :

— Oui, oui, ne vous étonnez pas! L'abbé, depuis quelque temps déjà, estime que la discipline du sanctuaire est un peu dure pour vous en ce moment, et qu'il vous faut du divertissement, honnête, bien entendu, et au sens où le dit Pascal.

Ce même mot, avec l'autorité du même nom, et auquel il avait, lui-même, songé précisément, n'avait pas été sans troubler Valentin. Mais, bien décidé à ne plus trouver l'abbé un être étrange, il avait passé outre, se disant :

— Bah! des lectures pareilles amènent de pareilles associations d'idées, voilà tout. Je ne vais pas encore m'imaginer, n'est-ce pas, que ce gros homme lit dans les pensées! Assez de cauchemar! Je suis dans mon bon sens, maintenant!

Et il se délectait *in petto*, à l'espoir de se retremper dorénavant tous les soirs dans la communion des pensionnaires de la table d'hôte, qui, eux aussi, certes, l'avaient, leur bon sens, tandis que les gens de la seconde maison, l'abbé en tête, étaient des détraqués, des...

— Bref, se plaisait-il à répéter, des fous, comme j'ai failli en devenir un moi-même, à ne jamais sortir de leur atmosphère!

Et c'est avec volupté qu'il s'était plongé dans ce bain tiédasse, à l'eau de son vaguement parfumée de vieil iris, qu'était la société de la table d'hôte. Il s'étonna seulement, en s'y trouvant tout de suite si bien à l'aise, d'avoir pu si longtemps en méconnaître la douceur. Malgré sa très réelle érudition en philosophie, et quoiqu'il l'eût souvent appliquée avec fruit à s'analyser lui-même dans les replis les plus intimes de son *moi*, il ne savait pas encore qu'il y avait en lui, comme en tout soi-disant *moi*, une foule d'autres êtres latents, dont chacun peut devenir, à l'occasion, un nouveau *moi* ne demandant qu'à s'épanouir.

S'il fut intéressé, voire charmé, par les pensionnaires de la table d'hôte, Valentin les paya, au reste, de retour. Il les intéressa vivement aussi et les charma de même. On l'avait toujours connu silencieux, renfermé, comme le bisontin et le Polonais. Ce fut une véritable fête de le voir s'ouvrir, de l'entendre parler, comme une personne naturelle. Il y fut aidé par Mme d'Amblezeuille, qui le fit valoir. Il mit lui-même de la coquetterie à racheter ce qu'il y avait eu de déplaisant et présque d'injurieux dans sa longue et hautaine réserve de jadis. Il y réussit et fut enchanté d'y réussir. Sa vanité s'y procura, et à peu de frais, de vives et neuves jouissances.

Tout d'abord il fut très sensible aux prévenances spéciales qu'eurent pour lui la comtesse Eveline de Varençais et le professeur Dubogard de Cérons, lui témoignant (par des marques discrètes afin de ne froisser personne, mais significatives quand même) qu'ils le considéraient comme d'un monde à part, supérieur aux autres mondes, comme de leur monde enfin, à eux. Ne s'appelait-il pas, en effet, Valentin Leleup de Marcoussy de Lagibasse? Il l'oubliait la plupart du temps, sinon lorsqu'il songeait à son grand dessein. Ils lui firent entendre clairement qu'ils s'en souvenaient toujours, eux, et qu'ils y attachaient une haute importance.

— Il me semble bien, dit le professeur Dubogard de Cérons, avoir connu à la cour de Saxe-Meiningen un de vos arrière-cousins. D'une branche cadette, probablement! Car il n'avait point nom de Lagibasse. Mais sûrement, sûrement, il était de Marcoussy. J'en mettrais mon poing sur les braises.

Et, ce disant, il se le mettait sur le rognon, le bras arrondi, pour donner à son corps de pantin en bois le balan nécessaire à une pirouette, que Valentin trouvait suprêmement élégante, au point de lui en faire compliment, avec un subit enthousiasme à propos de la danse.

— Car j'ai appris la danse au collège, ainsi que

l'escrime, la musique et le dessin. Je ne suis pas, vous le voyez, comtesse, un philosophe bien farouche. A côté de la logique, j'ai acquis aussi des arts d'agrément.

— Que dites-vous, cher monsieur? Des arts d'agrément! Mais ces arts-là sont bel et bien les arts de première nécessité, j'entends pour un gentilhomme!

Et Valentin de faire chorus, s'extasiant sur cette *vérité*, et répondant aux minauderies de la comtesse par un papotage où il s'amusait, s'y rencontrant, du premier coup, assez adroit. Le tout, à la grande satisfaction de Mme d'Amblezeuille, qui souriait d'aise en hochant la tête, ce qui lui faisait se fouetter le nez avec le bout de ses anglaises aux tire-bouchons à la venvole.

Que Mme d'Amblezeuille l'approuvât de la sorte, et qu'il pût tenir ainsi sa partie dans ce jeu de volants joué d'ordinaire seulement par le sautillant professeur et la sémillante comtesse sexagénaire, et que M. et Mme Bussins, les nonchalants créoles, en parussent aussi en admiration, un peu désengourdis de leur molle somnolence mélancolique, et que le docteur hollandais, émerveillé, en suspendît un moment le train continu de sa mastication, ce fut bientôt pour Valentin une joie dont il lui eût été difficile de se passer. En très peu de temps il en avait pris l'habitude. Il lui semblait l'avoir toujours goûtée. Sa tête s'y délassait délicieusement.

La première fois que Prosper Broguet, assistant

à un dîner dominical, le vit sous cet aspect inattendu, il en demeura stupide. Mais cela ne gêna pas Valentin. Il n'en fut, au contraire, que plus brillant. En quittant la table, le bisontin lui dit, tout bas :

— Eh bien! Et la philosophie, qu'en faites-vous donc, futur grand philosophe?.

— Mon cher, lui répondit Valentin, en pirouettant à l'instar du professeur de danse, Spinoza polissait des verres de lunettes. Moi de même, mais à ma façon. Je polis les verres de mes lunettes, à moi. Si vous ne comprenez pas, tant pis pour vous!

XIII

Il y avait à la table d'hôte une nouvelle pensionnaire qui n'avait guère attiré l'attention de Valentin, et qui n'était vraisemblablement pas faite pour attirer l'attention de qui que ce fût, tant son existence elle-même semblait vague et comme irréelle. C'était la nièce des Bussins, figure encore plus effacée que celle de ce couple, déjà si confusément estompé dans la lointaine brume de sa mélancolie automnale. A côté de leur nièce, les Bussins avaient un air vivant, grouillant, malgré leur apparence d'ombres. Elle, on eût dit l'ombre de ces ombres.

Quoiqu'elle eût, à l'affirmation positive de Mme d'Amblezeuille, seize ans passés, il était impossible de lui en attribuer plus de dix, à voir sa taille de fillette, sa tournure d'enfant pauvret, chétif, en retard de croissance. Mais c'était bien pire encore lorsqu'on regardait son visage, sans aucune expression d'activité intellectuelle. Ce masque immobile, ces yeux en eau trouble, évoquaient alors invinciblement l'idée d'un être encore dans l'incertitude de se sentir un être, à peine sorti des limbes du néant, et n'ayant pas tout à fait fini de s'en démailloter. Tels se présentent au monde certains nouveau-nés mal venus, hésitan au seuil de l'existence, comme s'ils devinaient obscurément qu'ils n'y sauront jamais accommoder leur organisme. Telle, à seize ans passés, se présentait toujours Zénaïde.

Cette anomalie ne pouvait échapper à l'observation d'un esprit scientifique comme celui de Broguet; et le bisontin, lui, dès la première fois qu'il s'était trouvé en présence de la fillette, y avait pris garde. Mais il n'avait pas poussé plus loin ses investigations là-dessus, ayant conclu tout de suite à un cas de tératologie mentale qui n'avait, en somme, rien de particulièrement curieux. Zénaïde devait être idiote, hydrocéphale, soit effectivement, soit en puissance, et voilà tout!

Quant à Valentin, tout à ses succès de causeur et à sa gloire de table d'hôte, et absolument détaché, pour le moment, des sciences naturelles, il n'avait pas même fait à la misérable enfant l'aumône d'un coup d'œil. Il s'était seulement aperçu, et tout juste, qu'elle était là, petit nuage ajouté au nuage des Bussins.

Zénaïde cependant n'était point ce qu'elle semblait être.

Prosper Broguet lui-même, tout en s'approchant un peu, à son égard, de la vérité, quand il avait conclu à un cas de tératologie mentale, s'était prononcé trop vite et sur un examen trop superficiel. Il lui eût suffi d'interroger la fillette pour juger qu'elle n'était pas idiote ou hydrocéphale,

9.

ni effectivement, ni en puissance. Seulement il eût été nécessaire, l'interrogeant, qu'elle répondît. Or, elle n'eût pas répondu. Elle ne parlait jamais, sinon aux Bussins, et alors en patois anglo-créole, qu'elle mélangeait de mots tamouls. Si le bisontin eût pu la comprendre, il eût constaté qu'elle était tout au plus ce qu'on appelle, à la campagne, une *simple*.

Quant à Valentin, du moins au Valantin d'antan, à celui qu'avait si passionnément intéressé la Doctrové, c'est un véritable régal que lui auraient procuré la parole enfantine et l'âme encore presque vagissante de Zénaïde. Rien qu'à en chercher le pourquoi et le comment, à reconstituer les causes ataviques qui avaient produit cet être singulier, rare, d'unique exemplaire, il se fût philosophiquement délecté. Seulement, ce pourquoi, ce comment et ces causes, il eût fallu les induire et les déduire des confidences extirpées aux Bussins, en leur faisant conter l'histoire de leur nièce. Or les Bussins étaient trop peu parleurs pour se répandre d'eux-mêmes en confidences de ce genre, trop paresseux aussi pour qu'on eût le désir de les y solliciter. Et du diable, au reste, si l'on pouvait même s'imaginer qu'ils avaient quelque chose de curieux à dire!

On eût bien étonné Valentin, et Prosper Broguet aussi, en leur certifiant qu'ils avaient tort d'estimer Bussins à si modeste prix, et en leur apprenant que le silencieux et indolent créole occupait une partie de son temps (par très lents et très

intermittents efforts, il est vrai) à la rédaction
minutieusement bavarde d'un travail ethnologico-
physiologique dont le sujet d'étude était Zénaïde.

Ayant commencé jadis, quoique à bâtons rompus, sa médecine, Bussins en avait gardé un goût
assez vif de la tératologie précisément, et s'y était
fait quelques idées touchant cette matière, idées
vraiment personnelles et qui n'étaient pas sans
nouveauté alors. Les monstres, physiques ou
moraux, lui apparaissaient comme des récurrences
de la nature humaine vers une demi-animalité
antérieure. C'est à ce point de vue que Zénaïde
lui était un sujet d'étude, où il exerçait ce qu'il
avait conservé de savoir, et aussi ce qu'il inven-
tait par hypothèses, en physiologie.

Plus hypothétiques encore, voire tout à fait chimériques, étaient ses façons d'étudier Zénaïde au
point de vue de l'ethnologie. Il avait là, pour seuls
étais à l'édifice conjectural de ses enquêtes et de
ses hardies conclusions, une très sommaire connaissance de l'antique race tamoule, et le souvenir d'une lecture, faite autrefois, dans un *Magazine* anglais, où l'auteur risquait de timides aper-
çus sur l'autochtonie des Tamouls.

Zénaïde étant fille d'un prince tamoul, et se
trouvant tout ensemble une *simple*, on devine à
quelles combinaisons de raisonnements, de suppositions, et finalement d'affirmations extraordinaires, pouvait se livrer, par l'amalgame de ces
deux faits, un demi-savant et un rêvasseur comme
Bussins. Sans aucune méthode capable de le guider

au labyrinthe de ses vagues hypothèses, sans réelle instruction scientifique lui permettant de bien contrôler ses observations prises à tort et à travers, n'ayant d'ailleurs qu'une puissance de travail très restreinte, toute en à-coups et soubresauts, et qu'une faculté d'attention très vite hors d'haleine, il lui était impossible, non seulement de composer là-dessus un travail sérieux, mais même de donner au fatras de ses notes et de ses imaginations l'apparence d'un livre.

Aussi n'avait-il pas la prétention d'en faire un, ni, en rédigeant cela, de faire, au reste, quoi que ce fût, sinon se distraire un peu et se prouver à lui-même qu'il se plaisait aux choses de l'esprit. Avant l'arrivée de sa nièce, il s'était amusé ainsi à griffonner des impressions d'enfance, des paysages de sa chère patrie perdue, des vers galants et mythologiques pour Mme Bussins. Il s'amusait d'une manière nouvelle maintenant, faisant joujou avec la science, comme il l'avait fait avec la littérature. Le tout, au surplus, à son loisir, en amateur, nonchalamment, et sans jamais pousser les choses jusqu'à la fatigue.

N'empêche que dans ces observations, prises à tort et à travers par un ignorant hors d'état de les contrôler, il y aurait eu de quoi enrichir un véritable observateur, comme Prosper Broguet, qui n'eût pas manqué d'y puiser de précieux arguments en faveur de ses plus audacieuses théories. N'empêche, d'autre part, que dans ces rêvasseries d'un amateur, il y aurait eu de quoi faire, non seulement rêvasser, mais rêver, et puissamment, en rêves énormes et féconds peut-être, des cerveaux plus forts, mieux armés, mieux meublés, que celui de l'indolent créole, par exemple le propre cerveau de Valentin, futur grand philosophe dont la logique eût tâché à coordonner solidement cet inconsistant chaos.

Comme Prosper Broguet et Valentin devaient, plus tard, connaître en effet ces confuses paperasses, et y trouver chacun pâture et lumière, et comme en particulier, l'âme de Valentin devait finalement, ainsi qu'on le verra, y faire la culbute, sans doute n'est-il pas inutile de résumer ici, au plus bref possible, ce que contenaient d'intéressant, embarbouillé dans un pêle-mêle inextricable et filandreux, les élucubrations ethnologico-physiologiques de Bussins sur sa nièce Zénaïde, et, à propos d'elle, sur le préhumanisme de la race tamoule.

Ces élucubrations remplissaient onze petits cahiers de beau papier ministre blanc et glacé, aux feuilles pliées en quatre, soigneusement rognées du haut de façon à donner aux cahiers la figure de livres, mais cousues par le dos avec des faveurs roses qui les faisaient ressembler à des recueils de *compliments*.

L'écriture en était fine, de tournure anglaise, fémininement élégante, d'une application puérile en même temps, et cependant très peu lisible, étant à peine appuyée et d'une encre extrêmement pâle. Le texte ne comportait aucune division, non seulement par chapitres, mais même par alinéas. Il était, en revanche, encadré de marges à droite et à gauche.

Les matières se suivaient à la débandade, selon, apparemment, le hasard du recopiage pour mettre au net. Aucun signe n'indiquait le passage d'une série d'idées à une autre. Parfois même la ponctuation ne l'indiquait pas. Il n'y avait point de pagination. Toutes les lignes commençaient par une lettre majuscule, comme si elles eussent été des vers.

Le jour où les onze petits cahiers, plus tard, furent connus dans la maison de l'abbé, le bisontin vit dans ces détails bizarres autant de négligences imputables à la nonchalance du créole, le Polonais ne s'en aperçut pas, Valentin y découvrit d'étranges symboles, et l'abbé, estimant qu'ils avaient raison tous les trois, dit seulement :

— C'est bien. C'est bien.

Voici, les matières à peu près distribuées en place, le contenu sommaire des onze petits cahiers.

XIV

La famille Bussins est établie à l'île de la Réunion ou Bourbon depuis tantôt un siècle et demi et y est une des rares familles de pur sang créole, c'est-à-dire ne s'étant jamais alliée avec du sang noir, à quelque degré que ce soit. Elle était d'origine bretonne, et offre ainsi le type très net de la race celtique transplantée dans l'autre hémisphère et y conservant tout ce qui la caractérise, sans subir d'autres mutations que celles produites par le climat, la nourriture, les mœurs.

La race celtique est une des races blanches primordiales, directement issue de Japhet (D'où venait à Bussins une telle affirmation? Les cahiers n'en disaient rien. L'abbé assura que la chose pouvait se soutenir), et tout concourt à la faire considérer comme la plus idéaliste des races.

La première et l'unique mésalliance arrivée dans la famille Bussins est celle de Xavière Bussins (la sœur de notre Bussins); mais c'est une mésalliance tout à fait spéciale et qui n'a rien de déshonorant. Bien au contraire!

Ce n'est pas, en effet, avec un nègre que Xavière s'est mariée, ni avec un mulâtre, ni avec un quarteron; c'est avec un Tamoul, homme d'une race aussi noble que la race celtique, au moins par son antiquité. En outre, ce Tamoul, nommé Mala-Inga, quoique amené à l'île Bourbon comme esclave par des marchands arabes, était prince de sang royal dans son pays.

Aimé par Xavière, qui avait quarante ans et qui était vieille fille quand elle s'en éprit, il a été mis en liberté, puis épousé par elle, sans que personne dans la haute société créole y ait trouvé à redire, sa généalogie ayant été produite à la connaissance de tous.

Cette généalogie, qu'il est lui-même allé chercher avant son mariage, au temple sivaïte de Bungkan-Selang-Dwâ, dans l'Inde, est écrite en langue tamoule et en prâcrit, traduite en anglais et en français, et authentiquée par l'*affidavit* des prêtres du temple, le sceau du consul britannique dans la province d'Adjmîr, et l'enregistrement au greffe du gouverneur de l'île Bourbon.

Mala-Inga était un homme très instruit dans l'histoire et la religion de son peuple, extrêmement fier de lui appartenir et d'en être un des princes, descendants de Siva en personne. D'après les livres sacrés du temple sivaïte de Bungkan-Selang-Dwâ, et aussi d'après les chansons populaires et les longs poèmes relatant les hauts faits de son peuple, en général, et de ses ancêtres, à lui, en particulier, il affirmait que les Tamouls sont nés de la terre hindoue elle-même, et qu'ils en étaient les seuls maîtres longtemps avant l'arrivée, là, des races actuelles.

Cette affirmation est pleinement corroborée et certifiée par les découvertes modernes de l'ethnologie, qui rendent indiscutable l'autochtonie des Tamouls. (Ici Bussins s'appuyait sur le souvenir lointain de la lecture qu'il avait faite dans le *Magazine* anglais risquant cet aperçu. Il ne citait pas le nom de l'auteur, qu'il avait oublié; mais il le remplaçait avantageusement par ces mots : *les découvertes modernes de l'ethnologie.*)

Zénaïde est le produit, tout à fait extraordinaire et rare, du croisement entre deux races primordiales, ce croisement ayant eu pour facteurs deux représentants, aussi parfaits que possible chacun dans son genre, de ces deux races.

Une loi physiologique, non établie encore, mais rendue évidente par l'expérience présente, ainsi qu'en font foi les nombreuses et décisives observations consignées ici, veut que, dans ce cas, le mélange des sangs soit impossible, et qu'il y ait, au contraire, annihilation absolue de l'un devant l'autre, et exaltation du prédominant en puissance inversement proportionnelle à la perte éprouvée par le vaincu. (Cette prétendue loi n'avait de scientifique, on le conçoit, que sa formulation à l'aspect rigide de théorème, laquelle avait dû coûter à Bussins beaucoup d'efforts, en l'obligeant à toute la concentration d'esprit dont il était capable. Il n'en était, on le conçoit aussi, que d'autant plus fier. Elle revenait donc souvent dans les petits cahiers, toujours écrite en ronde et à l'encre rouge.)

La race tamoule étant d'une antiquité préhistorique, quasi prélégendaire, l'exaltation de son sang et de son type a, mathématiquement, pour résultat un type préhumain. Cette conséquence, déduite par la logique, est prouvée d'autre part effectivement par le témoignage de Mala-Inga en personne. Le prince tamoul avait connu des êtres de son peuple, qui vivaient dans les bois à la façon des bêtes, ou plutôt à la façon des hommes primitifs, à demi bêtes encore, ignorant le langage articulé. Ces êtres passaient pour être le fruit d'unions entre des femmes tamoules et de grands singes.

L'humanisme a pour caractéristique le langage articulé. Le préhumanisme a pour caractéristique le langage par cris, mais par cris déjà organisés en racines verbales, ce qui distingue le préhumanisme de l'animalité pure, s'exprimant par cris destinés à rester cris sans jamais devenir germes de mots. (Ces définitions, assez précises et significatives, en somme, avaient dû aussi demander force peine et attention à Bussins. Elles étaient, comme la fameuse loi, écrites en ronde et à l'encre rouge. Bussins, très modestement, en attribuait, au reste, tout l'honneur à Mala-Inga, qui les tenait, paraît-il, des brahmanes lui ayant enseigné la philosophie grammaticale du sanscrit.)

La lutte entre le sang celtique et le sang tamoul, lutte dont l'issue devait être la constitution de Zénaïde en personnalité, a été particulièrement longue, acharnée, fatigante, au point que la vie même de la pauvre petite a failli s'y user, et que son âme a semblé s'y éteindre.

Son développement physique en a été arrêté, visiblement. A seize ans passés, elle a un corps de fillette à peine au seuil de la toute première adolescence, hésitant encore à franchir ce seuil, paraissant même ne devoir jamais le franchir et demeurer un corps d'enfant. Un phénomène anormal est notable entre tous : d'une race et d'un pays où les filles sont femmes dès la dixième année en général, parfois plus tôt, Zénaïde ne présente encore aucun des signes de la puberté.

Néanmoins, malgré ses apparences chétives, ses membres menus, fluets, graciles, Zénaïde n'est point maladive, ni même faible. Elle jouit d'une santé robuste. Elle est nerveuse, endurante, remarquablement agile, d'une agilité presque inquiétante à certains moments, tant elle fait songer à l'agilité simiesque. Zénaïde semble, d'ailleurs, en avoir honte ; car elle se garde soigneusement de se montrer telle devant des étrangers. C'est lorsqu'elle est seule qu'elle exerce sa souplesse en des jeux, des sauts, des danses, des contorsions, une sorte de gymnastique tout à fait spéciale, et non sans grâce, mais une grâce très nettement animale, et, proprement, de quadrumane.

On ne peut pas dire que son développement intellectuel ait été arrêté comme son développement physique ; car elle est fort intelligente à sa façon, perçoit les choses vivement, est douée d'une excellente mémoire, associe ses idées avec ingéniosité, les traduit même par de jolies images originales. En revanche, ce développement intellectuel paraît s'être opéré selon des lois obscures pour nous, et souvent en contradiction avec les lois habituelles à nos esprits civilisés. Zénaïde ne raisonne pas comme nous. Ses associations d'idées sont d'une ingéniosité imprévue jusqu'à la bizarrerie. L'originalité de ses images tourne volontiers à l'excentrique.

Ainsi que son agilité simiesque, elle aime à dissimuler son intelligence étrange. En présence du monde, elle demeure comme stupide, non seulement ne dit rien, mais a l'air de ne rien comprendre. Sa face se fait dure, morne, renfermée. Ses yeux se voilent. Elle prend l'aspect d'une idiote. Elle devient une autre, et absolument méconnaissable. Car dans l'intimité, tout son être s'anime, dès qu'elle le veut. Elle a soudain, alors, la gesticulation rapide, exagérée, les regards qui pétillent, le visage extraordinairement expressif et mobile, à en être souvent grimaçant, et enfin le verbe abondant, alerte, primesautier, volubile, intarissable.

Ce verbe est certainement ce que Zénaïde offre de plus curieux à étudier. (Bussins, en effet, y revenait presque à chaque page, en le qualifiant de toutes les épithètes qu'il avait à sa disposition, et en les justifiant toutes par des exemples.) Il traduit les moindres nuances de sa pensée très capricieuse ; mais il les traduit avec des procédés tout à fait inconnus à nos langues, c'est-à-dire sans grammaire et sans analyse, par conséquent, uniquement en mots synthétiques. (Ici Bussins n'arrivait jamais à expliquer clairement ce qu'il entendait par là. Il s'embarbouillait dans les notions de philosophie grammaticale que lui avait apprises Mala-Inga d'après l'enseignement des brahmanes, et dans les souvenirs du *Magazine*, où quelques notes éparses et sommaires touchaient à des matières de linguistique comparée.)

Il est à remarquer que Zénaïde, malgré son excellente mémoire, répugne à la connaissance des idiomes modernes, dont les vocables lui paraissent trop longs et dont les phrases, logiquement construites, lui font l'effet d'inextricables labyrinthes. Elle sait le sens de tous les mots qu'on lui dit en anglais, et de presque tous en français; mais elle-même ne les emploie pas, sinon à contre-cœur, et, alors, avec des abréviations, des contractions, qui les déforment. Elle n'en fait pas, d'ailleurs, des phrases constituées par le sujet, le verbe, le régime, et leurs attributs propres, ou leurs figures diverses selon les règles de la conjugaison, de l'accord. Elle les jette comme au hasard. Elle devient incompréhensible.

Aussi préfère-t-elle s'exprimer en une sorte de patois qu'elle s'est fabriqué elle-même, amalgame incohérent d'anglo-créole et de tamoul, dénaturé pareillement, au reste, par des amputations qui changent les mots tronqués en simples syllabes. Elle y mêle une infinie variété de sons hétéroclites, cris inarticulés ou notes de chant, que l'on s'imagine ainsi, à une première audition, être improvisés, mais que bientôt l'on reconnaît au passage, sinon tous, au moins pour la plupart, et qui sont donc parfaitement fixés dans son esprit, à elle, comme représentant quelque chose et ayant une signification précise.

Un examen attentif et compétent des syllabes qu'elle garde, en abrégeant les mots, montrerait que ces syllabes-résumés sont proprement les racines de ces mots. (Bussins en fournissait de nombreux exemplaires, plus ou moins bien choisis, mais dont beaucoup, en effet, malgré son ignorance en ces matières, lui donnaient suffisamment raison.)

Les cris inarticulés et les notes de chant qu'elle introduit dans son parler, tantôt en les improvisant, tantôt en reproduisant des improvisations antérieures qu'elle a fixées, sont aussi, selon toute vraisemblance, des racines. La grande difficulté, pour ne pas dire l'impossibilité qu'il y a, sans doute insurmontable, à transcrire ces sons inarticulés d'une manière perceptible, empêche seule d'en fournir ici des exemplaires, qui seraient aussi probants que ceux relatifs aux syllabes-résumés. Peut-être un instrument enregistreur et reproducteur de sons sera-t-il un jour inventé, qui permettrait, avec un sujet comme Zénaïde, de retrouver les éléments de l'origine du langage.

Zénaïde, en effet, par un concours de circonstances absolument unique, grâce à sa filiation tamoule, grâce à la loi qui a exalté chez elle le préhumanisme tamoul, se trouve être le parangon de ce préhumanisme, c'est-à-dire d'un état de l'humanité où l'être, qui devait devenir l'homme et qui ne l'était pas encore, se distinguait déjà du pur animal par la faculté de traduire ses pensées en germes de mots, ou racines.

Cette faculté, aujourd'hui perdue, est manifeste chez Zénaïde, et on s'est bien gardé d'en entraver le libre exercice. On l'a, au contraire, favorisée, encouragée à s'épanouir par tous les moyens possibles, et particulièrement en laissant l'âme de Zénaïde comme en friche, sans aucune culture intellectuelle ressemblant à celle dont on use pour les âmes modernes.

La chose s'est faite d'abord naturellement et en dehors de tout plan préconçu, l'enfant s'étant montrée rebelle d'instinct à l'instruction, et sa mère manquant de l'énergie nécessaire à dompter cette rébellion. Le père, d'autre part, jugeait Zénaïde une sorte d'individu sacré en qui revivaient ses plus lointains ancêtres, et qu'il ne fallait contraindre à quoi que ce fût. Cette manière d'éducation est devenue ensuite une méthode véritable, raisonnée scientifiquement et scrupuleusement appliquée. (Bussins, en cet endroit, se flattait un peu. Il avait, en réalité, procédé avec Zénaïde sans y entendre si fort malice, et, lui aussi, par mollesse et manque d'énergie à réagir contre elle. Sa femme, plus nonchalante que lui encore, l'y avait, d'ailleurs, poussé.

Tous deux s'amusaient infiniment de cette petite sauvagesse, au babil enfantin, qui leur était comme un joujou facile et toujours prêt.)

Zénaïde, on le voit, est donc, à tous les points de vue, un cas tératologique du plus haut intérêt.

Un médecin découvrirait sans peine en quoi elle est un monstre physiologiquement, autrement dit une récurrence de l'homme à la demi-animalité, et il étudierait avec fruit les phénomènes qu'elle présente, comme retard de croissance, exiguïté de taille la rapprochant des nains, absence de puberté, conformation spéciale du larynx permettant l'émission de sons impossibles à reproduire par la voix ordinaire.

D'autre part, un ethnologue reconstruirait exactement, sur son type, le type des races préhumaines disparues, à la façon d'un Cuvier, par exemple, et de la sorte la paléontologie s'attaquerait, pour la première fois et comme par miracle, à un être vivant.

Enfin un philosophe, psychologue à la fois et curieux de démontrer le mécanisme par quoi la pensée se change en parole, aurait là, sous la main pour ainsi dire, les rouages de ce mécanisme et peut-être la clef de cet impénétrable mystère qu'on appelle l'âme. (Bussins s'était complu, avec des délices d'orgueil malgré sa modestie native, à cette dernière supposition; et s'était, on peut s'en apercevoir, appliqué à l'exprimer en une phrase assez oratoire. Cette phrase était reproduite plusieurs fois dans les onze petits cahiers. Il y tenait ostensiblement, et c'est tout juste s'il n'affirmait pas pouvoir être ce philosophe ayant sous la main la mystérieuse clef susdite. Il le laissait, du moins, entrevoir.)

Cette clef retrouvée, et le mécanisme une fois démonté, par quoi la pensée se change en parole, il n'était point présomptueux de croire que l'homme futur, en possession de tous ses éléments primordiaux connus par une analyse complète, arriverait aisément à une synthèse absolue et parfaite de lui-même. (Les considérations de ce genre, dont le onzième cahier surtout était fleuri, montraient de reste que Zénaïde avait été, pour Bussins, beaucoup moins un sujet d'étude, comme il le disait, qu'un prétexte à rêvasser, à se griser l'imagination avec de grands mots vaguement compris, à fumer ces mots, en quelque sorte, comme il fumait ses cigarettes de tabac noir fortement opiacé.)

Zénaïde, tout étant ainsi un cas tératologique, n'en était pas moins une enfant charmante, très aimable et qui savait se faire aimer. Mme Bussins la chérissait spécialement. Bussins déclarait lui rester extrêmement reconnaissant des observations qu'elle lui avait fournies, des hypothèses qu'elle lui avait permis de faire et des lois qu'il avait formulées grâce à elle.

Aussi le onzième cahier s'achevait-il sous forme testamentaire, en un paragraphe assurant à la jeune fille, si elle survivait à son oncle et à sa tante, la jouissance des petites rentes qu'ils possédaient encore. Il était formellement stipulé que ces rentes seraient transmuées pour elle en rentes viagères, et qu'on la laisserait en disposer à sa guise, sans gêner ses goûts, et à l'abri de toute tentative d'expérimentation scientifique.

« Cela, écrivait Bussins en concluant, non pas du tout par vanité jalouse, afin de rester le seul ayant eu à ma disposition un aussi merveilleux sujet, mais bien par douce affection pour Zénaïde; car elle nous a rendu un peu, à ma femme et à moi, pauvres exilés, la lumière éteinte et le parfum évaporé de notre chère et cythéréenne patrie, dont elle nous semble à la fois une fleur et un oiseau. »

XV

L'abbé lisait-il vraiment à travers les murailles et dans les pensées, comme le prétendait Broguet? Ou bien, ce qui est plus facile à croire, avait-il été renseigné sur les Bussins, Zénaïde, et même les onze petits cahiers, par la curiosité fureteuse de Mme d'Amblezeuille? C'est de quoi Valentin fut très indécis, lorsque plus tard il se rappela de quelle étrange manière il avait été lui-même conduit, directement par Mme d'Amblezeuille et indirectement par l'abbé, à s'occuper de la mystérieuse petite sauvagesse, si peu intéressante en apparence.

Étant donné qu'elle s'appliquait avec tant de volonté à demeurer inaperçue et impénétrable aux regards des gens, Valentin eût certainement pu et dû vivre longtemps, voire toujours, auprès d'elle, sans avoir la moindre envie, non seulement de la connaître, mais même de chercher à la connaître. Eût-il éprouvé, par le plus inexplicable des hasards, cette envie que rien ne justifiait, il l'eût tout de suite et absolument satisfaite avec la très vraisemblance opinion du bisontin, jugeant en dernier ressort que Zénaïde était une sorte d'idiote.

Ce lui fut donc un grand sujet d'étonnement, quand Mme d'Amblezeuille lui dit un jour, à brûle-pourpoint, et de son air le plus ambigu :

— Ne vous serait-il pas agréable de savoir au juste qui est cette bizarre enfant, et de vous occuper d'elle un peu ?

— Ma foi, non, répondit-il. Je ne la trouve point bizarre. Elle me paraît un être effacé, vague, neutre, quelconque, et ne méritant à aucun égard qu'on s'occupe d'elle, sinon pour la plaindre.

— Vous avez grand tort, répliqua Mme d'Amblezeuille, très grand tort, de penser ainsi. Cela ne prouve guère en faveur de votre perspicacité, que l'abbé imaginait plus vive, et mieux avertie des choses obscures touchant à votre destinée.

Valentin ne comprit point et demanda en quoi sa destinée pouvait bien avoir affaire avec son avis, à lui, sur Zénaïde, et ce que l'abbé entendait par là.

— L'abbé entend ce qu'il veut entendre, reprit Mme d'Amblezeuille. Il ne m'a pas chargée de vous le dire. Il ne me l'a même pas dit. Je vous répète ses paroles telles quelles, et sans les interpréter. Laissez-moi vous apprendre seulement que, s'il tenait particulièrement à ce que vous devinssiez un pensionnaire assidu de la table d'hôte, c'était pour vous fournir l'occasion d'y rencontrer Zénaïde. Il est sûr, en effet, que, de cette rencontre, dépend je ne sais quoi dont vous devez avoir souci. Encore une fois, gardez-vous bien de croire qu'en vous parlant de la sorte je vous fais une commission de sa part.

Je vais plutôt contre sa volonté. Je vous instruis de cela positivement à son insu.

Comprenant de moins en moins, et irrité de ne pas comprendre, Valentin détendit son irritation dans un mauvais éclat de rire, et dit :

— Enfin, quoi? Est-ce que l'abbé veut me faire épouser cette idiote?

— J'ignore ce que veut l'abbé, repartit Mme d'Amblezeuille. Mais ce que je sais, en revanche, c'est que Zénaïde n'est pas une idiote. Et cela, l'abbé pensait que vous vous en apercevriez de vous-même, par une sorte de divination dont il vous croyait fort capable. Et dites-vous bien, entre parenthèses, que ce n'est pas là une mince marque de l'estime où il vous tient. Car cette divination, il en attribue le privilège à peu d'esprits. Il la refuse à Broguet, par exemple.

La remarque flatta Valentin, et l'incita au petit mensonge suivant :

— Mais je ne dis pas que Zénaïde soit une idiote, au fond. Je dis qu'elle a l'air d'en être une, voilà tout. Il est bien certain que, si je voulais exercer sur elle cette faculté de divination dont l'abbé...

— Eh bien! exercez-la, interrompit Mme d'Amblezeuille. C'est justement ce que l'abbé vous demande et espère de vous. A son avis, vous n'aurez pas lieu de vous en repentir.

Mme d'Amblezeuille, là-dessus, fit son regard en coulisse et le souligna d'un sourire qui semblait laisser entendre beaucoup de secrets extrêmement importants qu'elle ne pouvait pas dire. Valentin fit celui qui subodore les choses à demi-mot et comprend jusqu'à la muette éloquence des idées traduites seulement par une énigmatique expression du visage. Il se jugea très fort, de donner à Mme d'Amblezeuille cette haute opinion de lui. Elle l'eut, en effet.

— Ah! s'écria-t-elle avec admiration, l'abbé ne s'y trompe pas! Vous êtes vraiment un être rare. Il a raison de fonder sur vous de tels desseins!

— Quels desseins? ne put s'empêcher de dire le jeune homme, à la fois fier de les inspirer, et honteux de ne pas les connaître.

— Chut! chut! fit Mme d'Amblezeuille. Vous le savez de reste. Je n'ai pas le droit, d'ailleurs, à aucun titre, d'en être la confidente.

— Cependant, interrompit Valentin, c'est ce que vous êtes, puisque vous m'en parlez comme si vous en étiez pleinement instruite.

— Oh! fit-elle avec modestie, j'en suis instruite très vaguement, pas plus. Un peu par l'abbé lui-même, j'en conviens, assez familier à l'égard de sa vieille amie pour ne pas craindre de penser parfois tout haut devant elle; mais plus encore, et j'en tire quelque vanité, grâce au petit don de divination que j'ai, moi aussi.

Mme d'Amblezeuille prit en ce moment son air le plus majestueux pour dire, comme une pythonisse rendant un arrêt :

— Vous nourrissez un grand rêve, jeune homme. L'abbé en a la certitude. Moi de même. Nous voulons vous aider à le réaliser.

Puis elle ajouta d'un ton moins sibyllin, sa voix redevenue insinuante :

— Or vous arriverez à cette réalisation, affirme l'abbé, par l'entremise de Zénaïde. Voilà pourquoi il a mis votre ligne de destinée en conjonction avec la sienne. Observez cette enfant, occupez-vous d'elle, percez le mystère dont elle s'enveloppe, et que l'abbé, lui, a percé déjà, sans la voir aussi longuement que vous pouvez la voir, vous. Et pour cela, liez-vous d'une façon plus intime avec les Bussins. Eux non plus, comme leur nièce, ne sont pas du tout ce qu'ils paraissent être, du moins le mari. Vous aurez certainement, à le fréquenter, et surtout à le pénétrer, si vous êtes assez heureux pour y parvenir, de vives et fécondes surprises. Songez que l'abbé en personne vous le promet. C'est tout vous dire.

— Mais, objecta Valentin, l'abbé ne me semble pas être en relations bien suivies avec Bussins. Il ne le connaît guère que de vue. Lui a-t-il jamais parlé seulement? D'où donc peut-il tenir?...

— L'abbé, interrompit Mme d'Amblezeuille, n'a pas besoin de parler aux gens pour se renseigner sur eux. Il a d'autres moyens d'investigation.

Ce disant, elle se posait l'index sur les lèvres, avec une expression de mystère. C'est en se souvenant de ce geste, et de diverses phrases à sous-entendus, que Valentin se demanda, plus tard, si l'abbé lisait réellement à travers les murailles et dans les pensées, ou s'il usait de Mme d'Amblezeuille comme d'une subtile et sûre espionne. Car

Valentin acquit alors la certitude que, dès ce moment, d'une façon ou d'une autre, mais effectivement, l'abbé avait été dans le secret des petits cahiers de Bussins.

Actuellement, Valentin ne pouvait avoir de cela aucun soupçon, puisqu'il ignorait jusqu'à l'existence des petits cahiers.

Il n'était pas non plus, depuis la réaction de bon sens consécutive à sa dernière crise, en état de se figurer l'abbé sous l'aspect d'un thaumaturge. Il ne fut donc pas troublé outre mesure par ce qu'il y avait, pourtant, de très étrange, dans les avertissements de Mme d'Amblezeuille, dans tels mots qu'elle avait laissé échapper, comme ceux, entre autres, touchant le grand rêve que nourrissait Valentin. Deux mois auparavant, il en eût été bouleversé. A cette heure, c'est à peine s'il y prit garde. Il n'y vit qu'une audacieuse et astucieuse tentative de Mme d'Amblezeuille pour lui *tirer les vers du nez*, et une sorte de complot ourdi entre elle et l'abbé, probablement avec la complicité passive des Bussins, pour arriver à marier Zénaïde.

— C'est cela, parfaitement, pensa-t-il. Ils veulent que j'épouse l'idiote. Un roman de pension de famille ! Tout s'explique. Cela les amuse. Eh bien ! je m'en amuserai, moi aussi.

Et il se félicitait de son flair, avec des joies de paysan finaud qu'on a voulu *mettre dedans* et qui va prendre ses ennemis à leur piège. Tout le sang de sa mère la meunière refleurissait en lui à cette idée. Il n'en avait pas honte, mais, au contraire, orgueil. Son *moi* le plus grossier, le plus terre à terre, s'y épanouissait. Lorsque, la quinzaine suivante, en pleine reprise de son autre *moi* tout d'exaltation, de folie et de grandeur, il se rappela ce temps de bas thiérachisme, ce fut avec dégoût et pour se dire :

— En ce temps-là, j'étais déprimé, malade.

Pour l'instant, il n'en jugeait pas de la sorte, et s'estimait en belle santé physique et morale. C'était d'ailleurs, il faut bien l'avouer, l'opinion, sur lui, de tout le monde autour de lui, excepté l'abbé. Les gens de la table d'hôte, en effet, continuaient à le trouver charmant. Mme d'Amblezeuille lui faisait fête plus que jamais. Prosper Broguet lui-même, parlant de lui à l'abbé qui en demandait des nouvelles, avait déclaré doctoralement :

— Il va tout à fait bien. Il avait besoin de la nourriture plus abondante de la table d'hôte. Ses vertiges et ses syncopes devaient venir de l'estomac.

A quoi l'abbé avait répondu, semblant acquiescer :

— C'est bien. C'est bien.

Mais en ajoutant, à voix lointaine et dans un sens que Broguet n'entendit pas :

— Santé de chrysalide, où l'âme se fait papillon !

XVI

En réfléchissant, par la suite, à ses paroles et à ses actes pendant cette période de sa vie, Valentin y trouva des explications extraordinaires, et demeura persuadé, notamment, d'y avoir été en proie à une véritable emprise de l'abbé, lui dictant, en quelque sorte, sa conduite, par suggestion occulte. Peut-être n'était-il pas besoin d'avoir encore recours à l'hypothèse de ces ressorts singuliers, pour rendre raison de la hantise, très réelle, mais très compréhensible par ailleurs, qu'exerça Zénaïde sur le jeune homme, à partir de la conversation avec Mme d'Amblezeuille.

Et d'abord l'attention de Valentin, jusque-là endormie touchant cet être d'apparence si peu intéressante, avait été naturellement éveillée par l'avertissement lui révélant que cet être ne ressemblait pas à son apparence. Il n'en fallait pas davantage pour qu'un examen, désormais plus détaillé et plus appuyé, de la fillette, fît trouver en elle, même à des observations insignifiantes, une signification.

En second lieu, le projet qu'avait formé Valentin, de s'amuser à ce roman de pension de famille en déjouant un complot matrimonial, devait tendre tous les fils de son esprit vers ce prétendu complot, et le forcer à s'occuper de Zénaïde, à l'étudier quand elle était présente, à coordonner les résultats de ces études quand elle était absente, bref, à s'en emplir la pensée. Or c'est un besoin irrésistible de la pensée, et comme son appétit, d'attacher bientôt un prix toujours croissant à son objet habituel. Elle crée à cet objet une importance par l'application incessante à lui en attribuer une.

D'autre part, l'attitude même de Zénaïde, son mutisme têtu, l'immobilité de son visage toujours farouche, fermé, morne et inexpressif, l'impénétrable et stupide profondeur de ses pâles yeux éteints, et la certitude où était Valentin maintenant (d'après tels demi-mots de Mme d'Amblezeuille), touchant la volonté expresse de la jeune fille à se faire et à conserver cette attitude, ne pouvaient qu'allumer et attiser le désir d'en avoir le cœur net. Mieux elle se tenait close, plus on était excité à l'ouvrir. Tant et de si forts obstacles, s'opposant à la curiosité, l'irritaient.

Enfin, et surtout, malgré l'épaisseur des voiles dont elle s'enveloppait ainsi, et à travers ces voiles eux-mêmes, la figure de la jeune fille, quand on se donnait la peine d'y fixer un regard aux intentions bienveillantes, avait quelque chose de plus agréable qu'on ne l'aurait imaginé, puis, à insister un peu, d'attachant, sans aucun doute possible, et en somme, après une assez longue contemplation, de presque, et bientôt tout à fait, captivant.

A coup sûr, cependant, il faut bien en convenir, Zénaïde n'était ni belle, ni bien faite, ni même jolie, au sens accoutumé de ces vocables. Pour tout dire, le premier et l'unique mot qui devait venir aux lèvres, en l'examinant bien, c'était ce cri :

— Quel laideron !

Cela, sur le témoignage seul de son visage. Si, au lieu du visage, on avait d'abord interrogé le corps, on aurait eu plutôt envie de s'écrier :

— Quel avorton !

Et, dans les deux cas, on n'eût pas pu être taxé d'injustice. On eût été peu indulgent, certes, mais véridique.

Le corps de Zénaïde, en effet, qui n'était pas encore et ne serait probablement jamais celui d'une jeune fille, n'était plus néanmoins celui d'une enfant. Elle en avait gardé la taille exiguë, mais non pas la grâce et le potelé. Maigriote et sèche, elle avait la poitrine étroite, les épaules pointues, les coudes anguleux. Ses bras étant trop longs, son corsage trop court, elle semblait n'avoir grandi que des jambes, et être nouée du torse.

Considéré à part, aucun des éléments de son visage n'était absolument déplaisant ni d'une forme défectueuse. Si le front était bas et bombé, il était large, bien plein des tempes, et les sourcils y traçaient deux arcs d'une ligne très pure. Les yeux, un peu plus rapprochés du nez qu'il l'eût fallu, rachetaient cette légère erreur par le dessin de leur fente, allant presque jusqu'aux oreilles, par la délicatesse des paupières et surtout par des cils épais, veloutés, retroussés, d'une longueur invraisemblable. Le nez, sans ensellure à la racine, et droit jusqu'au bout, ne se faisait camard qu'à cet endroit, et encore d'une façon toute particulière, uniquement à cause des ailes évidées exagérément et qui s'implantaient très bas. La bouche était grande, aux lèvres charnues, surtout la lèvre inférieure, et restait presque toujours entr'ouverte, montrant des dents irrégulièrement plantées, petites, aiguës, fort blanches. Le teint de la peau était d'un bistre vert, et le grain en paraissait extrêmement doux et fin. Mais de cet ensemble, où chaque détail pouvait avoir son charme, se dégageait une impression totale de laideur, il n'était pas permis de le nier.

Très probablement il en fallait chercher la cause dans un manque d'harmonie de ces détails entre eux. Ils ne paraissaient pas faits l'un pour l'autre. Ils juraient, en quelque sorte, d'être juxtaposés. Au lieu de s'embellir mutuellement, ils se nuisaient, chacun à tous et tous à chacun.

Peut-être aussi ce fâcheux résultat général était-il accentué par la couleur uniforme et triste du bistre vert, sans nuances, en bronze vert-de-grisé, qui patinait comme d'un glacis de mort ces traits, leur ôtant ainsi l'apparence de vivre d'une vie commune, les rendant indépendants celui-ci de celui-là, et par conséquent disparates. Le tout, d'ailleurs, poussé à l'extrême par l'obstination de Zénaïde à ne jamais détendre cette immobilité morne de son visage, à ne jamais l'animer d'une rougeur ou d'une pâleur, accidents qui lui arrivaient quand même quelquefois, mais qu'elle dissimulait alors soigneusement au moyen d'une rapide et profonde inclinaison de tête, de façon à ce que toute sa face fût brusquement éclipsée sous l'éteignoir d'ombre de sa noire, large, mousseuse et bestiale chevelure.

Et néanmoins, en dépit de cette analyse minutieuse, aux conclusions sévères, que fit Valentin sans en rien atténuer de ce qui était défavorable à Zénaïde, malgré la constatation irréfutable de la laideur produite ensuite par la synthèse de ces éléments, il y a un fait dont la constatation s'imposait aussi, non moins irréfutable : c'est que Zénaïde, une fois regardée, étudiée de la sorte, attachait l'attention agréablement, puis, en fin de compte, la captivait.

Dès qu'il s'en aperçut, et ce fut très vite, Valentin en chercha le pourquoi. Car, si endormies que fussent ses facultés philosophiques depuis quelque temps, elles n'étaient pas mortes. Il ne fallait qu'un appel pour les réveiller. Zénaïde fut cet appel.

En cela certainement, quoique d'une façon nullement occulte, l'abbé agit sur lui par une sorte de suggestion, fort indirecte, au reste, et comme de biais. Il lui indiquait et lui procurait même l'occasion de ce réveil. En prévoyait-il les conséquences? Vraisemblablement oui, si l'on s'en rapporte à quelques-unes des phrases mystérieuses prononcées par Mme d'Amblezeuille, et dont le sens devait plus tard se révéler en lumière fulgurante dans les souvenirs de Valentin.

Étant, lui, à mille lieues de prévoir ces conséquences, Valentin ne fut pas autrement ému de sentir son cerveau désengourdi et curieux envers Zénaïde. Il n'y soupçonna qu'une émotion toute philosophique, où son intelligence seule était en jeu. Aucune arrière-pensée ni crainte dans cette émotion ! Mais, au contraire, une joie franche à retrouver ses facultés en libre exercice, et à leur demander, et à en obtenir, la solution du problème qui se posait devant lui.

Car, le pourquoi du charme attachant et captivant de cette Zénaïde à l'apparence si trompeuse, ce pourquoi plutôt difficile à formuler, il s'en donna sans trop de peine des raisons plausibles, avec une ingéniosité d'esthète psychologue dont il ne fut pas médiocrement fier.

Il commença par remarquer que le corps même de Zénaïde, c'est-à-dire ce qu'elle avait de moins agréable à voir, de réellement disgracieux au premier abord, à cause de la croissance arrêtée, des proportions anormales, de l'avorté, du presque contrefait, devait à tout cela précisément un caractère d'originalité, de bizarrerie, qui n'allait pas sans une sorte de touchante séduction. On en était apitoyé. On la plaignait. On se sentait porté à l'indulgence pour elle, et à vouloir pallier ses défauts. On y arrivait assez aisément. Cessant de la juger en la comparant à l'idéal ordinaire qu'on se fait ou d'une fillette ou d'une jeune fille, on l'analogisait à un autre type, pouvant avoir aussi sa beauté, non plus humaine, mais animale, et vers la réalisation duquel tels défauts devenaient des qualités. Tout de suite surgissait dans l'esprit le type simiesque, sans qu'il s'y présentât, d'ailleurs, sous son aspect grotesque. Il y évoquait des idées de souplesse, d'agilité, de bonds pareils à des envols, de suspensions balancées dans les branches, de gymnastique ondulante et légère. Du coup Zénaïde n'apparaissait plus comme une enfant mal en point, inférieure à ce qu'elle aurait dû être, et elle prenait rang d'une petite guenon supérieure, ayant sa joliesse et sa grâce.

Quant à son visage, s'il s'en dégageait indubitablement une impression totale de laideur, aucun des détails n'en étant laid cependant, c'est une affectueuse sympathie qu'inspirait cette anomalie injuste, et un impérieux besoin de vouloir réparer cette injustice. On essayait de rétablir, par l'imagination, l'harmonie qui manquait entre ces traits, et de les faire s'accorder ensemble, pour que jaillît de cet accord trouvé la beauté qu'on leur désirait. On s'entêtait à chercher cet accord, dans un examen minutieux de ces traits disparates, dont on oubliait alors le disparatisme, tandis qu'on goûtait l'agrément de chacun en particulier.

Que cet accord, et cette nécessaire harmonie dussent être produits finalement, et cela par l'animation de la vie, faisant communier tous ces éléments comme étrangers l'un à l'autre, c'est une conclusion qui sautait aux yeux. Et comment, concluant ainsi, n'être pas attaché vivement et profondément captivé par l'extraordinaire et absurde vouloir dont faisait preuve Zénaïde, à s'empêcher elle-même d'être belle? Car elle eût été belle, il n'y avait pas à en douter, si elle eût laissé *vivre* son visage. Et, il n'y avait pas à en douter non plus, elle se plaisait à le tenir dans cette immobilité et cette impassibilité de *mort*.

Par moment, quand elle faisait retomber brusquement sur sa face baissée, pour y cacher sous l'éteignoir d'ombre une émotion, la masse de sa large chevelure, Valentin avait envie de lui crier :

— Mais non! Mais non! Relève plutôt la tête, petite brute! Tu vas être belle, tu dois être belle, tu es belle. Je suis sûr que tu es belle.

Pourquoi Valentin tenait-il si violemment à ce qu'elle fût belle? Il s'interrogea là-dessus, cela va de soi. Il y trouva cette réponse très simple et très sincère :

— C'est pour me prouver que j'ai raisonné juste.

En quoi il n'avait pas apparemment tort, certes. Sa pensée, en effet, au cours de ces attentives observations, de ces argumentations lucidement déduites, avait nette conscience d'évoluer sur le plan de la logique pure, et pas du tout ailleurs. Elle se dupait cependant elle-même, en ne prenant pas garde, et de fort bonne foi, à l'origne même de ce travail, si indiscutablement intellectuel, mais dont le point de départ, indiscutablement aussi, avait bel et bien été un fait de sentiment, à savoir que Zénaïde attachait, captivait et, somme toute, charmait.

Si Valentin n'avait pas été aveuglé par sa vanité de logicien, il s'en serait rendu compte à la longue, en découvrant qu'après tant de ratiocinations il revenait tout bêtement à son point de départ, c'est-à-dire à être charmé, qu'il en sût ou non le pourquoi. Il eût compris en même temps que son besoin de constater Zénaïde belle, tenait surtout à ce que, sans arguments l'y faisant conclure, en dehors de toute explication, malgré toute restriction y contredisant, il la trouvait, ou plutôt la devinait, la *sentait* belle. Bref, il se fût dit:

— Peut-être suis-je sur le point de l'aimer, ou, du moins, destiné à en devenir amoureux. Cette beauté latente, que je voudrais voir s'épanouir en elle, c'est moi qui peux et dois la faire éclore. Voilà pourquoi j'en ai l'obscure prescience et j'en subis l'irrésistible charme.

Mais il était trop orgueilleux de sa pensée et à la fois trop ignorant des choses du cœur, pour avoir cette perception fine et douce de ce qui se passait en lui. A la clarté crue et brutale de sa logique, il chassa ces ombres légères d'un possible amour naissant, et continua durement à considérer Zénaïde comme un sujet d'étude philosophique assez intéressant, et rien de plus.

Il ne se doutait pas que ces ombres légères devaient un jour se changer pour lui en d'implacables fantômes.

XVII

Il faut avouer, à la décharge de Valentin, que son orgueil philosophique ne fut pas seul coupable dans cette méconnaissance de l'amour. On l'aida singulièrement, autour de lui, à ne pas mieux y voir en lui-même. Non par méchanceté, du reste, et par jalousie contre cet amour; mais, au contraire, en essayant de l'en avertir, même de l'y pousser, d'y prêter la main au besoin, ce qu'on fit maladroitement et de façon à ce que cet amour lui apparût, sans qu'on eût dessein de le lui présenter ainsi, sous des couleurs ridicules.

Personne en particulier ne s'y employa. La table entière y fut complice. La chose arriva tout naturellement.

Dès les premiers jours où l'attention de Valentin avait été sollicitée vers Zénaïde, comme il n'y avait mis aucune feinte, il va de soi que tout le monde s'en était aperçu. Il n'y fallait pas grande perspicacité. Le Hollandais lui-même avait compris. Mais il avait compris, et les autres pareillement, que le jeune philosophe était en éveil de curiosité touchant cet être bizarre à force d'être effacé. Les tentatives de Valentin pour se lier avec les Bussins, et le bon accueil qu'y fit Bussins, avaient été l'objet de commentaires allant un peu plus loin. Malgré l'affirmation de Mme d'Amblezeuille, certifiant la curiosité de Valentin comme unique mobile de ces relations, on avait risqué des avis différents. La comtesse, par exemple, avait insinué que le jeune homme faisait la cour à Mme Bussins, tandis que Dubogard de Cérons prétendait justement l'opposé, à savoir que Mme Bussins avait attiré Valentin. Finalement on était tombé d'accord, sur une observation de Mme d'Amblezeuille, pour déclarer qu'il s'agissait bel et bien d'une amourette entre Valentin et Zénaïde. Mme d'Amblezeuille avait remarqué, en effet, et donné à remarquer, un trouble inhabituel dans les allures de la fillette. A partir de ce moment la table d'hôte avait été unanime à trouver cela tout à fait exquis, et chacun s'était promis une fête de collaborer à ce roman en action.

La comtesse, on le conçoit, eût été très fâchée que Valentin fût épris de Mme Bussins, et non pas d'elle-même. Mais qu'il le fût de cette enfant sans attraits, cela n'avait aucune importance. Il s'agissait là, évidemment, d'un mariage en perspective, la petite devant avoir un bout de dot, et ce mariage étant, par conséquent, un mariage de raison pour Valentin. De cela, la comtesse ne pouvait prendre ombrage.

De son côté, Dubogard de Cérons n'eût pas admis volontiers que Mme Bussins jetât des regards engageants sur d'autres avantages que les avantages de lui, Dubogard de Cérons. Mais dès l'instant qu'il y avait sous roche, uniquement, un établissement sortable pour leur jeune ami Valentin Leleup de Marcoussy de Lagibasse, il était tout prêt à y travailler de son mieux, lui, Dubogard de Cérons.

Mme d'Amblezeuille, elle, n'avait pas cru beaucoup, de prime abord, aux intentions matrimoniales de Valentin. Elle était de bonne foi, alors, en certifiant la curiosité comme seul mobile aux relations entre lui et les Bussins. Elle avait pour cela de bonnes raisons, se rappelant, notamment, l'éclat de rire avec lequel Valentin lui avait dit :

— Enfin, quoi ? Est-ce que l'abbé veut me faire épouser cette idiote ?

Mais, à la réflexion, et surtout depuis qu'elle avait observé le trouble de Zénaïde, et en parlant souvent avec ses hôtes entichés de cette idée, elle avait fait cette idée sienne, et s'y complaisait. Peut-être, en effet, l'abbé voulait ce mariage ! Il ne l'avait jamais dit positivement, sans doute. Avait-il dit le contraire ? Non plus. En tout cas, si le mariage n'avait pas son agrément, il saurait bien le signifier. En attendant, on pouvait aller de l'avant sans crainte, à tout hasard. La chose, quoi qu'il en advînt, serait amusante !

Ainsi, et de bon cœur, tout le monde s'était mis du complot, pour que ce mariage aboutît.

Valentin s'était trompé naguère, quand, aux premières ouvertures de Mme d'Amblezeuille touchant Zénaïde, il avait flairé qu'on voulait lui faire jouer un rôle dans ce petit roman de pension de famille. Personne n'y songeait à ce moment. C'est aujourd'hui que le complot se formait, par la force même des circonstances, et, il faut le dire à la louange de tous ces braves gens, parce qu'on aimait Valentin.

Il n'en est pas moins vrai que le jour où il découvrit ce complot, ourdi en dépit de ses appréhensions, Valentin fut extrêmement irrité de ne pas s'être mieux tenu sur ses gardes.

A certains mots caractéristiques, à certaines offres de s'entremettre pour lui, à des félicitations prématurées sur son bonheur futur, au souvenir de telles ou telles prévenances qu'avaient eues depuis quelque temps pour lui la comtesse, Dubogard de Cérons et Mme d'Amblezeuille en personne, s'arrangeant pour lui ménager des relations intimes avec les Bussins et jusqu'à des essais de tête-à-tête avec Zénaïde, il se considéra comme ayant été leur jouet, et comme ayant rempli, à son insu et pour leur distraction, le rôle prévu dans le petit roman de pension de famille. Sa vanité en souffrit cruellement.

Du coup, même au cas où il eût senti une pointe d'amour pour Zénaïde, cette pointe en eût été brusquement et entièrement émoussée.

Il n'avait pas, d'autre part, rencontré dans sa liaison plus intime avec les Bussins le régal de curiosité que lui en avait promis Mme d'Amblezeuille. Le créole, fort aimable, n'avait été que d'un commerce banal, par nonchalance ou timidité.

Valentin en conclut à un mensonge de Mme d'Amblezeuille.

De ces déconvenues, au bout du compte, c'est Zénaïde qui eut à pâtir. Le trouble éprouvé par elle, il ne l'avait pas remarqué, lui; car c'est à lui qu'elle le cachait le plus soigneusement. Le charme qui émanait d'elle, et dont il avait été d'abord captivité si fort, il cessa bientôt, en l'analysant au lieu de le goûter, d'y être sensible. Il en arriva même à le nier, et à se dire :

— C'est pour avoir vécu trop familièrement avec ces imbéciles, que j'ai fini par trouver intéressante cette idiote.

A quoi, prenant honte de lui-même ravalé à ce point, il ajouta :

— J'étais donc en train de devenir un idiot, moi aussi ?

Et tout son orgueil en fut redressé d'un bond, comme par un coup de fouet. Non plus, cette fois, son mesquin orgueil de logicien, lequel avait eu de quoi se satisfaire à l'enquête si ingénieusement menée sur Zénaïde; mais son plus profond et son essentiel orgueil de futur grand homme, celui auquel il ne songeait naguère qu'avec une sorte de respect pour lui-même et toujours en s'en parlant, quoique *in petto*, sous des formes oratoires, celui qui lui avait jadis dicté le noble et haut programme d'une vie tout entière consacrée à une œuvre prodigieuse, celui qui l'avait fait partir pour une croisade où il était à la fois le chef et l'armée, en restaurateur assuré de sa maison abolie, en

conquérant de la gloire, celui qui l'avait fait se
ruer à l'étude au point d'en être malade et d'y
risquer sa raison, celui dont le souffle ardent lui
avait souvent enflé l'esprit et le cœur de si miracu-
leuses espérances, lui promettant, non seulement
de remettre en vive lumière le nom de Leleup de
Marcoussy de Lagibasse, mais que ce nom serait
un des flambeaux de l'humanité, celui enfin dont
l'explosion l'avait jeté à bas l'autre jour, évanoui,
le cerveau presque en démence, et se disant :

— Je l'ai sur la langue, le goût du vin qui fait
croire qu'on est le bon Dieu.

Et c'est à ce vin magique, à ce vin d'apothéose,
qu'il avait renoncé pendant des mois (oui, hélas!
des mois!) pour boire cette *abondance* fade et plate
de la table d'hôte, pour la boire en communion
avec ces imbéciles, pour s'infuser dans le sang
cette lavasse pareille à leur âme ! Pouah ! Il en
avait envie de vomir.

— Et voilà donc, pensa-t-il, ce que j'appelais
être en bonne santé ! Non, non ! J'étais déprimé,
malade. Aujourd'hui je le comprends. Aujourd'hui
je retrouve ce qui est ma santé, à moi. J'ai fait un
mauvais rêve, épais et bas. Je me réveille. Je me
ressaisis.

Dans cette repoussée d'exaltation, on le conçoit,
Zénaïde n'apparaissait plus que comme une pauvre
petite chose, sans importance aucune, une des
visions infimes de ce mauvais rêve ; et elle y reprenait son aspect primitif de figure effacée, vague,
nuage inconsistant ajouté au nuage des Bussins.

D'y avoir, fût-ce par jeu, attaché son attention et gaspillé les efforts de ses recherches psychologiques, Valentin s'en étonnait, tâchait à ne plus même s'en souvenir. Ne le pouvant pas tout de suite, il s'en irrita un peu, puis songea :

— Je m'en débarbouillerai dans l'étude.

Il s'y replongea, en effet, frénétiquement, du jour au lendemain, rompant les chiens avec la table d'hôte sans le moindre égard de politesse, ce qui lui attira cette semonce de Mme d'Amblezeuille :

— On n'est guère content de vous, là-bas. Vous vous êtes recloîtré dans la petite maison sans dire adieu à personne. Ce n'est pas d'un très galant homme. On trouve que vous manquez de formes. Je vous ai excusé de mon mieux. On vous traitait de grossier personnage. Tout ce que j'ai pu obtenir, en votre faveur, c'est qu'on s'en tînt à vous juger un peu fou.

— Je le suis, répliqua Valentin joyeux.

En son for intérieur il pensait :

— Et j'aime mieux vivre avec des fous qu'avec des imbéciles, surtout des imbéciles qui voulaient me faire épouser une idiote.

Cette idiote cependant, il n'arrivait pas, même au plus fort de son travail, à l'oublier tout à fait. Dans la chrysalide de son âme en prétendue santé (voir, plus haut, le mot de l'abbé) elle avait été, cette idiote, le papillon dont il n'allait plus pouvoir étouffer l'essor.

XVIII

Repris d'affection pour Prosper Broguet, c'est à l'étude des sciences physiques et naturelles que s'était remis Valentin, tout d'abord. Le bisontin ne lui avait pas tenu rancune de sa longue paresse, et lui avait dit simplement :

— Je sais ce que c'est; j'ai passé par là. On a besoin, parfois, de se décongestionner un peu les méninges en prenant un bon bain de pieds dans de la niaiserie. Moi, quand j'avais de ces besoins-là, jadis, j'allais, pendant toute une semaine, chez mon oncle, qui était membre du Caveau. Il me chantait tout son répertoire. C'était souverain, comme remède. La table d'hôte de Mme d'Amblezeuille est un pédiluve plus anodin. Il vous a fallu en user plus longtemps. Des mois, c'est un peu beaucoup, tout de même. Enfin! Maintenant, à la besogne!

Et il avait continué le cours, naguère interrompu. Mais il n'y avait plus introduit de ces considérations générales, de ces vues larges, qui séduisaient tant Valentin. Peut-être Broguet ne l'estimait-il pas assez rentré dans le courant pour lui redemander un tel effort de pensée tout de suite. Peut-être aussi avait-il regret de s'être livré trop à fond autrefois et voulait-il désormais garder pour lui seul, jalousement, les conceptions philosophiques qui étaient comme les fleurs parfumant ses gerbes de faits. Toujours est-il que son enseignement était devenu pesant, terre-à-terre, sans nulle envolée. Valentin s'y appliqua de toute son énergie, et, nonobstant, s'y ennuya.

C'est à de tels moments, quand son attention distraite tournait à l'ennui, que le souvenir de Zénaïde l'obsédait. Non pas amoureusement, toutefois, de cela il était bien sûr ! Mais bien, et c'est ce qui le taquinait le plus, scientifiquement. Il resongeait à elle, en effet, comme à un problème de physiologie et d'histoire naturelle, qu'il avait cru résoudre par des arguments tirés de la psychologie et de l'esthétique, et qu'il voyait maintenant non résolu par ce moyen et devant l'être par d'autres procédés d'enquête. Lesquels ? Il l'ignorait, et souffrait de cette ignorance, ou du moins croyait ne souffrir que de cela.

Apparemment, dans l'état de contention intellectuelle où il se mettait pour suivre l'enseignement aride du bisontin, et avec les trous d'inattention qu'y faisait l'ennui, ces baroques associations d'idées étaient fort explicables. Hanté pa l'image latente de Zénaïde, et ne consentant pas à s'avouer qu'il pensait à elle sans autre raison que de penser à elle, il était heureux de trouver à ses distractions cette cause, honorable pour sa fierté de travailleur, et qui consistait à se figurer Zénaïde comme un problème toujours posé, en attente d'une solution. Cela lui permettait de ne rien tenter pour chasser cette hantise, et de s'y complaire bien plutôt, en se trompant lui-même sur le vraisemblable motif de cette complaisance.

C'est ainsi qu'il en vint, et ne se doutant nullement du pas qu'il faisait là sur le chemin de l'amour, à mettre Broguet dans le secret de ses angoisses. Non content de penser à Zénaïde, il désirait un confident à ces pensées, et, par conséquent, sous prétexte de science, bien entendu (et cela de très bonne foi), parler d'elle.

Le bisontin, naïvement, prit la chose comme on la lui présentait, et donna sur Zénaïde, cas tératologique, une consultation en règle, à la fois de médecin et de naturaliste, à savoir que c'était une enfant mal venue, physiquement et, par suite, intellectuellement, au corps à demi avorté, en retard visible de croissance, naine quant au torse, sorte de bossue manquée, probablement hydrocéphale, manifestement idiote ou à peu près, et dont, en somme, la conformation extérieure et le développement cérébral (c'est tout ce qu'on en pouvait dire de plus curieux) prêtaient à l'hypothèse vraisemblable d'un retour monstrueux vers le type de l'anthropopithèque.

Valentin ayant essayé d'insinuer que Zénaïde avait un certain charme, difficile à percevoir et qu'il avait analysé, et s'étant là-dessus étalé en ratiocinations d'esthétique sentimentale, Broguet t'interrompit tout net par un brutal :

— Balivernes !

A quoi, très vivement, Valentin répliqua, revendiquant les droits imprescriptibles de la logique.

— Ah! la logique, s'écria le bisontin. Votre logique d'école! Des mots sur du vide! Des moules à soi-disant idées, sans idées dedans! Moi, je vous parle au nom des faits. Les faits seuls sont imprescriptibles.

— Et les rapports entre les faits! objecta Valentin.

— Ça, reprit Broguet, c'est l'affaire de Wronsky. Ces rapports s'expriment par des chiffres. La logique n'a rien à voir là-dedans, du moins votre ridicule logique verbale.

Une violente discussion s'ensuivit, incohérente et vaine, tous deux étant en colère.

— Alors, l'abstrait, qu'en faites-vous ?

— Moi, personnellement, rien. Je travaille dans le concret.

— Ah ! oui ! Les ramasseurs de bouts de faits, n'est-ce pas ?

— Ils valent bien les renifleurs de bouts de fumée !

— N'empêche que l'abstrait existe.

— D'accord, mais dans l'abstrait.

— Et si je veux m'en occuper, moi ?

— Cela ne vous regarde pas, vous.

— Et qui donc cela regarde-t-il ?

— Wronsky, encore une fois, Wronsky.

— Comment, Wronsky ?

— Parfaitement, Wronsky, c'est-à-dire la mathématique.

Et bien des choses encore ils se jetèrent ainsi au nez l'un de l'autre, tous deux emportés, Broguet la face rouge, Valentin la face pâle, mais chacun en proie à une irritation différente. Car le bisontin réellement, n'était en colère que par exaltation scientifique, outré des balivernes par quoi Valentin avait répondu à sa très sérieuse consultation. Mais Valentin, lui, n'était sorti hors de ses gonds que par fureur de voir appeler balivernes ses si fines ratiocinations d'esthétique sentimentale sur le charme de Zénaïde, et d'abord, dès le début même de l'entretien, par indignation contre le hideux portrait qu'avait fait d'elle l'impitoyable savant.

Il ne s'en rendait pas compte, cela va sans dire, n'en était que plus enflammé, finissait par crier des bêtises qui exaspéraient le bisontin et le faisaient déraisonner à son tour.

Ils se quittèrent extrêmement fâchés l'un contre l'autre, se trouvant mutuellement des têtus, des insolents et des stupides, Broguet très décidé à ne plus être le professeur d'un pareil ingrat, Valentin très dégoûté, non seulement du professeur, mais des matières même qu'il enseignait, et tous deux sans pouvoir se figurer que le véritable et unique sujet de leur querelle et de leurs ressentiments n'était pas le moins du monde l'abstrait, ni le concret, ni la logique, ni la physique, ni l'histoire naturelle, ni quoi que ce fût intéressant leur raison, mais bien ce pauvre petit être effacé, neutre et vague, par qui Valentin avait, à son insu, le cœur touché.

XIX

Tout son mépris lui était revenu de ces sciences qu'il avait considérées jadis, et qu'il considérait de nouveau (en meilleure connaissance de cause, cette fois) comme subalternes.

N'était-ce pas elles, et leur bas esprit, qui avaient dicté à ce lourdaud de Broguet une opinion pareille sur la nature de Zénaïde ? Au fond, il leur en voulait de cela surtout, bien qu'il ne se l'avouât pas avec une entière franchise.

Il leur en voulait aussi, et là en se l'avouant tout à fait, de l'intérêt *excessif* que lui avait inspiré, grâce à elles, l'*étude* de Zénaïde. Si intéressante, en effet, que fût cette enfant bizarre, elle ne valait certes pas d'occuper à un tel point la pensée d'un être supérieur comme Valentin. Et d'où venait cette occupation exclusive, obsédante, sinon de l'importance exagérément attribuée à une *étude* de ce genre par une vaine curiosité scientifique ?

— Sans cette curiosité mesquine, sans ce goût de l'expérimentation directe sur les infiniment petits vivants (goût qui n'est pas inné en moi et que Broguet y a fait naître par son enseignement), aurais-je jamais eu l'idée de voir là-dedans un problème digne de moi? Non, non. Je ne me le serais seulement pas posé. Et voilà que je m'y attarde! Quelle déchéance! Ces sciences sont vraiment misérables.

Au mépris qu'il en avait, ainsi justifié, se joignait par moments une sorte d'horreur, quand il constatait son impuissance à se délivrer de ce problème.

— Ne l'ai-je pas résolu, psychologiquement et esthétiquement? Que me faut-il de plus? Pourquoi y songer encore, et sans cesse? Que me veux-tu, imbécile physiologie bonne pour un Broguet? Laisse en paix ma pensée. Elle a de plus hauts objets que toi. Que m'importe cette Zénaïde, ce tout petit fait dans le plus négligeable relatif? Mon domaine, à moi, c'est l'absolu.

Et il confondait Zénaïde et les sciences dans son horreur. Le plaisir de charme qu'elle lui avait donné lui devenait aussi odieux que la joie intellectuelle donnée naguère par les effusions naturalistes de Broguet. Il lui semblait, dans les deux occasions, s'être grisé d'un vin de même cru, et grossier.

Ce qui accentua cette impression et la rendit bientôt définitive, c'est le régime d'eau pure où il avait remis son cerveau, dans le domaine de l'absolu, précisément, en pleine métaphysique. Depuis si longtemps qu'il s'en était sevré, de cette eau, et avec la soif de travail qui le tourmentait après une telle période de paresse, ce lui fut un régal exquis. Le philosophe qu'il était, en réalité, propre aux spéculations les plus hautes, les plus abstruses, les plus transcendantes, s'y délecta.

Il en oublia, positivement, Zénaïde, pendant toute la fin d'une semaine. Il fut désagréablement affecté d'être mis dans la brusque obligation de se souvenir d'elle, le jour où Mme d'Amblezeuille vint lui dire :

— Voilà trois fois, oui, trois fois de suite, cher monsieur, que vous manquez le dîner dominical à la table d'hôte. Le manquerez-vous encore ce soir ?

— Mais certainement, répliqua-t-il.

— Et pourquoi cela, je vous prie ? demanda vivement Mme d'Amblezeuille. Pourquoi le manquerez-vous ce soir et pourquoi le manquâtes-vous les trois fois précédentes ?

Pour les trois fois précédentes, il eût dû répondre, s'il eût été sincère :

— Parce que je ne le voulais pas, parce que j'avais peur, oui, peur de me retrouver en face de cette enfant qui m'avait troublé, parce que je fuis l'occasion de ce trouble qui m'est pénible.

Mais pour ce soir, il eût pu répondre, avec entière loyauté, ce qu'il répondit en mentant un peu, puisqu'il l'appliquait à toutes les fois où il avait été absent :

— Parce que je n'y pensais pas.

— Vous êtes donc bien absorbé ? interrogea Mme d'Amblezeuille, non sans un malicieux sourire où, pour le coup, Valentin vit sûrement une méfiance ironique.

13.

— Oui absorbé, très absorbé, fit-il.

Et, comme il lisait dans le clin d'œil de la patronne un :

— Par Zénaïde, n'est-ce pas ?

— Absorbé, ajouta-t-il vivement, par la métaphysique.

Mme d'Amblezeuille plissa davantage encore sa paupière droite, chargea son sourire des plus insinuants sous-entendus, et dit simplement :

— Ah !

— Au surplus, reprit Valentin, que ce jeu agaçait, je vous déclare net, chère madame, que je suis fermement résolu à continuer.

— Quoi ?

— Mon abstention de la table d'hôte.

Mme d'Amblezeuille n'en revenait pas, secouait ses anglaises frénétiquement, levait les bras au ciel, ne trouvait pas de mots pour traduire sa stupéfaction.

— Eh ! parbleu, s'écria Valentin, j'en ai bien le droit, peut-être ?

— Mais non, pas du tout, vous n'en avez pas le droit.

— Je le prends, comme Wronsky.

— Mais nos conventions ne vous permettent pas de le prendre. Wronsky ne l'a pas pris. Il a été autorisé, dûment autorisé, à ne plus fréquenter la table d'hôte, autorisé par l'unique dispensateur de cette autorisation, par l'abbé. Tandis que vous, jeune homme, vous...

Et Mme d'Amblezeuille, remise en possession de

ses facultés oratoires, qui n'étaient pas médiocres, les exerça dans une longue et véhémente mercuriale sur l'impolitesse de Valentin, à quitter si mal des hôtes si aimables, sur l'aggravation de cette impolitesse rendue inexcusable par l'expresse volonté de ne la point réparer, sur l'outrecuidance d'une résolution sans motif avouable, sur la mauvaise foi (oui, monsieur, la mauvaise foi!) des locataires oubliant les conventions formelles de leur loyer, sur le monstrueux dédain d'une autorité sacrée (parfaitement, jeune homme, sacrée!), sur l'abominable esprit d'irrespect, de révolte...

— Car, enfin, quoi, vous ne respectez rien, ni l'abbé, ni moi-même, ni vos propres engagements; et, dans cet asile de la paix, de l'étude, du recueillement, dans ce sanctuaire, vous entendez bien, ce sanctuaire, vous levez audacieusement l'étendard de la...

La phrase y passa, et bien d'autres encore y passèrent, d'éloquence indignée allant jusqu'à la grandiloquence, sans que Valentin eût le loisir ni la place d'y glisser un mot. Il dut avaler la semonce jusqu'au bout. Le pis, c'est qu'elle s'acheva par cette signification terrible :

— Je vous donne congé.

Il en demeura stupide, atterré, anéanti. Il n'avait jamais songé à cette fin-là. Il n'y était nullement préparé. Il l'aimait, cet asile de la paix, en effet, de l'étude, du recueillement. Il était attaché aussi à ces gens qui l'habitaient avec lui. Il ne le savait pas et s'en aperçut soudain. Aucun ne lui était indifférent, en somme. Certains lui étaient chers. Zénaïde, d'abord, quoiqu'il l'eût oubliée cette semaine. Broguet, lui-même, malgré leur brouille actuelle. Surtout l'abbé, auquel il pensait en ce moment d'une façon particulièrement intense, ne le jugeant plus un bonhomme quelconque, mais le retrouvant, dans sa mémoire, sous les traits de l'être mystérieux qu'il lui avait paru parfois, et lui attribuant une importance considérable, certes, puisque de lui, en réalité, de lui seul dépendait...

— Mais, mais, balbutia-t-il, je vous en prie, je vous en supplie, bien chère madame, ne croyez pas que je sois irrespectueux, comme vous le dites, ni révolté. Je me suis mal exprimé probablement. Nos conventions, je me les rappelle. Je les observerai, c'est entendu. L'abbé, je ne l'ignore pas, est l'unique dispensateur de l'autorisation qui permet à Wronsky... de l'autorisation nécessaire pour... bref, de l'autorisation que je suis prêt à solliciter de lui, très humblement, n'en doutez pas.

— Allons donc tout de suite la lui demander, interrompit brusquement Mme d'Amblezeuille.

Et Valentin la suivit, très docile, sans avoir, au reste, la moindre honte de sa docilité. Lui, si orgueilleux, il ne s'estimait aucunement humilié dans son orgueil par ce revirement de sa révolte si aisément changée en complète soumission. Il lui semblait tout naturel de céder ainsi, non pas à Mme d'Amblezeuille, en somme, mais à l'abbé dont elle n'était ici que l'intermédiaire. En se souvenant plus tard de cet épisode, il eut la très nette sensation rétrospective d'avoir été, à cet instant, en proie à une sorte d'attraction obscure, inexplicable et toute-puissante, qui le forçait à être tel, dans son acte et dans sa pensée.

XX

L'abbé était en bas, dans un petit salon banal où Valentin n'était jamais entré, la porte en restant toujours close. La porte, cette fois, était grande ouverte. L'abbé, assis sur un large fauteuil en vieux reps vert, la face dans l'ombre, les yeux phosphorescents, les reçut par ces mots :

— C'est bien. C'est bien. Je vous attendais.

Puis il ferma les yeux, pendant que M*me* d'Amblezeuille exposait l'objet du litige, sans se répandre maintenant en longues phrases, et sans élever le verbe, mais très simplement et d'une voix timide comme au confessionnal.

Quand elle eut fini, l'abbé eut l'air de ne pas avoir entendu ; car il ne répondit pas directement à ce qu'elle avait dit, et se contenta de répéter :

— Oui, oui, je sais. Absorbé ! Métaphysique ! C'est bien. C'est bien. Métaphysique ! Métaphysique !

Après quoi il garda le silence assez longtemps, selon l'habitude que lui connaissait déjà Valentin.

Par une association d'idées dont la première avait été ce mot de métaphysique, Valentin, juste à ce moment, revoyait une page de son cours de philosophie, où il avait étudié, ce jour même, la preuve ontologique de l'existence de Dieu ; et, dans cette page, il voyait, en particulier, le fameux syllogisme de saint Anselme.

Juste à ce moment, l'abbé prononça le premier terme de ce syllogisme :

Ens cujus ex essentiâ sequitur existentia, si est possibilis, est.

Sans faire attention à l'étrangeté de la coïncidence, Valentin continua l'énoncé du syllogisme, et en fit ensuite le commentaire, d'une argumentation serrée, subtile, lumineuse, comme s'il passait un examen et en avait toutes les facultés surexcitées.

L'abbé le laissa finir, sans rouvrir les yeux, semblant somnoler. Quand ce fut fini, il dit :

— Lisez Thomassin !

Il prit un temps et ajouta :

— Pour l'*intuition.*

Il avait syllabisé le mot d'une façon spéciale et qui évoquait nettement que son esprit le mettait, pour ainsi dire, en italiques.

Valentin ignorait complètement Thomassin. Mais il n'osa confesser son ignorance.

Il comprenait, en revanche, et assez clairement, ce que signifiait ici l'intuition. Sans doute l'abbé voulait parler, non pas de l'intuition au sens ordinaire qu'on lui donne dans les traités de philosophie classique, mais bien de cette faculté *sui generis* qu'entendent proprement les mystiques, et par quoi ils prétendent entrer en communication immédiate avec l'infini sans avoir recours à l'entremise de la raison raisonnante.

Très heureux d'avoir compris, Valentin crut devoir en fournir la preuve. Il ne trouva point les paroles nécessaires à s'exprimer. Il ne put que proférer le mot, en le syllabisant comme avait fait l'abbé. Ce qui, d'ailleurs, le satisfit pleinement. Le mot, ainsi syllabisé, lui apparaissait tout nimbé d'éblouissante lumière.

Il faut croire que l'abbé n'était pas moins satisfait de cette singulière explication, quasi à la muette ; car c'est avec un air de profond contentement qu'il dit cette fois son :

— C'est bien. C'est bien.

Le silence se rétablit alors, et se prolongea tellement, que Valentin s'imagina vivre dans ce silence des heures interminables. La chose, au reste, ne lui était point pénible. Bien au contraire ! Il s'engourdissait là, tout debout, immobile, retenant sa respiration, au fond d'une vague hébétude béate dont il désirait la perpétuité.

C'est avec déplaisance, et presque colère, qu'il en fut réveillé par la voix de Mme d'Amblezeuille, laquelle voix, extrêmement timide à cet instant, lui parut cependant rauque et brutale comme un violent coup de clairon.

— Et le dîner dominical ? interrogeait-elle en susurrant. On n'a toujours rien décidé pour le dîner dominical ? M. de Lagibasse en est-il, oui ou non, exempté ? J'attends l'arrêt du juge, du maître.

L'abbé souleva légèrement ses paupières, monrant son regard le plus trouble, le plus en brume, sans aucune phosphorescence à présent. On eût dit qu'il revenait de très loin.

— C'est bien, c'est bien, fit-il très bas. Exempté, oui, j'autorise.

Mme d'Amblezeuille eut les yeux illuminés d'admiration pour Valentin. Elle lui serra la main à la dérobée.

— Comme Wronsky ! murmura-t-elle.

— Comme Wronsky, répondit l'abbé.

Valentin éprouva, de cette réponse, une joie extraordinaire, dont il ne chercha pas la source, mais dont le flot soudain et impétueux lui inonda le cœur. Il avait envie de se jeter aux genoux de l'abbé pour lui en crier sa gratitude. Il en fut empêché par un geste de l'abbé leur faisant à tous deux signe de sortir, et encore plus par un éclair allumé dans le regard en brume, éclair dont Valentin se sentit réellement incendié.

Mme d'Amblezeuille sortit la première, après une profonde révérence allant jusqu'à la génuflexion. Valentin la suivit, après l'avoir involontairement imitée. Il allait franchir le seuil, quand l'abbé lui dit encore :

— Lisez Wronsky aussi.

L'abbé avait refermé les yeux, et c'est comme se parlant à lui-même qu'il ajouta en syllabisant ainsi que tout à l'heure, mais très bas, très bas, dans un souffle :

— Aussi pour l'*intuition*.

XXI

Pourquoi Valentin n'éprouva-t-il aucune inquiétude, même vague, pendant cette visite aux circonstances vraiment singulières et troublantes, lui qui jadis, devant certaines allures bizarres de l'abbé, avait été tourmenté d'appréhensions allant parfois jusqu'à la terreur et avec beaucoup moins de raisons alors? Comment se fait-il que, même après la visite, pouvant y réfléchir à tête reposée, il n'y trouva rien de singulier ni de troublant et en admit les plus étranges détails comme choses toutes naturelles? C'est ce qu'il n'y a pas moyen d'expliquer sans avoir recours, cette fois, à l'hypothèse d'une emprise réelle et complète exercée sur lui par l'abbé, et lui enlevant, dans une sorte d'anesthésie intellectuelle, la faculté même de s'apercevoir qu'il était soumis à cette emprise.

L'anesthésie, d'ailleurs, était localisée à cette faculté seule, l'empêchait uniquement de s'analyser comme il en avait l'habitude, et n'influait sur le reste de son cerveau qu'en y produisant, par compensation et réaction, une extraordinaire hyperesthésie d'autres facultés, exaltées à l'état d'ivresse enthousiaste.

C'est ainsi qu'il lui semblait être doué dorénavant d'un regard métaphysique plus pénétrant, plus aigu, portant plus loin, devant lui révéler des aspects de l'absolu situés sur un plan nouveau. Ces aspects lui demeuraient encore assez confus, sans doute, comme apparus dans une brume ; mais il en distinguait quand même, déjà, les linéaments, et la brume se teintait d'une lueur, annonçant l'aurore prochaine où tout serait mis en pleine clarté.

Un violent désir de percer cette brume dernière, et l'espoir confiant de s'emplir bientôt les yeux de cette clarté promise, lui gonflaient le cœur.

Il se figurait être un voyageur, pèlerinant vers un sommet d'où il toucherait sûrement le ciel, et qui, soutenu par cette certitude, au lieu de se rebuter aux obstacles et aux fatigues du chemin, les bénit, puisque les délices du but touché devront être d'autant plus fortes qu'on aura eu plus de mal à l'atteindre.

Parmi ces obstacles et ces fatigues, il en prévoyait d'abord de purement matériels, rien qu'à se procurer les ouvrages de Thomassin, duquel il ignorait tout, sauf le nom prononcé par l'abbé. Ayant, sur cette unique indication, consulté des dictionnaires biographiques et bibliographiques, il avait bien appris que le père Louis Thomassin, né en 1619 à Aix-en-Provence, mort à Paris en 1695, était entré à l'Oratoire dès l'âge de quatorze ans et avait enseigné la théologie au séminaire de Saint-Magloire. Les dictionnaires donnaient aussi la nomenclature de ses ouvrages, dont le total représentait sept volumes in-8°, un volume in-4°, et neuf volumes in-folio. Mais que pouvait-il en subsister, et où pouvait-on trouver ce qui en subsistait, de ces livres écrits voilà tantôt deux siècles par un théologien depuis longtemps aboli ? Quelques-uns seulement étaient mentionnés aux catalogues des Bibliothèques publiques, qu'interrogea Valentin, à savoir: *la Méthode d'étudier et d'enseigner utilement et chrétiennement la grammaire* (Paris, 1690-93, 2 vol. in-8°); *Glossarium universale hebraicum* (Parisiis, 1697, 1 vol. in-folio); *Vetus ac nova Ecclesiæ de beneficiis disciplina* (Parisiis, 1688, 3 vol. in-folio) ; *Ancienne et nouvelle discipline de l'Église touchant les bénéfices* (Posthume, Paris, 1725, 3 vol. in-folio), le même que le précédent, qui en était une traduction latine rédigée par l'auteur à la prière du cardinal Cibo. Les autres livres de Thomassin, dont les titres étaient cités dans les dictionnaires biographiques et bibliographiques, n'avaient chance d'être rencontrés, vraisemblablement, que dans des bibliothèques de séminaire, ou de couvent, ou de membres du clergé. Autant dire qu'ils étaient, pour Valentin, à peu près introuvables.

Et cependant, si la lecture de Thomassin lui était nécessaire *pour l'intuition*, comme l'avait stipulé l'abbé, ce devait être plus spécialement la lecture de ces livres introuvables, tels que, sans doute : *Mémoires sur la Grâce* (Louvain, 1688, 3 vol. in-8°) ; *Dissertationum in concilia generalia et particularia* (Parisiis, 1667, 1 vol. in-4º); et surtout le recueil des *Dogmata theologica*, publié de 1680 à 1689, et contenu dans trois volumes in-folio, dont le premier traitait *de Verbi Dei incarnatione*, le second *de Deo Deique proprietatibus*, le troisième *de Trinitate*.

Un instinct secret, dont Valentin n'aurait vraiment rien pu dire sinon qu'il en sentait l'obscure et irrésistible force, lui faisait croire qu'il avait notamment besoin de connaître le second volume des *Dogmata theologica*. Cet inexplicable instinct lui eût, naguère, paru bizarre ; et bien plus bizarre encore, réellement prodigieuse, lui eût paru la façon dont il fut mis en possession de ce second volume si ardemment convoité. Dans les dispositions d'esprit où il était, rien ne l'en étonna. Il y avait pourtant, comme on va en juger, de quoi être stupéfait.

Un matin, en se levant, Valentin alla tout droit, comme à une adresse qu'on lui eût donnée, chez un bouquiniste de la rue Saint-André-des-Arts, entra dans la boutique d'un pas de somnambule, et dit :

— Vous avez, n'est-ce pas, le second volume des *Dogmata theologica* de Thomassin ?

— Oui, monsieur, répondit le marchand. Je l'ai acheté hier dans un lot d'in-folios dépareillés. Il porte l'*ex-libris* et le blason de feu M. l'archiprêtre Morizot de la Jaille.

— Je sais, je sais, interrompit Valentin, comme s'il le savait, en effet.

— La reliure, reprit le bouquiniste, est d'une

conservation parfaite, et l'exemplaire est en excellent état, vous le voyez.

— Sauf une page qui manque, objecta Valentin.

Et, en signalant cette tare, il avait ouvert le volume juste à la place où une page manquait réellement.

— Je ne m'en étais pas aperçu, fit le bouquiniste, de très bonne foi. Vous comprenez, monsieur, depuis hier, je n'ai pas encore eu le temps de vérifier...

Valentin n'insista pas, marchanda le volume, en donna le prix réclamé, et l'emporta. Pourquoi était-il venu précisément chez ce bouquiniste quérir ce volume qui n'y était que depuis hier? D'où savait-il ou avait-il l'air de savoir que ce volume avait appartenu à M. l'archiprêtre Morizot de la Jaille? D'où avait-il tiré l'assurance qu'une page manquait? Comment avait-il ouvert le livre juste à l'endroit de ce manque? Valentin ne se posa aucune de ces questions. Là non plus il ne vit rien de singulier ni de troublant. Il pensa sans plus:

— C'est comme une inspiration que j'ai eue, dictée probablement par l'intensité de mon désir.

Encore ne pensa-t-il cela que très rapidement, à la légère, se satisfaisant tout de suite de cette sommaire explication. Ne l'avait-il pas, enfin, son Thomassin si ardemment convoité? Le reste, les conditions de cette trouvaille, si merveilleuses qu'elles fussent, peu importe!

— Lisez Thomassin, avait dit l'abbé.

Valentin n'avait que cela en tête. Et il allait donc le lire, Thomassin !

C'est ici, d'ailleurs, que commencèrent en réalité les obstacles et les fatigues du chemin sur lequel il pèlerinait vers le sommet d'où il toucherait le ciel. Les vraies fondrières, les vraies ronces griffantes, les vrais cailloux aux arêtes aiguës, dans cette rude ascension, ce fut la lecture même du théologien. Habitué cependant et rompu aux difficultés de la philosophie, Valentin ne se mit pas sans peine à la scolastique, beaucoup plus subtile, entortillée, ténébreuse. Il n'en connaissait que de rares extraits, cités et discutés dans les manuels, qu'élucidaient alors les résumés élégants et élaguants des professeurs. Jeté à même Thomassin, il fut comme dans une forêt vierge pleine de rocs et de marais.

La lecture du *de Deo Deique proprietatibus* était longue, dure, obscure, inextricable et enlizante. Un autre que Valentin, et même Valentin en personne, à d'autres moments qu'à celui de l'ivresse enthousiaste où il était, y eût vite perdu pied et courage. Mais quoi ?

— Lisez Thomassin, avait dit l'abbé.

Et Valentin le lisait, dans la fièvre et dans la joie, prenant plaisir aux obstacles accumulés, goûtant une douceur aux fatigues subies. Il lisait de tout son cœur en même temps que de tout son esprit. Il allait dans la forêt vierge, bravement, malgré les fondrières, les ronces, les cailloux, les rocs, les marais, malgré les lianes de dialectique touffue et serpentine où il s'empiergeait sans en pouvoir sortir, malgré les pierrailles d'argumentation où il s'écorchait l'intelligence à suivre tel interminable et ardu commentaire en sorite sur telle proposition controversée de tel *doctor mirabilis*, malgré les trous d'incompréhensibilité où parfois il s'enfonçait soudain jusqu'au col. Il allait quand même, dans la fièvre et dans la joie.

Toujours, au détour de quelque phrase, plus ténébreuse encore, plus inextricable, plus hérissée, plus enlizante que de coutume, il guettait la ueur annonçant l'aurore prochaine. Ne la voyant pas poindre, il ne désespérait pas néanmoins, continuait, s'obstinait, l'attendait au détour suivant.

Et il lut de la sorte tout le volume de Thomassin, avec frénésie, avec délices.

— Lisez Thomassin, avait dit l'abbé, pour l'*intuition*.

C'est de cela, de cette *intuition*, que Valentin se promettait le régal, comme d'une eau de Jouvence, miraculeuse, où se rafraîchiraient toutes ses lassitudes, où sa pensée boirait...

— Quoi donc? Quoi donc? Mais le vin du conte, bien sûr; car cette eau et ce vin ne sont qu'une seule et même chose, évidemment. Ce vin, cette eau, symboles! Symboles de cela, inexprimable, qui fait croire qu'on est le bon Dieu!

Ce souvenir du Château des Hommes-sans-

Tête lui revenait, d'autant plus vif qu'il se réveillait en lui après un long sommeil et en était comme rajeuni. Il le mêlait à sa soif de l'*intuition*, de cette *intuition* qui lui apparaissait désormais très nettement avec la signification qu'y attribuent les mystiques et qu'y avait attribuée l'abbé, c'est-à-dire avec la signification d'un procédé spécial pour communier en le divin.

Mais où était-elle, cette *intuition*, dans Thomassin? En quoi la lecture de Thomassin y était-elle utile? Comment fallait-il donc le lire pour l'y rencontrer? La lecture de l'in-folio terminée, Valentin n'avait pas encore de réponse là-dessus. Il eut un petit accès de découragement. Il se reprit vite. L'abbé ne pouvait pas avoir dit vainement:

— Lisez Thomassin, pour l'*intuition*.

— Peut-être, pensa Valentin, la lecture de Thomassin est une sorte de gymnastique préparatoire, où l'esprit prend l'élasticité nécessaire, non seulement à l'exercice de cette faculté nouvelle, mais à l'éclosion même de cette faculté.

Valentin fut ravi de cette supposition, puis bientôt se convainquit d'avoir deviné juste, en se mettant à lire derechef le *de Deo Deique proprietatibus*, et en s'apercevant qu'il y lisait à présent, pour ainsi dire, entre les lignes, grâce à certaines clartés sous-entendues que désormais les mots dégageaient comme des effluves.

Il remarqua, et attacha une extrême importance à cette remarque, d'ordre tout matériel pourtant, que cette espèce de révélation lumineuse lui était venue, pour la première fois et soudainement, juste sur le mot par quoi s'achevait la page précédant la page absente. Or ce mot n'avait, en lui-même, rien de particulièrement suggestif. C'était un vocable quelconque, et presque de remplissage dans la phrase. Valentin en conclut, sans avoir à cette conclusion baroque aucun motif plausible, que la clarté illuminant spécialement ce vocable quelconque devait lui avoir été suppéditée par le reste de la phrase, et que cette phrase elle-même devait emprunter sa clarté inattendue et mystérieuse à une autre phrase essentielle, soleil de la page qui manquait.

Rien, encore un coup, dans le contexte, ne l'autorisait à croire cela. Il l'affirmait cependant avec une foi profonde.

Il y puisa l'extraordinaire audace de faire une démarche qui, au moment où il s'y décida, lui parut constituer un sacrilège. Mais ce sacrilège, d'autre part, lui parut, à la réflexion, un devoir imprescriptible auquel il n'avait pas le droit de se soustraire. Il avait conscience, en le commettant, de faire un acte d'où dépendait non seulement son salut, à lui, Valentin, mais aussi le salut des Leleup de Marcoussy de Lagibasse et, ce qui était bien plus formidable et impérieux, le salut même du monde entier.

Cet acte consistait à descendre chez l'abbé sans en avoir demandé la permission, à forcer l'entrée du sanctuaire défendu, et à s'y faire *consacrer*, par persuasion ou violence. Consécration à quel titre, en vue de quoi, sous quelle forme ? Valentin n'en savait rien et n'avait même pas besoin de le savoir.

Il se prit la main, se la serra, et dit, seul dans sa chambre :

— Je dois agir ainsi. Je vais agir ainsi. Je me le jure à moi-même, moi, Valentin Leleup de Marcoussy de Lagibasse.

Puis il descendit lentement l'escalier, entra chez l'abbé, lui dit, sur un ton de ferme commandement :

— Il mé faut la page qui manque.

L'abbé avait l'air de l'attendre, et heureux de sa venue. Loin de prendre mal cette conduite en dehors de toutes les convenances de la maison, cette entrée irrespectueuse chez lui, ce ton dominateur et quasi insolent, il manifestait, au contraire, un vif plaisir, traduit par un sourire vague tout à fait inaccoutumé sur sa face morne.

En même temps, sans prononcer une parole, sans même faire un geste, il désigna du regard un tas de paperasses gisant sur sa table. Le regard voulait dire aussi, et Valentin le comprit à la muette :

— Soulevez ces paperasses.

Valentin les souleva. La page était là. Il la prit en tremblant. Il n'osait y jeter les yeux. Le regard de l'abbé lui parla de nouveau disant :

— Lisez la phrase que vous devez lire.

Du premier coup, sans la chercher dans la page, Valentin trouva cette phrase, dont le resplendissement l'aveuglait.

— Lisez à haute voix, continuait à dire le regard de l'abbé.

Et Valentin lut à haute voix la phrase suivante :

Mens, sola sibi reddita, naturæ suæ ingenium et præstantiam totam obtinens, naturaliter ominatur sentitque summum aliquid et inexcogitabile principium.

Le regard de l'abbé avait maintenant un éclat de phosphorescence et une fixité positivement insoutenables. Mais le resplendissement prodigieux de la phrase et sa force de pensée ne l'étaient pas moins. Incendié par ces deux foyers de lumière, Valentin crut qu'il allait s'y volatiliser. Sans le cordial que lui versa soudain l'abbé avec le son de sa parole, il fût tombé en défaillance. L'abbé lui disait :

— Traduisez, mon cher enfant, et traduisez comme vous savez désormais traduire, non pas selon la lettre seulement, mais selon l'esprit, et même selon le par-delà de l'esprit, et en même temps aussi près et aussi loin que possible du texte, de façon à ce que toutes les fleurs du verbe gardent toute leur fraîcheur et tous leurs parfums et tout leur miel, et ne perdent que leur forme, sans plus, à devenir un liquide transvasé dans le flacon d'une autre langue.

Sa parole, en flûtant cette longue période, était

elle-même fleurie, fraîche, parfumée, d'une saveur de miel, tout à fait différente de son habituelle parole, si brève, si grise, comme desséchée. Valentin s'en délecta.

Puis il traduisit le passage de Thomassin, ou plutôt en donna une sorte de commentaire, où il avait conscience de faire à la fois un mot-à-mot et comme qui dirait un phrase-à-mot parfois, à cause de l'impuissance qu'il éprouvait à exprimer dans sa flottante version française tout ce qu'il comprenait dans la densité du latin. Voici quelle fut cette traduction, qu'il distilla d'une voix forte, assurée, mais extrêmement lente, en en laissant tomber les vocables comme goutte à goutte :

« L'âme, en solitude, et à soi-même rendue, prenant possession enfin de sa nature propre, dans ce qui est le génie inné de cette nature et sa préexistante essence totale, a naturellement, d'abord le présage, puis la sensation, de quelque chose, aboutissement et origine de tout, qui est inaccessible à la raison. »

L'abbé avait repris son attitude et sa manière de parler ordinaires, les paupières closes, la parole rare et lassée. Il murmurait tout bas :

— C'est cela. C'est bien. C'est bien. *Sentit !* Oui, la sensation. *Inexcogitabile !* Oui, inaccessible à la raison ! C'est cela. Les deux termes sont compris, rendus, vécus. C'est bien. C'est bien..

Valentin le contemplait, ému de cette approbation, plus ému encore de s'en estimer lui-même absolument digne, et plus ému encore, et par-dessus tout, de l'aurore qu'il voyait poindre enfin au bout de son long pèlerinage vers le sommet d'où il toucherait le ciel. Car le premier rayon de cette aurore, il en avait la pleine certitude désormais, c'était l'*intuition* si péniblement cherchée dans la lecture de Thomassin, l'*intuition* révélée par cette phrase comme un *sens* nouveau, le *sens* direct de l'infini ! Et ce *sens*, absent chez les autres hommes, chez tous les autres hommes à l'exception de quelques très rares privilégiés, ce *sens* miraculeux, il en était donc doué, lui, Valentin.

— Certes, certes, puisque j'en ai constaté en moi l'obscur éveil, puisque l'abbé, qui en est doué aussi, l'a constaté pareillement en moi.

Dans l'extase de cette découverte, qui le bouleversait de ravissement, comment Valentin eût-il pu prêter attention aux bizarres circonstances qui l'y avaient conduit, et les juger singulières et troublantes ? Ce qui était singulier et troublant plus que tout au monde, c'était qu'il fût en possession de ce *sens* nouveau, qu'il en eût conscience, qu'il lui fût donné de s'en servir dorénavant. Au prix de cela, si énorme, quelle importance pouvaient avoir des choses aussi mesquines que sa visite au bouquiniste, ce qu'il y avait dit, et même la retrouvaille, chez l'abbé, de cette page manquant dans le second volume de Thomassin ? Eût-il pris la peine d'y songer, qu'il n'y eût, à coup sûr, rien soupçonné d'anormal.

— Coïncidence ! eût-il dit. Hasard !

Mais il n'y songeait même pas. Il était tout

à l'enivrement de sa joie, de son orgueil.
Il en oubliait jusqu'à l'abbé, son initiateur, en somme, à la notion de ce *sens* nouveau. Si on lui eût rappelé cela, au lieu d'en être reconnaissant à l'abbé, il en eût subi comme une honteuse humiliation. Si on lui eût insinué, en outre, qu'il avait chance d'être, en ce moment, le jouet d'une illusion produite par l'emprise de l'abbé, et qu'il était, sans s'en rendre compte, soumis à cette emprise, il se fût révolté d'une telle insinuation comme du plus cruel outrage.

Cette humiliation et cet outrage, l'abbé les lui infligea brusquement par ce simple mot :

— Redescendez !

C'était prononcé rudement, avec une autorité contre laquelle tout regimbement était impossible, avec un poids qui frappait comme d'un coup de massue.

En même temps que ce coup lui était asséné sur le crâne et l'assommait, Valentin eut la nette et affreuse perception d'être en plein espace, d'y avoir été porté très haut, infiniment haut, et d'y être abandonné, sans soutien, dans le vide, absolument seul.

Il y faisait un froid de mort, et c'était tout blanc, d'une blancheur telle que la neige y eût paru noire.

Dans ce froid et dans ce blanc, Valentin tombait, tombait éperdument, d'une chute à la rapidité vertigineuse d'éclair, verticale, à pic, et cette rapidité s'accélérant selon une loi dont il cherchait en vain la formule, tandis que, selon cette même loi implacable, le froid devenait plus froid et le blanc devenait plus blanc.

Le bruit de cette chute, au crissement aigu, produisait un son analogue à celui de la lettre *z* incessamment zézayée et qui se changea bientôt en le nom de Zénaïde, répété volubilement à l'infini.

La durée de cette chute semblait éternelle à Valentin, et être contemplée éternellement par le regard de l'abbé, par cet insoutenable regard à la flamboyante, pâle et fixe phosphorescence.

Puis il se fit un trou de ténèbres et de silence où toute perception s'anéantit.

Et cet fut le second évanouissement de Valentin.

XXII

Les suites, immédiates, puis à plus longue échéance, en furent tout à fait autres que celles du premier.

Et, d'abord, il ne se réveilla pas, cette fois, la tête embarrassée, la langue pâteuse, la bouche amère et en déboire, ainsi que d'un lourd sommeil où l'on a cuvé une ivresse. Il avait, au contraire, sur les lèvres un goût suave, de l'allégresse à l'esprit, et, dans tout son être, comme une fraîcheur douce, légère et balsamique.

Il avait à peine conscience, au reste, de s'être évanoui. La perte de connaissance, pendant laquelle il s'était figuré choir d'une chute éternelle, avait été d'une brièveté si fulgurante, qu'il n'avait même pas eu le temps de choir en réalité, et qu'il s'était retrouvé debout, appuyé d'une main contre le dossier d'un fauteuil. Ainsi la syncope pouvait lui paraître n'avoir été qu'un furtif éblouissement.

Il gardait toutefois, extrêmement précis, le souvenir de la chute éternelle à travers le froid, le blanc, le vide et le vertige, dans l'épouvante; mais sans en être épouvanté désormais. Loin de là! Il était orgueilleux, extasié, ravi et rasséréné. Il s'en estimait plus grand, plus sûr de lui-même. Il y avait pris la mesure de sa force et la certitude de son invincibilité.

Il n'était pas jusqu'au coup de massue, si formidablement asséné sur son crâne, dont il ne fût heureux. La *consécration* qu'il était venu chercher, c'est par là qu'il l'avait reçue, évidemment. Ce coup lui avait comme ouvert le crâne. Son cerveau en avait été désemprisonné. Par cette ouverture y était entré, lui semblait-il, l'infini.

Non, ce n'était pas une humiliation et un outrage que lui avait infligés l'abbé avec son prodigieux :

— Redescendez !

C'était une épreuve qu'il lui avait fait subir, la suprême épreuve avant l'initiation définitive ! Et il en bénissait les conséquences : son voyage dans l'horreur de l'Absolu, son total anéantissement au bout de la chute éternelle, sa résurrection présente dont cet anéantissement était la condition préliminaire et nécessaire. Et c'est d'une voix, où tout son cœur se fondait en gratitude, qu'il dit à l'abbé :

— Merci ! Merci ! Vous m'avez mis à même de le boire vraiment, cette fois, le vin qui fait croire qu'on est le bon Dieu.

— N'employez pas cette expression vulgaire, répliqua sévèrement l'abbé. Dieu ne comporte aucune épithète. Son nom même est un terme impropre. Ne le désignez point d'un vocable, quel qu'il soit. Au surplus, gardez-vous de vous imaginer que vous l'avez bu déjà, ce vin dont vous parlez. Vous n'en avez eu ici qu'une prélibation lointaine, approximative, évocatoire. Si vous l'aviez bu, ce vin, vous ne seriez plus celui que vous êtes encore ; vous seriez celui que vous serez, c'est-à-dire celui qui ne distingue pas son être en moi de l'être en soi, c'est-à-dire rien, c'est-à-dire tout, selon que votre vie sera devenue mort ou selon que votre mort sera devenue vie, c'est-à-dire enfin, pour conclure, l'article neutre τὸ, avec un τκυ minuscule dans l'un des cas, avec un τκυ majuscule dans l'autre.

Jamais Valentin n'avait entendu l'abbé faire un aussi long discours. Il fut très fier d'en être l'auditeur, et plus fier encore de le comprendre si aisément, à première audition. Aucun sens ne lui en échappait.

Il n'éprouvait pas, en effet, comme après son évanouissement de jadis, une courbature de la pensée. Il l'avait alerte, vigoureuse, tous ses ressorts tendus et dispos. Au lieu de l'incapacité de travail constatée alors, et de la complète paresse intellectuelle qui en avait été le résultat, il avait faim et soif de labeur cérébral. En même temps son caractère sortait de la crise actuelle mieux trempé, non plus prêt, comme l'autre fois, à l'aveulissement et au *deliquium* qui lui avaient rendu agréable la fadeur de la table d'hôte. C'est donc avec énergie, mais sans mesquine vanité, qu'il répliqua :

— J'entends. Je croyais avoir vu. Vous me rappelez à la modestie qui me convient, en me forçant à confesser que j'avais entrevu seulement. Mais ce que vous venez de dire pour conclure, cela aussi, je l'entends. Donc, en confessant que j'avais seulement entrevu, je fais déjà mieux qu'entrevoir. Et ainsi, je vois, n'est-ce pas?

— C'est bien. C'est bien.

L'abbé avait repris, pour laisser tomber sa réponse favorite, le ton indifférent de sa voix lasse.

— Ah! je vous en prie, s'écria Valentin, parlez-moi encore comme vous venez de le faire. Dites-moi des choses où je puisse exercer ma pénétration vive et profonde. Prouvez-moi, en me les disant, que vous me jugez digne de...

— Le seul jugement équitable, interrompit l'abbé, c'est celui qu'on porte soi-même sur soi-même.

— Eh bien! soit, fit Valentin avec violence. Alors, sachez-le, je me juge votre égal.

D'où lui venait cette bouffée de révolte, si imprévue, si peu en accord avec son humble requête de l'instant précédent? Il l'ignorait. Il la regretta en s'y livrant. Et pourtant, malgré ce regret, il réitéra.

L'abbé l'avait laissé dire, n'avait manifesté ni surprise ni colère, s'était contenté de le regarder fixement, avec tristesse.

— Oui, répéta Valentin fortement, je me juge votre égal.

L'abbé ouvrit enfin la bouche, imperceptiblement, ses lèvres minces à peine desserrées, et répondit, sans plus :

— Ce n'est pas vrai.

— Quoi? s'exclama Valentin. Qu'est-ce qui n'est pas vrai? Que je sois votre égal?

— Que vous vous jugiez tel, fit l'abbé.

Valentin fondit en larmes et avoua, en effet, qu'il ne le croyait pas, et qu'il l'avait dit, au reste, sans savoir pourquoi ni comment.

— Parce que, reprit l'abbé, vous êtes encore celui que vous ne serez plus bientôt, parce que vous n'abdiquez pas, ô psychologue! parce que vous ne vomissez pas votre logique, ô logicien! Laissez donc tomber tout au fond de vous la vase de votre raison. Laissez se clarifier l'eau de votre déraison. Désapprenez-vous de toujours comprendre. L'intuition ne comprend pas. Elle prend. Vous avez entrevu. Vous voulez voir. Crevez-vous d'abord les yeux.

— Je suivrai tous vos conseils, répondit Valentin avec soumission. Pardonnez-moi cet imbécile mouvement de révolte. Ce sera le dernier. Que faut-il faire?

— Ne vous l'ai-je pas dit, repartit l'abbé. Crevez-vous d'abord les yeux, je vous le répète, crevez-vous les yeux. Vous y avez tâché déjà, bravement, j'en conviens, et non sans un succès momentané, en lisant Thomassin comme vous l'avez lu, pour l'*intuition*. Mais les yeux ont tôt repoussé au bout de vos deux cornes d'escargot, la psychologie et la logique. Crevez-les de nouveau. Vous devez savoir en quoi faisant.

— En lisant Wronsky, n'est-ce pas?

— Sans doute.

— Qui est Wronsky ?

— Wronsky est Wronsky.

— Est-ce mon voisin de là-haut ?

— Qui voulez-vous que ce soit ?

— Quels livres a-t-il écrits ?

— Aucun.

— Que lirai-je de lui alors ?

— Lui-même.

— Et ensuite ?

— Ensuite, conclut l'abbé, avec un très pâle et fugitif sourire, et avec des yeux ternes comme des yeux de trépassé, ensuite, et pour finir, vous me lirez, moi.

XXIII

Qu'il fût devenu un *moi* nouveau, depuis qu'avait éclos en lui la faculté de l'*intuition*, qu'il en fût redevable à l'abbé, qu'il eût l'obligation stricte d'obéir désormais à ce maître tout-puissant, et qu'il ne s'en trouvât nullement ravalé, c'est de quoi Valentin n'avait plus le moindre doute. Il était donc fermement résolu à ne plus s'analyser, à ne plus faire usage de sa raison raisonnante.

— L'intuition, avait dit l'abbé, ne comprend pas. Elle prend.

Cette parole, entre autres, lui dictait une règle de conduite intellectuelle très nette, mais difficile à suivre, lui semblait-il. A peine, cependant, fut-il en relations de pensée avec Wronsky, qu'elle lui fut, au contraire, toute naturelle et comme imposée par les circonstances mêmes. Dès les premiers mots échangés, en effet, il s'aperçut tout de suite qu'il ne comprendrait absolument rien à ce que lui dirait Wronsky. Sans aucune notion des mathématiques, sinon ce qu'il en avait vaguement appris dans ses classes de lettres, il entrait en plein, ici, au plus fort des mathématiques les plus transcendantes.

Il avait entamé l'entretien en disant, avec une foi naïve :

— Je viens vous lire, sur le conseil ou plutôt sur l'ordre de l'abbé.

— Lisez-moi donc, avait répondu le Polonais, avec un abandon non moins naïf. Je sais ce que l'abbé a voulu entendre par là. Il me fait l'honneur de me lire ainsi très souvent. Voici la page de moi-même où j'en suis. Lisez !

Et Wronsky s'était mis à rêver tout haut, en langue algébrique, continuant à formuler d'interminables équations qu'il écrivait et résolvait de tête, immobile et le regard fixe. Car, ainsi que Valentin l'avait jadis supposé d'après le silence dans lequel travaillait toujours son voisin, Wronsky avait pour unique tableau noir sa pensée. Aujourd'hui, par exception, condescendant au désir de l'abbé, il exprimait oralement ses opérations mentales. D'ordinaire il les exprimait mentalement aussi. Mais, les eût-il figurées avec de la craie sur un réel tableau noir, Valentin n'y eût pas davantage saisi quoi que ce fût. Il n'y entendait goutte.

Il en fit modestement l'aveu, puis demanda :

— Est-ce que l'abbé, lui, vous entend ?

— A sa façon, oui, répondit le Polonais.

— Je veux dire, reprit Valentin, exactement ceci : l'abbé connaît-il les mathématiques assez pour trouver un sens quelconque à des choses comme celles que vous venez de...

— Oh ! à coup sûr, interrompit le Polonais. L'abbé, par exemple, est de force, mathématiquement parlant, à ne pas se perdre, même dans les divagations de mon oncle.

— Excusez-moi, fit Valentin ; mais j'ignore qui est cet oncle.

— Comment! s'écria le Polonais, vous ne savez pas qui est Wronski, Hoëné Wronski, par un i, notez-le bien, par un i, non pas par un y grec, comme moi?

— Par un i ou par un y grec, répliqua Valentin, et qu'il s'appelle ou non Hoëné, c'est la première fois que j'en entends parler.

— Tant pis pour vous, dit Wronsky. C'est un grand, un très grand mathématicien. Il s'est dévoyé, par malheur. Il a voulu réduire ses extraordinaires conceptions au verbe ordinaire. Il s'est perdu ainsi. D'ailleurs, l'i qu'il a substitué à l'y grec dans notre nom, cet i est plastiquement et cruellement symbolique de son erreur. Si peu versé que vous me paraissiez être dans les mathématiques, vous n'êtes pas sans avoir appris que l'y grec est, comme l'x, une des lettres par où l'on représente les inconnues en algèbre. Or, Hoëné Wronski, par un i, a supprimé de notre nom une des figures typiques de l'inconnue, comme il a essayé de supprimer l'autre de la métaphysique. Les deux choses se tiennent et s'éclairent. Cela, je pense, vous l'entendez de reste.

Valentin répondit que oui, bien qu'il continuât à n'y entendre goutte. Mais il répondit de la sorte sans vouloir mentir, et plutôt par gentille politesse envers son interlocuteur, dont il goûtait particulièrement les manières douces, affables, presque câlines.

Il ne s'était pas du tout imaginé Wronsky tel qu'il le voyait. Il en était resté, sur lui, à l'opinion qu'il s'en était faite lors de ses vaines tentatives de liaison, où le Polonais s'était montré froid et farouche. Il en avait gardé aussi, et vivement, le souvenir de la première impression qu'il avait eue, lui évoquant un archange foudroyé en pleine adolescence. Certes, Wronsky avait toujours, et même plus que jamais, cet air étrange, avec son pâle et maigre visage glabre, sous son épaisse crinière aux mèches violemment retroussées et couleur de feu. Mais, à être auprès de lui, à être regardé par ses yeux, à entendre sa voix, toute son étrangeté se fondait en charme.

Il avait, en effet, dans l'allure, les gestes, la physionomie, surtout dans le regard et la voix, cette irrésistible suavité slave qui rend parfois les hommes de cette race aussi séduisants que les femmes les plus séduisantes des autres races. Le jeu de ses mains était d'une grâce enveloppante et prenante. Ses yeux, grands, veloutés, d'un azur profond, aux longs cils d'or bruni, s'alanguissaient en molles et enfantines tendresses sans cause et d'autant plus tendres. Sa parole lente, roucoulante, mouillée de grasseyement, était proprement une caresse, La signification de ce qu'elle disait n'importait pas. Il eût parlé en une langue étrangère, que cette caresse seule du son, de l'articulation, du timbre, eût suffi à enchanter.

L'ouïr, fût-ce sans la comprendre, c'était jouir.

Et voilà bien pourquoi Valentin trouvait si facile à suivre, en ce moment, la règle de conduite intellectuelle à laquelle il avait résolu de se soumettre pour obéir à l'abbé. Voilà pourquoi il avait écouté sans angoisses ni fatigues le rêve mathématique rêvé tout à l'heure à haute voix par Wronsky, et où il n'avait lui-même entendu goutte. Voilà pourquoi il venait de mentir ingénument en admettant comme parfaitement intelligibles les bizarres explications touchant l'i ou l'y grec du nom de Wronsky. Et c'est, en somme, non pas pour instruire sa curiosité, mais bien pour régaler son oreille, et, à la fois, tout son être chatouillé voluptueusement, c'est par une sorte de gourmandise sensuelle, qu'il demanda :

— Ne pourriez-vous m'en donner une idée, de ce grand mathématicien que j'ignore? Ne pourriez-vous me dire en quoi il est grand, en quoi il s'est dévoyé? J'aimerais à l'apprendre de vous.

— Je veux bien vous faire ce plaisir, répondit le Polonais. Mais alors, il n'est plus question de me lire, comme le voulait l'abbé. Il s'agit de me faire un peu bavarder.

— Soit! répliqua Valentin. J'ai tant de peine à vous lire, grâce à ma stupidité en mathématiques! Un petit intermède de bavardage me reposera. Nous reprendrons la lecture ensuite, si vous ne m'en jugez pas trop indigne.

Instinctivement, Valentin tournait sa politesse presque en galanterie, comme avec une femme.

Wronsky n'y était pas insensible. C'est très aimablement qu'il acquiesça au désir de Valentin. Il s'assit tout près de lui pour le faire. On aurait cru deux êtres qui allaient parler d'amour.

Il commença par dire, sans le blâmer d'ailleurs, et en l'estimant légitime, au contraire, quel était l'immense orgueil de Hoëné Wronski.

— Il ne cite jamais un auteur, sinon lui-même. Il déclare qu'Arago est un savant d'un ordre trop inférieur pour appartenir à l'histoire de la science. Il proclame qu'il sera le Newton et le Messie des temps modernes, qu'il a créé une théorie définitive des nombres et qu'il donnera la solution d'une théorie de la matière. Il a eu un procès retentissant avec un M. Arsan, banquier, auquel il réclamait 200 000 francs d'honoraires pour lui avoir enseigné l'Absolu. Il affirme le lui avoir enseigné, en effet, et que le malheureux n'a pas su profiter de l'enseignement. Et comment ce pauvre banquier eût-il pu comprendre Hoëné Wronski, que Laplace et Lagrange jugent incompréhensible? Ils ont de bonnes raisons pour cela, d'ailleurs, ces deux messieurs. Hoëné Wronski, en effet, ne leur a pas mâché la vérité. Sa *Réfutation de la théorie des fonctions analytiques de Lagrange* et sa *Critique de la théorie des fonctions générales de Laplace* sont écrasantes contre eux. Car, je vous le répète, Hoëné Wronski est un grand, un très grand mathématicien. Il est regrettable que je ne puisse pas vous le faire toucher du doigt, pour ainsi dire, en vous exposant ses principales découvertes, sa *Philosophie de la Technie algorithmique*, sa *Nomothétique schélienne*, son *Anneau arithmétique*, sa *Résolution générale des équations de tous les degrés*, et surtout ses prodigieuses *Lois des séries*. Bornez-vous à m'en croire sur parole et à savoir que moi, personnellement, je le tiens pour le plus grand mathématicien qui ait existé.

Ici Ladislas Wronsky s'arrêta net, puis, sa voix si câline devenant un peu rauque, il reprit :

— Qui ait existé, dis-je, jusqu'à moi.

Valentin crut devoir ajouter, et n'y mit aucune ironie :

— Bien entendu !

— Ne croyez pas, reprit Ladislas, que j'attache d'ailleurs la moindre importance à ce fait d'être le plus grand mathématicien qui ait jamais existé. Hoëné Wronski, par un *i*, l'eût été au lieu de moi, s'il avait gardé l'*y* grec de notre nom. C'est ce misérable *i* qui l'en a empêché. De là est venue son application de l'algorithmique aux choses basses du monde concret, aux machines à vapeur, par exemple, aux rails mobiles, aux phénomènes de la marée, aux opérations de rentes et de jeux de bourse, aux révolutions de l'histoire, à la métapolitique, à Napoléon, à un tas de bourdes enfin. De là aussi, et surtout, son essai de concilier la philosophie et la religion, ce qu'il appelle son Messianisme. Il en est là maintenant, dévoyé, vous dis-je. L'*i* l'a ramené en bas. L'*y* grec méprisé s'est vengé en le jetant sur la piste de mystères qui n'en sont pas. Tandis que moi,

16.

Wronsky, par un y grec, moi, le vrai, le seul, le définitif Wronsky, bref, celui qui...

Ici Wronsky s'arrêta de nouveau, saisit les deux mains de Valentin, les pressa dans une violente secousse, puis s'écria :

— Quel bonheur que vous ne soyez pas mathématicien!

Ses beaux yeux étaient pleins de larmes prêtes à couler, et son cri avait eu l'explosion d'un sanglot.

— Oui, reprit-il, vous voyez, c'est tout juste si je n'en pleure pas. Oh! de joie! de joie! Songez donc! Si vous étiez mathématicien, vous auriez lu Hoëné Wronski, vous l'auriez jugé incompréhensible. Lagrange et Laplace l'ont bien fait! Et alors, que diriez-vous de moi, moi le Wronsky par un y, dépassant le Wronski, par un i, de tout le mystère essentiel contenu dans cet y? Les divagations de sa Métapolitique vous eussent mis en juste défiance contre ma Métamathématique. Mais non, non, vous n'êtes pas mathématicien. C'est une pensée vierge que vous offrez, que l'abbé offre, en vous, aux baisers de la mienne. Oh! quelles délices dans ces fiançailles de nos âmes!

Il avait jeté ses bras au cou de Valentin, se tenait contre lui poitrine à poitrine, tout son corps vibrant, son pâle visage plus pâle encore que de coutume et crispé de tressaillements à fleur de peau, et l'être entier dans une exaltation extraordinaire, pareille à celle d'une femme qui s'abandonne. Valentin, très exalté lui-même, le cœur épanoui, lui rendit son étreinte. Et ce fut entre eux comme l'embrassade passionnée de deux amants. Mais leurs cerveaux seuls en eurent le spasme.

Ils s'étaient rassis, tous les deux brisés d'émotion, et silencieux. Malgré son ferme propos de ne plus s'analyser désormais, Valentin ne put s'empêcher de constater au moins, sans en vouloir chercher les causes, la profonde béatitude dont il se sentait inondé. Il lui semblait que dans ce baiser son âme et l'âme de Wronsky s'étaient fondues en une seule âme, et qu'en cette âme avait palpité une seconde l'âme même de l'Univers.

C'est Wronsky, soudain, qui vint l'arracher à cette béatitude, en disant :

— Il faut cependant que vous me lisiez. L'abbé le veut. L'abbé a raison. Après les fiançailles doivent se faire les noces. Et pour que la communion complète ait lieu, il est nécessaire que vous me lisiez.

— Ne vous ai-je donc pas lu? répondit Valentin. Si, si, je l'ai fait, n'en doutez pas. Je l'ai fait comme l'abbé m'en a donné l'ordre, les yeux crevés. Inutile que j'essaie vainement d'épeler lettre à lettre le livre de votre pensée, dont j'ignore même l'alphabet. Je l'ai lu mieux, ce livre, d'un coup, tout à l'heure, quand nos âmes se sont jointes au fond de l'infini.

Brusquement, Wronsky demanda :

— Qu'appelez-vous l'infini?

Valentin, fort interloqué, resta muet, incapable

de trouver à brûle-pourpoint la réponse, que le ton même de la demande exigeait brève. Il ne lui venait à l'esprit que de longues dissertations, ayant précisément pour objet de démontrer que l'infini, par essence, ne se peut pas définir. Or, il sentait combien ces dissertations paraîtraient misérables à Wronsky, puisque lui-même déjà les estimait telles. Ne l'eût-il pas senti, d'ailleurs, que Wronsky l'eût obligé à s'en rendre compte, par cette phrase méprisante :

— Il va de soi, n'est-ce pas, que vous n'allez pas me servir les ordinaires tartines philosophiques qu'étalent là-dessus vos métaphysiciens.

Légèrement vexé par ce mépris, Valentin répliqua presque aigrement :

— Mais que voulez-vous que je vous serve? Ce que j'appelle l'infini, c'est l'infini. Je ne vois guère autre chose à en dire. Et vous-même, à coup sûr...

— Moi, interrompit Wronsky, je puis vous définir en deux mots, sans plus, en deux mots, vous entendez...

— Quoi? L'infini?

— Non pas l'infini...

— Ah! parbleu!

— Mais ce que vous appelez, vous, et ce que tous les hommes appellent l'infini.

Quel que fût son bon vouloir d'obéir aux prescriptions de l'abbé, en ne faisant plus usage de sa raison raisonnante, Valentin ne résista pas à la tentation de s'en servir une fois encore.

L'occasion en était trop belle. Il était ici sur son terrain, en pleine métaphysique.

— Allez-y donc, fit-il, je vous écoute. Définissez-moi en deux mots ce que j'appelle, ce que nous appelons tous, nous autres pauvres hommes, l'infini.

Une pointe d'ironie dédaigneuse avait percé, non seulement dans sa phrase, mais, et surtout, dans le ton persifleur dont il l'avait dite. Wronsky en manifesta une grande tristesse, dont se voilèrent ses beaux yeux, ce qui peina, par contre-coup, Valentin, lui donnant l'impression d'avoir blessé maladroitement une maîtresse adorée. Vite, il se hâta de reprendre :

— Excusez-moi. Je viens d'être sot et méchant.

— Je vous en punirai, répondit doucement Wronsky, en vous infligeant d'abord l'ennui d'une petite leçon de géométrie. Oh! pas méchante, elle! Tout ce qu'il y a de plus simple, de plus élémentaire. Un enfant pourrait la recevoir sans fatigue. Un philosophe, j'espère, en fera bien autant.

Il lui serra tendrement la main et continua :

— Quelle que soit votre ignorance en ces matières, vous savez, je suppose, ce que l'on entend, en géométrie, par les trois dimensions des corps, qui sont la longueur, la largeur et l'épaisseur. Je précise vos notions là-dessus en disant que ces trois dimensions sont figurées : la longueur par la ligne, la largeur par le plan, et l'épaisseur par le volume. L'étude de la géométrie se divise, conséquemment, en trois parties : la géométrie linéaire, la géométrie plane et la géométrie dans l'espace. Avez-vous bien compris tout cela? Oui, sans aucun doute, n'est-ce pas? C'est vous faire injure que de vous le demander. Alors, passons! Ma petite leçon de géométrie est achevée. Vous voyez qu'elle n'a pas été trop cruelle. Maintenant, tenez-vous bien. Je vous interroge. Connaissez-vous d'autres dimensions aux corps que les trois dimensions susdites?

— Non, évidemment, répondit Valentin.

— Et pourquoi évidemment? reprit Wronsky. D'où vient l'outrecuidance de cet « évidemment » ? Qui vous dit qu'il n'existe pas d'autres dimensions?

— Mais, répliqua Valentin, c'est ma raison qui me le dit. Elle n'en constate pas d'autres. Elle n'en conçoit pas d'autres. S'il y en avait d'autres...

— Il y en a, interrompit Wronsky. Ma raison, à moi, tout en ne les constatant pas, en effet, les conçoit. Sous quelle forme, c'est ce qu'il m'est impossible de vous exprimer, puisque votre raison, à vous, ne les conçoit pas. Je vous le ferai cependant pressentir tout à l'heure, peut-être, si vous voulez bien me suivre jusqu'au bout de ce trop rapide exposé. Pour le moment, accordez-moi que votre raison peut, du moins, quoiqu'elle ne conçoive pas les autres dimensions, concevoir qu'on les conçoive.

— Cela, objecta Valentin, m'est extrêmement difficile, je ne vous le cacherai pas.

— Faites l'effort en sens inverse, reprit Wronsky ; cela vous sera moins malaisé, je crois. Concevez, par imagination, un état de la matière où la troisième dimension manque. Les corps n'y auraient plus que la longueur et la largeur. Le monde serait uniquement constitué de plans. La figure, au premier abord, vous en paraît bizarre. Mais, somme toute, elle n'a rien qui répugne à votre raison, avouez-le. Qui peut le plus peut le moins. Et vous êtes parfaitement capable de cette évocation vous représentant un Univers où n'existerait pas le volume.

— Oui, à la rigueur.

— Je ne vous en demande pas même autant. Laissons à la matière ses trois dimensions connues, et admettez seulement comme possibles des êtres ayant en réalité, et n'ayant que, cette conception imaginaire d'un monde à deux dimensions.

— Je les admets.

— Eh bien ! quelle idée ces êtres se feraient-ils de la troisième dimension ?

— Aucune, je pense.

— Détrompez-vous. Ils s'en feraient une.

— Quelle donc ?

— Précisément celle que vous vous faites, celle que se font tous les hommes, de la quatrième dimension. Car me voici enfin parvenu au terme où je voulais vous amener, c'est-à-dire à vous définir en deux mots ce que vous appelez, vous, l'infini.

Et d'une voix soudain claironnante, et comme

si à ce coup de clairon s'illuminait pour Valentin le fond même de l'abîme, Wronsky proclama :

— Ce que vous appelez l'infini, c'est la quatrième dimension.

Puis, reprenant une voix d'enseignement, douce, persuasive, il ajouta :

— Autrement dit, l'infini n'est que la formule par quoi l'on exprime la prochaine dimension avec laquelle on n'a pas de commune mesure. Pour des êtres à deux dimensions, ce serait la troisième. C'est la quatrième pour l'homme, être à trois dimensions. Et ainsi de suite.

— Jusqu'où ? interrogea Valentin stupéfié.

— Jusqu'à l'être, répliqua Wronsky, pour qui la dimension prochaine rejoint la dimension initiale et finale de toutes les dimensions, laquelle est la sphère de l'Absolu résorbée en le Point du même Absolu.

— Mais, fit Valentin, c'est de la métaphysique, cela ?

— Non, repartit Wronsky, c'est ma Métamathématique. Je suis forcé, pour vous en donner un vague aperçu, d'employer des mots usités en philosophie. Il en résulte une sorte de traduction, infidèle comme toutes les traductions. Il est bien certain, par exemple, que j'ai l'air de remonter d'un infini à un autre infini, par cette ascension vers les dimensions successives, et cela parce que votre métaphysique use de ce vocable inconsidérément. Je vous fais ainsi l'effet de me perdre dans une véritable logomachie. Il n'en irait pas de même si vous vous figuriez l'infini mathématiquement, algébriquement, sous le signe du huit renversé qui fournit les équations suivantes, synthèses absolues, puisque tous les mystères de l'être, du néant, et de la création qui en sort, y sont révélés.

Wronsky prit une feuille de papier à cigarettes, et, du bout noir d'une allumette éteinte (car il n'avait rien chez lui pour écrire), il y traça ces deux formules :

$$\frac{n}{\infty} = 0 \qquad 0 \times \infty = n.$$

Valentin contemplait, ébloui. Car, si crassement ignare qu'il fût en mathématiques, il savait fort bien que 0 représentait zéro, que le huit renversé caractérisait l'infini et que n symbolisait la série de tous les nombres. Et il comprenait !

— Notez, continua Wronsky, que cela est seulement le prélude de ma Métamathématique. Et, puisque vous semblez vous rendre compte de ce que signifie la lettre n, pesez toute la valeur de ce que je vais vous dire. Je porte dans mon cerveau, prête à être mise au jour, avec tous ses théorèmes qui s'enchaînent, avec le monde entier, tel qu'il est, qu'il a été, qu'il sera, dans toutes les combinaisons qu'il peut fournir, je porte, entendez-vous bien, une géométrie nouvelle, définitive, dont les autres géométries ne sont que de petits corollaires, je porte la géométrie même de l'Absolu, la géométrie à n dimensions.

La stupéfaction, l'admiration, l'éblouissement

de Valentin étaient à leur comble. Il n'aurait pu en supporter davantage. Il n'avait même plus la force d'écouter intellectuellement Wronsky, dont les paroles continuaient à s'épancher en un flux intarissable. Il en percevait seulement le son, lent, roucoulant, mouillé, caresseur. Sans résistance, il s'y laissait rouler, comme en un bain où il se noyait voluptueusement.

Par-ci par-là, un mot, dans cette nappe d'eau molle et enveloppante, lui semblait miroiter, accrocher la lumière, darder cette lumière, en faire un poignard de feu qui lui incendiait l'esprit. Et c'était un délice, ce coup de poignard, et une extase, cet incendie.

Le mot, par lui-même, du point de vue ordinaire qu'eût fourni la raison, était souvent quelconque. *L'intuition*, évidemment, le transfigurait, le douait de cette soudaine et inexpressible clarté. Il se produisait là un phénomène analogue à celui qu'avait fait naître naguère la seconde lecture de Thomassin. Mais combien plus intense et à fond, cette fois-ci !

Wronsky parlait toujours, et le flux de ses paroles avait pris maintenant le rythme d'une chanson berceuse et susurrante, où Valentin retrouvait la voix des sources thiérachiennes, courant à fleur de terre comme de la sève sous une écorce, comme du sang sous une peau. Cette chanson était coupée en couplets dont le refrain monotone, obsédant, répétait la gloire de l'*y* grec.

C'est qu'à ces moments-là Wronsky prononçait son nom, en ajoutant :

— Par un y grec.

A propos de quoi il revenait sur la faute qu'avait commise Wronski, par un i, de supprimer cet y grec, et sur l'importance de cet y grec, une des figures typiques de l'inconnue en algèbre, l'autre étant x.

A l'un de ces refrains, Valentin pensa tout à coup :

— Mais z aussi est une de ces figures typiques !

Et, à partir de cet instant, chaque fois que le refrain ramenait la gloire de l'y grec, il voyait apparaître x, puis z : et les trois lettres formaient un triangle, y grec et x marquant les pointes de la base, z marquant la pointe du sommet.

Bientôt ce z se mit à bruire, avec le même bruit de crissement aigu qui avait caractérisé la chute éternelle de Valentin pendant son évanouissement devant l'abbé. Comme alors, le z incessamment zézayé se changea en le nom de Zénaïde, répété volubilement à l'infini.

Mais, cette fois, Valentin ne s'évanouit point. Toutes ses énergies vitales étaient, au contraire, dans un état de tension extrême. Il en donna la preuve en saisissant brusquement Wronsky à bras-le-corps, avec une violence et une force capables de l'étouffer. En même temps il lui criait :

— Assez ! assez ! Je suis ivre. Taisez-vous ! Tais-toi !

Wronsky se tut, en effet, non pas tant pour

obéir à cette brutale injonction, ni par surprise non plus du tutoiement inattendu, mais parce qu'il avait la parole, et même l'haleine, étranglées positivement au nœud de l'étreinte où le serrait Valentin. Il n'y opposa aucune résistance, d'ailleurs, ni ne s'en montra fâché ou seulement inquiet. Il s'y laissa, au contraire, aller avec une ostensible complaisance, dont Valentin s'aperçut et fut heureux.

On eût dit que leurs fiançailles de tout à l'heure, leurs spirituelles fiançailles d'âme à âme, avaient soif de se transformer en noces accomplies, et que le moment en était venu. De nouveau, plus longuement que tout à l'heure, plus ardemment, ils échangèrent un baiser.

— Dans l'Absolu ! murmura Wronsky, dont le cerveau lui fit l'effet de se liquéfier de joie.

Valentin, lui, ne dit rien. S'il eût prononcé un mot, ce mot eût été :

— Zénaïde.

Et cependant c'est bien Wronsky, l'archange foudroyé, qu'il avait conscience d'embrasser ainsi éperdument, et dans l'Absolu, certes, lui aussi, en mystique épousée cérébrale.

Mais, il est nécessaire de le dire, ce n'est pas son cerveau seul, cette fois, qui eut le spasme.

XXIV

Une lassitude physique excessive a pour ordinaires résultats concomitants le besoin impérieux du repos et l'impossibilité de prendre ce repos. C'est ce que produisit chez Valentin le surmenage de force nerveuse auquel il s'était livré pendant cette journée si pleine, d'abord dans sa séance avec l'abbé, puis dans son entretien avec Wronsky. La nuit ne lui apporta pas le sommeil, mais une agitation fébrile où il revécut en demi-rêve toute cette journée. Il en remâcha et en rumina les souvenirs incessamment, pêle-mêle, d'ailleurs, et dans un inextricable tohu-bohu qui faisait de ce demi-rêve un bouillonnant cauchemar.

Il eût pu, sans doute, dans ce tohu-bohu, mettre de l'ordre, et se délivrer ainsi du cauchemar. Mais il eût fallu, pour cela, faire usage de ses facultés psychologiques et critiques ; et c'est à quoi il ne consentait pas. En premier lieu, par obéissance à l'abbé, par ferme propos de se crever les yeux, de laisser tomber au fond de lui-même la vase de sa raison. Ensuite, et surtout, parce qu'il espérait rallumer, au choc même de ses souvenirs se heurtant tous à la fois, les étincelles et les secousses électriques *d'intuition* qui lui avaient, pendant cette inoubliable journée, procuré de si vives jouissances.

Son agitation fébrile se nourrissait et s'accroissait de cet espoir, cruellement déçu, des efforts qu'il faisait pour ne point s'analyser, de sa volonté tenacement tendue à se dire :

— Que je retrouve un seul éclair de cette béatitude où m'a plongé *l'intuition*, et je m'y endormirai, dans cette béatitude, soudain et profondément.

Car dormir lui était nécessaire, il le sentait bien. Mais dormir en brute fourbue, il s'y refusait. Il avait peur, s'il s'abandonnait ainsi au sommeil, d'y éteindre ses précieux souvenirs. Qui sait, si, au réveil, la flamme en durerait encore ?

Et il passa, de la sorte, une nuit blanche, qui fut le recommencement de sa journée, un recommencement perpétuel, chaotique, ivre, tumultueux et affolant.

Quoi qu'il en eût, ses facultés psychologiques et critiques s'exercèrent malgré lui, sinon en analyses auxquelles tout de suite il rompait les chiens, du moins en constats qu'il ne put s'empêcher de faire, et dont le plus important, le plus inquiétant, fut l'obstiné retour du nom de Zénaïde.

Pourquoi le crissement aigu produit par le bruit de sa chute éternelle s'était-il transformé en le son de la lettre z, puis en le nom de Zénaïde répété volubilement à l'infini ? Pourquoi l'x et l'y grec des formules algébriques de Wronsky avaient-ils invinciblement évoqué le z ? Pourquoi ce z était-il, lui aussi, devenu le nom de Zénaïde ? Il avait beau ne pas se poser ces questions, s'y dérober, elles prenaient la forme de gigantesques points d'interrogation dans son cauchemar. Ces points d'interrogation lui apparaissaient, brusquement surgis, à l'horizon de tous ses souvenirs. Il les chassait. Mais ce qu'il ne pouvait chasser, c'est le souvenir même de ce z et de ce nom de Zénaïde. Ils constituaient des faits dont s'imposait l'existence.

Le matin venu, dès que Valentin aperçut, de sa fenêtre restée ouverte, l'abbé se promenant autour de la maison, il descendit et l'aborda, sans préambule, par ces mots :

— Débarrassez-moi de cette obsession.

Il lui parlait donc comme si l'abbé avait connaissance de ce qui s'était passé et se passait dans l'âme de Valentin. Et l'abbé lui répondit comme s'il en avait connaissance, en effet.

— Zénaïde, lui dit-il, vous obsède par télépathie. N'en ayez aucune angoisse. C'est bien. C'est bien.

— Excusez-moi si j'insiste, répliqua Valentin. Mais cette obsession me trouble, positivement. J'ai tenu de mon mieux la promesse que je me suis faite, conformément à vos conseils qui me sont des ordres, de ne plus m'analyser, d'abdiquer comme psychologue et comme logicien. Néanmoins je vous le confesse, si cette conduite intellectuelle m'est possible, quoique très pénible encore, dans tout ce qui a trait aux choses de l'Absolu, elle me paraît impraticable dans le relatif de la vie courante. Or, cette obsession est de la vie courante, à n'en pas douter. Zénaïde, en effet, n'a rien à faire avec la métaphysique.

— Qu'en savez-vous ? interrompit l'abbé.

Valentin demeura muet, essayant de comprendre, confus de n'y point arriver, et l'obsession dont il souffrait redoublant de force. Il reprit avec modestie et tristesse :

— Alors, soit ! Je ne chercherai donc pas à me l'expliquer, cette obsession. Mais, encore une fois, elle me trouble. J'en suis, physiquement, malade. Je vous supplie, vous qui en possédez les causes, de m'en débarrasser, voilà tout.

— Eh ! fit l'abbé, n'est-ce pas ce que je fais, en vous l'expliquant, moi ? Je vous répète que Zénaïde vous obsède par télépathie.

— J'ignore, objecta Valentin, ce que signifie ce mot. Il est nouveau, je pense. Je ne l'ai jamais vu employé nulle part. Vous me le dites pour la première fois aujourd'hui, et sans m'en donner le sens. L'étymologie m'enseigne, en y réfléchissant, qu'il vient de deux vocables grecs, dont l'un veut dire *au loin*, et l'autre *souffrance* ou *passion*. Mais cela m'éclaire peu votre phrase.

— Je vais vous l'éclairer mieux, repartit l'abbé. Le mot est nouveau, en effet, peut-être. Il n'est pas très bien fait, au reste. Mais la chose qu'il traduit est aussi vieille que le monde. Elle est antérieure au langage. Elle le supplantera. Je ne vous en donnerai point la théorie. Ce serait flatter votre manie raisonnante, qu'il s'agit pour vous de morigêner au contraire. Je vous en montrerai les effets seulement. Ceux qui vous regardent, d'ailleurs, sans plus.

L'abbé avait, en ce moment, une expression de visage et une légèreté de parole que Valentin ne lui connaissait pas. Ce n'était plus l'homme d'hier ni celui de jadis non plus. C'était une sorte de plaisantin, en vérité. Valentin fut choqué de le voir sous cet aspect rapetissant. Il lui semblait être devant un gros commis voyageur qui allait faire un tour de cartes.

— C'est hier, continua l'abbé, hier, vers trois heures de l'après-midi que vous vous êtes évanoui chez moi. C'est vers quatre heures et quart que vous étiez au plus fort de votre entretien avec Wronsky. C'est toute la nuit, et plus particulièrement à cinq heures, ce matin, que vous avez été en proie à votre obsession. Tous ces détails sont-ils exacts ?

— Probablement, répliqua Valentin non sans une certaine insolence. Je ne les ai point contrôlés. Je m'en rapporte à vous, qui semblez en avoir pris note.

— Eh bien ! reprit l'abbé en souriant, hier à trois heures de l'après-midi, Zénaïde a été frappée d'un accès de chorée épileptiforme. Elle a eu un nouvel accès à quatre heures et quart. Elle a passé toute la nuit dans la fièvre, à répéter votre nom. Et depuis ce matin, à cinq heures, elle est plongée dans un sommeil de catalepsie, dont elle se réveille juste à la minute présente. Allez trouver les

Bussins, et contrôlez, cette fois-ci, vous-même, sans vous en rapporter à moi.

L'abbé, là-dessus, lui tourna le dos, et rentra chez lui toujours souriant, de son même sourire de plaisantin, semblait-il. Mais dans ce sourire, maintenant, Valentin voyait une bassesse et une vulgarité mises exprès, comme par un maître qui se ravale au niveau d'un écolâtre imbécile pour lui témoigner tout son mépris.

XXV

Si Valentin à ce moment eût été en appétit et en état de s'analyser, même sommairement, il n'eût pas manqué de se dire :

— Pourquoi vais-je, en si grande hâte et dans un si grand trouble, chez les Bussins? Est-ce donc pour y contrôler les affirmations de l'abbé, comme j'en ai tout l'air? Ou n'est-ce pas bien plutôt par un mouvement d'affectueuse inquiétude envers Zénaïde, et pour répondre tendrement à sa tendre demande de me voir?

Et il eût été forcé de s'avouer que cette seconde cause était la véritable, l'unique et irrésistible cause de sa hâte et de son trouble.

Sa pensée, en effet, ne s'était arrêtée qu'en passant, et très vite, à discuter ce que les affirmations de l'abbé pouvaient présenter d'étrange, et elle s'y était arrêtée pour n'y trouver, précisément, rien d'étrange. N'était-il pas naturel que l'abbé fût au courant du mal qui avait frappé Zénaïde, qu'il en connût tous les détails, ce qu'elle avait dit, à quelles heures avaient eu lieu les accès? La simple entremise de Mme d'Amblezeuille, par exemple, suffisait à l'expliquer. Quant à la concordance entre les heures de ces accès et les heures de ses crises à lui, Valentin, outre qu'elle risquait d'être fortuite, au cas qu'elle fût réellement exacte, comment en prouver l'exactitude? Valentin avait-il minuté sa vie depuis hier? Non. Dès lors, l'abbé avait beau jeu pour établir cette concordance à sa fantaisie.

Tout cela déduit en solide apparence, quoique à la légère, avait amplement satisfait l'esprit de Valentin touchant les affirmations de l'abbé. Il n'éprouvait donc aucun besoin de contrôle là-dessus.

Mais ce qui le préoccupait, c'est que la pauvre petite Zénaïde eût été malade, en danger, qu'elle y fût encore peut-être, que dans ce danger elle eût songé à lui, Valentin, l'eût appelé comme au secours. Et il y volait, en grande hâte, dans un grand trouble, sans autre désir, vraiment, que celui de lui crier :

— Me voici !

Le repos qu'il avait cherché en vain, pendant sa nuit blanche, après sa journée de surmenage cérébral extraordinaire, il le rencontrait enfin, inattendu, dans une soudaine détente de son intellect que le cauchemar de l'Absolu cessait de tourmenter, et dans une réaction sentimentale où son cœur se mettait à fleurir. C'était, en effet, un trouble à la fois de vive angoisse et de joie profonde, dont il était ému, en courant chez les Bussins. Il n'avait pas, encore un coup, le désir ni le loisir d'en faire la chimie psychologique. Sans quoi, il se fût aisément aperçu, au délice même de ce trouble, qu'il eût pu le formuler ainsi :

— Zénaïde m'aime donc? Je l'aime donc?

C'est à bras ouverts qu'il fut reçu par Bussins, lui disant à brûle-pourpoint et dans une amicale et reconnaissante effusion :

— Ah! comme vous êtes gentil d'être venu! Comme elle va être contente de vous voir! Pas tout de suite, cependant, pas tout de suite! Il faut que je la prévienne d'abord. J'aurais peur, en ne la prévenant pas, que la surprise, la secousse... vous comprenez! Elle vient de s'éveiller seulement. Elle était dans une sorte de léthargie. Elle y retomberait peut-être. Des précautions sont nécessaires. Ma femme est auprès d'elle. Elle sera bien heureuse aussi que vous ayiez eu la bonne idée de venir. C'est une inspiration du ciel, sans doute.

Machinalement, Valentin répondit :

— Non, c'est l'abbé qui m'a...

— Comment, l'abbé? interrompit Bussins. Mais l'abbé ne sait pas que Zénaïde est malade. Qui le lui aurait appris? Qui peut le lui avoir appris?

— Probablement Mme d'Amblezeuille, répliqua Valentin.

— Mais, reprit vivement Bussins, Mme d'Amblezeuille non plus ne sait rien. Personne ne sait que Zénaïde est malade. Personne au monde, que ma femme et moi. C'est une maladie assez bizarre. A vous, je puis le confier, puisque Zénaïde l'exige. Car elle l'exige, vous entendez bien. Toute la nuit elle vous a demandé, en répétant qu'il fallait vous

18

dire qu'elle était malade, et de quoi. Tout à l'heure encore, en sortant de sa léthargie, de son sommeil que je qualifie de la sorte, bref, de cette espèce de mort où nous avons cru la perdre, tout à l'heure encore, juste un peu avant votre arrivée, elle vous a demandé de nouveau, et a de nouveau répété qu'il fallait vous dire... Alors, je puis vous confier la chose, n'est-ce pas? Vous êtes un galant homme. Vous nous garderez, vous lui garderez, le secret.

Bussins avait les mains tremblantes, la voix qui bredouillait. De grosses gouttes de sueur lui perlaient au front. On sentait que, ce secret, tout en étant résolu à le révéler, il souffrait à en faire l'aveu, comme d'une honte. Il reprit :

— Ce n'est pas la première fois que ce mal la prend. Jamais il ne l'avait prise aussi fort, c'est vrai. Mais, enfin, elle y est sujette. Et c'est un mal qui épouvante un peu. Oh! à tort, bien sûr, à tort! Cela n'a rien de contagieux, en somme. Les phénomènes, d'ailleurs, en sont, chez elle, plutôt légers. Néanmoins, je suis forcé de le reconnaître, c'est bien ce mal-là. Il épouvante un peu, encore une fois, oui, certes, il épouvante. Alors, si on se doutait, dans la maison, qu'il s'agit de cela, peut-être on voudrait... on chercherait à... C'est pourquoi nous le cachons soigneusement. C'est pourquoi je suis certain que vous le cacherez aussi vous-même, quand je vous aurai dit...

— Ne prenez pas la peine de me le dire, interrompit Valentin. Je vois très bien que cela vous est douloureux. Épargnez-vous cette douleur. Elle est inutile. Je suis au courant. Le mal de Zénaïde, c'est la chorée épileptiforme.

— D'où tenez-vous cela? s'exclama Bussins stupéfait. Ma femme elle-même ignore le nom du mal. Grâce à d'anciennes études médicales, je l'ai trouvé, moi, ce nom. Mais jamais je ne l'ai prononcé devant personne. Aucun médecin n'a jamais soigné Zénaïde. Elle s'y refuse absolument. Comment donc se fait-il que vous?... C'est miraculeux. C'est effrayant.

Pourquoi Valentin avait-il cru devoir énoncer ce terme scientifique ? Il eût été incapable de s'en rendre compte. Ce dont il se rendit parfaitement compte, en revanche, c'est de l'effroi manifeste qu'il inspirait à Bussins, et de la terreur plus grande et vraiment bouleversante qu'il allait lui inspirer s'il lui disait :

— Je tiens cela de l'abbé.

Moitié dans ce sentiment généreux, moitié par orgueil et pour jouir seul de l'admiration tremblante de Bussins, il répondit :

— J'ai beaucoup étudié Zénaïde à la table d'hôte. Mes observations, jointes à vos demi-confidences, m'ont permis de faire ce diagnostic, dont la précision vous étonne.

Il avait eu, un moment, la tentation de jouer au thaumaturge. Il ne l'avait point osé, toutefois. Le mensonge qu'il faisait en se donnant pour un observateur si sagace, au diagnostic si merveilleux, n'était pas déjà sans lui causer quelque honte. Il s'en excusait, cependant, par le désir très louable de ne pas affoler Bussins en lui révélant la très étrange perspicacité de l'abbé, vraiment thaumaturgique, elle, il n'en pouvait douter maintenant.

— Car, enfin, pensait-il, si personne au monde, sauf Bussins et sa femme, ne connaît la maladie de Zénaïde, si les accès de cette nuit, en particulier, ont été tenus secrets par eux, comme cela est avéré, la connaissance précise qu'en a l'abbé n'est explicable que par des moyens occultes. Cette télépathie, sans doute, dont il m'a parlé !

Et, du coup, la terreur dont il avait déchargé Bussins, il en sentait tout le poids en lui-même. Il en était comme écrasé. Il en resta silencieux, absorbé, la tête basse. Il regrettait d'être venu. Il murmura :

— Pourquoi suis-je venu ?

— Mais, répondit Bussins, parce que vous êtes bon, et puis parce qu'il le fallait, parce que Zénaïde vous a demandé toute la nuit, parce que tout à l'heure, à son réveil, elle vous demandait encore. Ne croyez-vous pas qu'il y a dans l'intensité même d'une demande semblable, dans son obstination, quelque chose qui peut attirer, à la façon d'un aimant ?

— Oui, oui, je le crois, se hâta de dire Valentin, heureux de se raccrocher à cette imagination.

— D'ailleurs, reprit Bussins, vous êtes venu aussi, probablement (ne l'avez-vous pas, en arrivant, laissé entendre ?), parce que l'abbé vous avait... Au fait, je vous ai interrompu à ce moment. Vous n'avez pas achevé votre phrase, alors. Elle m'inquiète un peu, je vous l'avouerai. Qu'est-ce que l'abbé?...

— Oh! rien, rien, fit Valentin très vivement. J'avais, en effet, éprouvé une sorte d'obscure attirance, ainsi que vous l'expliquiez si bien il n'y a pas une minute. Je m'en étais ouvert à l'abbé, lui demandant s'il avait appris que Zénaïde fût malade. Il m'avait répondu qu'il l'ignorait, et m'avait conseillé de venir chez vous pour en avoir le cœur net. Voilà tout!

De ce nouveau mensonge, plus compliqué, plus audacieux encore que le précédent, il n'eut pas honte, toutefois. Il lui semblait que l'abbé en personne le lui dictait. Mais sa terreur de l'abbé en augmentait d'autant.

— Je ne suis donc, pensa-t-il, qu'un instrument dont il joue à son gré, même de loin? Que va-t-il me faire faire? Jusqu'où s'étend sa puissance? Si j'essayais d'y échapper? Comment?

— Je préviens Zénaïde de votre visite, n'est-ce pas? dit Bussins le voyant retombé à de muettes réflexions.

— C'est cela, répliqua Valentin, brusquement résolu à profiter de l'absence de Bussins pour s'évader.

Mais, une fois seul, il se trouva lâche d'avoir eu cette idée de fuite, et lâche surtout de ne pas mieux résister à cette terreur qui l'avait envahi. Pourquoi cette terreur? Ce que l'abbé appelait la télépathie, sans doute l'abbé lui en rendrait compte un jour ou l'autre! L'initié ne marche-t-il pas de mystère en mystère, chacun se dévoilant à son tour?

Il resta, se donnant force bonnes raisons de ce genre. Il eût pu se donner celle-ci, qu'il n'exprimait pas, mais qui n'était pas la moins forte :

— Je veux voir Zénaïde.

XXVI

— Combien je vous remercie pour elle ! Combien elle est ravie, la chère petite ! Vous êtes un ange de bonté.

C'est Mme Bussins qui venait le prendre pour le conduire auprès de Zénaïde. Elle l'entraînait par un long corridor obscur, au bout duquel une porte ouverte découpait un grand carré de lumière éblouissante. Il venait en même temps, par cette porte, un étourdissant vacarme de volière.

— Vous excuserez le désordre de la chambre, disait Mme Bussins. C'est notre chambre à coucher. Elle n'est pas faite. Il a fallu y porter Zénaïde cette nuit, dans notre lit qui est plus grand que le sien. La chambre est plus gaie aussi.

Elle était gaie, en effet, pleine de soleil dont l'inondaient deux fenêtres donnant sur le jardin, encombrée de meubles en bambou que recouvraient de claires cotonnades, les murs tendus d'étoffes aux nuances vives. La cheminée, le marbre blanc de la commode, le haut d'un chiffonnier-secrétaire en citronnier vert, deux tables, dont une à jeux, trois consoles et les tablettes de plusieurs étagères, regorgeaient de bibelots en porcelaine, en laque, en cristal, en ivoire, aux formes et aux couleurs montrant leur origine chinoise, indoue, japonaise. Dans tous les vases il y avait des fleurs, la plupart artificielles, mais qui pourtant n'étaient point ridicules, leurs tons anciens et abolis leur prêtant la douceur éteinte de fleurs fanées. Plantés à même d'énormes potiches bleues, deux palmiers touffus flanquaient le chevet du lit, et leurs palmes montaient jusqu'au baldaquin, fait d'une pièce de soie rose. Sur le lit lui-même, en guise de couvre-pied, s'étalaient deux châles, l'un de cachemire aux riches ornementations rouges et jaunes, l'autre de Manille, en crépon mauve rehaussé de broderies d'or. Entre les deux fenêtres ensoleillées, débordant sur les deux de façon à ce que le soleil y entrât toujours par l'une ou par l'autre, se dressait l'édifice à jour, léger, aérien, de la volière, tout en fil de laiton, avec des toits superposés, aux angles en retroussis garnis de clochettes ; et là-dedans vivait voletait, ramageait, caquetait, sifflait et chantait une république ailée, petites perruches, cardinaux, canaris, tarins, oiseaux des îles, dont les plumages variés, incessamment mêlés par une perpétuelle agitation, faisaient comme un kaléidoscope d'arc-en-ciel.

Valentin à coup sûr, ne perçut pas tous ces détails. Mais il ne put s'empêcher d'en avoir une impression d'ensemble, lumineuse, joyeuse, bruyante et bariolée, ainsi qu'à l'entrée soudaine dans un coin d'Orient. Et l'impression, d'ailleurs, fut d'autant plus nette, et d'autant plus impérieuse l'évocation, qu'il planait dans la chambre, s'exhalant de partout, une odeur forte et musquée, capable de vous suggérer ce rêve d'Orient, même les yeux clos.

Un examen plus attentif et plus prolongé eût sans doute corrigé désagréablement cette impression. Mme d'Amblezeuille, par exemple, qui était venue quelquefois chez les Bussins, y apportant son regard aigu et son nez fureteur, ne se gênait pas pour dire, quand elle était mal lunée contre eux :

— Leur intérieur est en fouffes, à fond de poussière ; et, sous le musc, on y sent la crasse.

Mais Mme d'Amblezeuille avait plutôt la dent mauvaise, à l'occasion, et il ne fallait pas trop s'en remettre à elle du soin de juger les gens avec indulgence. Valentin, au contraire, se trouvait ici dans les dispositions les plus indulgentes du monde. Il ne soupçonna pas ce fond de poussière, ni ne flaira cette crasse sous le musc. Et ce lui fut un enchantement que d'être dans cette chambre, où était aussi Zénaïde.

Elle y était bien, en effet. Et cependant, de prime abord, il ne l'y aperçut pas. Il la devina seulement, dans le grand lit où elle faisait un tout petit tas, s'y étant pelotonnée, le corps sous les couvertures, la tête sous le traversin.

— Zénaïde, allons, montre-toi. Ne sois pas si enfant !

C'est Bussins qui la secouait, essayant de soulever les draps auxquels elle s'agrippait.

— Zénaïde, ajoutait Mme Bussins, tu ne veux donc plus voir monsieur Valentin?

Et Bussins, maintenant lui parlait créole, et Mme Bussins de même, tous deux d'une voix molle et gazouillante. Mais rien n'y faisait. Zénaïde se ratatinait de plus en plus dans sa cachette, en se cramponnant au traversin avec de violents soubressauts.

— Prends garde, dit Mme Bussins à son mari qui voulait tirer de force le drap. Prends garde! Ne l'irrite pas! Si elle allait avoir encore un accès!

Brusquement, à ce mot, Zénaïde rejeta d'elle-même les couvertures loin d'elle, et sa tête ébouriffée jaillissant de dessous le traversin comme un diable hors d'une boîte, elle s'écria :

— Moi pas! Moi pas!. Moi guéri! Moi content!

Elle eût dû être toute rouge, venant de se congestionner à rester ainsi sous la plume, la respiration étouffée. Elle était, au contraire, extrêmement pâle. Ses yeux flamboyaient d'un feu que Valentin ne leur avait jamais vu. Il se rappela les soirs où à la table d'hôte, il avait eu souvent envie de de lui dire :

— Tu vas être belle. Tu dois être belle. Tu es belle. Je suis sûr que tu es belle!

Il ne s'était pas trompé, alors. Elle était belle, en effet. Elle lui parut telle, du moins, en ce moment, et sans restriction aucune. L'harmonie, qu'il avait supposée possible entre les traits disparates de ce visage, il la constatait maintenant, complète. Ils ne se nuisaient plus l'un à l'autre ni tous à chacun. Le bistre vert, qui leur donnait à l'ordinaire une patine de bronze mort, s'était d'abord atténué de sa pâleur, puis se teintait d'une pointe d'incarnat aux joues. Son habituelle expression morne avait fait place à une animation d'allégresse, qui ne se lisait pas seulement à l'éclat de ses regards, mais aussi aux sinuosités tremblantes de ses lèvres, au rapide mouvement de ses narines palpitantes. Bref, elle vivait, enfin !

Valentin ne savait quelles paroles prononcer. Il la contemplait silencieusement. Elle le contemplait de même. Elle répéta :

— Moi guéri ! Moi content !

— Elle parle français, fit Bussins. C'est un grand effort qu'elle fait là. C'est pour vous être agréable. Elle ne le parle pas très bien. Elle n'aime pas le parler. Mais elle le comprend parfaitement. Vous pouvez lui dire ce que vous voulez. Elle vous répondra.

Valentin ne savait toujours pas quoi lui dire. Il balbutia un niais :

— Alors, mademoiselle...

Elle l'interrompit par un grand éclat de rire, bizarre, fou, nerveux, qui s'acheva en un flux de larmes. Valentin lui avait pris les mains, les lui serrait tendrement, lui disait :

— Je vous en prie, je vous en prie, calmez-vous.

Elle finit par se calmer, cessant de pleurer, puis se remettant à rire, mais d'un rire léger et doux, bientôt changé en un sourire vague qui devint peu à peu comme le souffle régulièrement rythmé d'un enfant prêt à s'endormir. Et elle s'endormit en effet.

— Oh! gentiment, pour le coup, dit Mme Bussins. Ce n'est plus le sommeil de cette nuit. Elle repose bien. A la bonne heure!

Valentin maintenant tenait une main de Zénaïde, qu'elle lui avait abandonnée mollement, mais qu'il n'osait cependant pas lâcher; car il sentait dans cette mollesse une étreinte somnolente qu'un rien réveillerait. Il eût voulu y échapper quand même, à cette étreinte. Il en était gêné. Un sourd fourmillement lui en montait le long du bras, se propageant dans ses artères qui battaient à l'unisson de celles de Zénaïde, lui semblait-il, comme si leurs deux sangs se mêlaient. La chaleur de ce mélange lui allait jusqu'au cœur. Il s'y alanguissait, craignait de s'endormir, lui aussi, redoutait ce sommeil.

Pour ne point s'y laisser glisser, il se raccrochait du regard à toutes les clartés éparses dans la chambre, et de l'ouïe aux ramages de la volière. Mais ces clartés lui dansaient devant les yeux en papillotements qui lui faisaient cligner les paupières de plus en plus; et, à ses oreilles bourdonnantes, le vacarme des oiseaux devenait insensiblement un murmure confus, indistinct, à la lointaine cantilène de berceuse.

Les Bussins étaient allés sans bruit, sur la pointe des pieds, jusqu'à un divan bas où ils s'étaient assis à côté l'un de l'autre et où ils demeuraient muets et immobiles, dans une attitude nonchalante, dodelinant déjà de la tête vers une sieste prochaine. Ils ne tardèrent pas à s'y engourdir complètement, las de la mauvaise nuit qu'ils avaient passée.

Celle qu'avait passée Valentin n'était pas faite non plus pour le défendre contre la torpeur dont il était assailli. Le repos, qui lui était si nécessaire, s'offrait d'ailleurs si facile à prendre! Accoudé d'abord sur le lit, au chevet duquel il s'était penché en serrant la main de Zénaïde, il s'y était bientôt appuyé tout à fait, une jambe pendante, l'autre à même le matelas, les reins et le torse soutenus par le traversin, la nuque s'enfonçant peu à peu au creux d'un oreiller. Il lui fallait un gros effort, dans cette position, pour résister à une telle ambiance.

Il n'en fut pas longtemps capable, et s'endormit bientôt, lui aussi. Mais, à présent, sans plus redouter ce sommeil, où il ne voulait pas couler tout à l'heure.

Il avait, au contraire, en y coulant (et c'était la dernière perception consciente où il s'était arrêté au seuil du sommeil) éprouvé une profonde sensation de bien-être, à la fois toute physique et dont sa pensée elle-même avait joui. Ce dans quoi il coulait ainsi lui faisait l'effet d'être un bain tiède et parfumé où son corps rompu s'étirait parmi des caresses fluides, grasses, enveloppantes, où se détendaient enfin ses nerfs crispés, où son cerveau gonflé se dégorgea en vapeurs légères, voluptueusement.

Il se réveilla ayant au cou les bras de Zénaïde, qui lui disait tout bas, tout bas :

— Moi toi aimer ! Beaucoup ! Fort ! Fort !

Ils étaient face à face, leurs deux têtes sur l'oreiller, vers lequel Zénaïde s'était dressée d'un mouvement très lent, si lent, qu'il avait échappé, non seulement aux Bussins toujours engourdis là-bas dans leur sieste, mais à lui-même, près de qui et le long de qui Zénaïde l'avait fait. Il comprit soudain tout ce que ce mouvement devait avoir eu de couleuvrin, en fut inquiet, fut extrêmement troublé aussi du ton passionné avec lequel Zénaïde lui disait tout bas, tout bas :

— Moi toi aimer ! Beaucoup ! Fort ! Fort !

Car elle venait de le répéter, sa bouche touchant presque la bouche de Valentin, et leurs haleines confondues. Celle de Zénaïde était ardente et lui sembla fleurer le poivre et l'œillet.

Il voulut se reculer. Elle le retint, lui attira la tête en avant d'une violente secousse, et le baisa très vite sur les lèvres.

Comme elle l'avait lâché aussitôt, ou, pour mieux dire, repoussé, il se cogna l'occiput contre le bois du lit, et le bruit réveilla les Bussins. Il devint cramoisi de confusion, pensant qu'il avait été vu par eux, qui venaient de se lever brusquement.

— Oh ! ne soyez pas confus, cher monsieur, dit Mme Bussins. Je devine ce qui vous fait rougir. Zénaïde vous a embrassé, sans doute, à sa manière, en petite guenon brutale qu'elle est. Il ne faut pas y attacher d'importance. Aucune! Aucune! Elle m'embrasse de la sorte aussi, et elle embrasse mon mari de même.

— Oui, oui, ajouta Bussins. N'y faites pas attention. C'est une enfant.

Et c'était bien une enfant, en effet, que Valentin voyait à présent dans le lit, ou plutôt sur le lit; car Zénaïde était soudain sortie hors des couvertures, et s'était mise debout d'un saut de carpe, toute droite, sa longue chemise de nuit, boutonnée au col et aux poignets, et d'une venue jusqu'aux pieds, laissant deviner son corps de fillette, vraiment de fillette, et non formée encore, aux membres menus et graciles, aux articulations trop grosses, aux épaules sèches, aux coudes pointus, aux maigres hanches anguleuses. A la regarder ainsi, ne venait nulle idée d'impudeur. C'était bizarre, mais absolument ingénu.

Valentin se demanda comment il avait pu, tout à l'heure, se méprendre à tel point sur elle, et trouver de la passion troublante au baiser de cette gamine, de cette petite guenon brutale, ainsi que le disait si justement Mme Bussins. Il eut remords de sa méprise. A son tour, il éclata d'un grand éclat de rire.

— Elle est drôle, n'est-ce pas? fit Bussins. A cela non plus, il ne faut pas faire attention. Quand elle vous connaîtra un peu mieux, vous en verrez bien d'autres.

— Tenez, tenez, s'écria Mme Bussins. Ah! la voilà tout à fait guérie. A la bonne heure!

Et elle battait des mains, aux bonds que venait de faire Zénaïde, du lit sur un fauteuil voisin, puis de ce fauteuil jusqu'à la cage, devant laquelle elle gambadait, montrant ses jambes nues.

C'était une danse de sauvagesse, qu'elle rythmait d'une vive chanson, incompréhensible d'ailleurs pour Valentin. On eût dit des vocalises d'oiseau. Et les oiseaux sans doute y étaient sensibles; car ils redoublaient de ramage.

Elle s'arrêta tout net, se retourna vers Valentin, lui fit une grimace et dit :

— Moi parler oiseau. Moi savoir. Toi pas savoir. Toi bête.

Et elle se sauva par une porte dont elle souleva la tenture avec une prestesse et une soudaineté toutes simiesques.

— Elle va dans sa chambre, fit Bussins. Elle a besoin de prendre de l'exercice. Ne faites pas attention à sa grimace, ni à ce qu'elle vous a dit. Elle sait très mal le français, je vous le répète.

— Elle est très gentille quand même, avouez-le, ajouta Mme Bussins.

— Et elle vous aime beaucoup, beaucoup, reprit Bussins.

— Oh! certes, continua Mme Bussins. Il faut qu'elle vous aime vraiment pour avoir dansé et chanté devant vous. Et pour...

— Je vous expliquerai tout cela un de ces jours, interrompit Bussins.

— Tout quoi? interrogea Valentin.

— Des choses, des choses qui vous intéresseront, fit Bussins. Quand nous serons, plus amis encore, vous verrez. Car nous le serons, n'est-ce pas?

— Mais nous le sommes, dit Valentin en prenant congé.

Et il avait hâte de le prendre, ce congé. Une hâte fébrile. Pourquoi?

XXVII

Il se le demanda, une fois dehors, sans trouver de réponse satisfaisante à ce pourquoi. Il regrettait d'être sorti si précipitamment. Il avait envie de revenir. Les motifs qu'il attribuait rétrospectivement à son espèce de fuite étaient par trop absurdes, en vérité.

— Ces Bussins m'ont paru de bien singulières gens. Zénaïde est d'une étrangeté inquiétante.

A quoi il se ripostait lui-même du tac au tac :

— Et Wronsky, alors? Et l'abbé surtout! Ceux-là, oui, sont singuliers, étranges, à faire peur. L'abbé surtout! L'abbé surtout!

Il se répétait ces deux derniers mots avec insistance. Il resongeait à son évanouissement devant l'abbé, à sa chute éternelle dans l'Absolu, à l'ordre que lui avait donné l'abbé, de lire Wronsky, à l'entretien métamathématique qui en était résulté, à la nuit de cauchemar qui en avait été la suite, aux thaumaturgiques révélations de l'abbé ce matin, à toutes ces choses mystérieuses dans quoi revenait toujours l'abbé, l'abbé, l'abbé.

— Voilà, concluait-il, celui que je dois fuir.

Et, se rappelant avec délices le repos qu'il avait

goûté en dormant à côté de Zénaïde, tout son être physique et moral détendu voluptueusement dans ce bain tiède et parfumé, il ajoutait :

— Or, le refuge contre l'abbé, il est là, j'en ai la certitude, là, auprès d'elle. Retournons-y donc!

Aussitôt l'objection surgissait :

— Mais c'est lui qui m'y avait envoyé cependant! Si c'était le refuge contre lui, m'y eût-il envoyé? Évidemment non.

Puis, planant sur tout ce débat intérieur, un problème se posait, insoluble :

— Quel intérêt peut-il avoir, l'abbé, à me vouloir ou du bien ou du mal?

Et Valentin se perdait en conjectures plus insensées les unes que les autres, n'aboutissait à rien, tour à tour se révoltait contre sa soumission à l'abbé ou se reprochait de ne point lui obéir passivement, faute qu'il commettait en plein à cette heure par cette recrudescence de sa manie auto-analytique.

— Il m'en punit en me faisant m'égarer dans ce labyrinthe inextricable. Il m'en punira plus durement encore si je persévère. Je suis un ingrat d'oublier les joies profondes que j'ai eues à me laisser guider par lui. C'est à lui que je dois d'être entré dans le domaine de l'*intuition*, et la béatitude éprouvée avec Wronsky, et enfin...

Le souvenir du baiser de Wronsky lui revenait, très intense, et en même temps, par une impérieuse association d'idées, le souvenir du baiser de Zénaïde. Les deux souvenirs se juxtaposaient, arrivaient à ne plus se distinguer l'un de l'autre. Il ne s'analysait plus maintenant. Il revivait deux sensations amalgamées en une seule. Il en jouissait, par la mémoire, comme d'une jouissance toute présente.

Il était, en ce moment, au Jardin des Plantes, où l'avait conduit le hasard de sa promenade inconsciente par les rues, en marchant sans savoir vers quoi. Les allées étaient à peu près solitaires, à cause de l'heure encore matinale. On n'y voyait que de rares couples, étudiants et grisettes, soldats et bonnes, le lieu et l'instant étant propices aux rendez-vous d'amour. Les animaux, que ne dérangeaient pas ces quelques passants, en profitaient aussi pour être amoureux. Des serres, que l'on venait d'ouvrir, s'échappait la senteur aiguë des fleurs, dont l'arome avait été recuit, concentré, pimenté, dans l'étouffement renfermé des chambres chaudes. Il s'y mêlait le parfum musqué des ruminants sortant des étables, qui étaient toutes proches, et l'odeur des fauves, forte et âcre, mais que l'éloignement atténuait en effluves de poivre volatil.

Valentin ne put pas ne pas évoquer la chambre des Bussins, au relent si caractéristique de musc, et l'haleine de Zénaïde, au souffle ardent qui fleurait l'œillet et le poivre.

Au détour d'une allée, il se trouva brusquement devant un banc, que lui avait caché un bosquet de lilas, et sur lequel étaient assis un jeune homme et une jeune femme enlacés, se baisant à pleines lèvres.

Quelques pas plus loin il aperçut, malgré lui, et regarda, s'étant arrêté au spectacle offert, un bouc cabré au milieu de son troupeau.

Des pigeons roucoulaient tendrement dans les ramures. Il les chercha des yeux, et en vit qui se tenaient bec à bec.

Les moineaux se poursuivaient en pépiant à travers les branches des arbustes, y faisaient des tourbillons de batailles, descendaient parfois rouler leurs disputes dans la poussière, s'épousaient au vol.

Un grand cerf, les bois couchés sur les épaules, toute l'échine frémissante et le poil hérissé, creusant ses flancs, allongeant son col, le mufle tendu en avant et crispé, et une bave de désir lui tremblotant en pendeloque blanche au coin de la bouche, brama.

Valentin pensa au parc de Lagibasse, aux vieux arbres de là-bas qui devaient être aussi remplis d'oiseaux se becquetant. Il pensa en même temps aux oiseaux de Zénaïde, multicolores et ramageant dans la volière aérienne dont les toits de pagode, retroussés des pointes, étaient garnis de clochettes. Il ferma les yeux et elle lui réapparut, dansant sa danse de sauvagesse devant la volière, au rythme de sa chanson vive et gazouillante dont il n'avait pas compris les paroles. Il l'imagina devenue elle-même un de ces oiseaux au plumage d'arc-en-ciel, et entrée dans la volière avec eux, et leur parlant oiseau, comme elle avait dit si joliment.

Il avait été ramené, par sa marche sans direction

voulue, vers le banc où tout à l'heure s'embrassait le couple enlacé. Le jeune homme et la jeune femme n'y étaient plus. Il s'y assit à leur place, qui était chaude encore. Il eût aimé y être assis auprès de Zénaïde.

Avec le soleil montant, les odeurs s'exaltaient, celle des ruminants, musquée comme la chambre des Bussins, celle des fleurs de serre et celle des fauves lointains, qui sentaient l'œillet et le poivre comme l'haleine ardente de Zénaïde.

Les pigeons continuaient à roucouler. Les moineaux ne se lassaient pas de se poursuivre. Le bouc, toujours, se cabrait. De nouveau le grand cerf, longuement, brama.

Valentin avait la tête pleine d'images et de rumeurs tumultueuses. Il n'essayait pas de les coordonner. C'était une fermentation où passaient et repassaient, en bouillonnements rapides, le grand cerf, l'abbé, Wronsky, des x, des y grec, des z, un décor d'Orient, des parfums, la volière, des couples enlacés, le parc de Lagibasse, le bouc, et surtout, et sans cesse multipliée, Zénaïde, Zénaïde chantant, Zénaïde dansant, Zénaïde le baisant sur la bouche.

Il poussa un profond soupir, et il lui sembla qu'il venait, comme le grand cerf, de bramer.

XXVIII

En rentrant rue des Boulangers, il fut happé au passage par Mme d'Amblezeuille qui lui tendit une lettre et lui dit :

— Elle vient de votre province et doit être d'un vif intérêt pour vous. Car elle porte le cachet d'une étude de tabellion, et il y a, là, dans le coin à gauche, écrit et souligné trois fois, le mot *urgent*. J'aurais voulu vous la faire tenir dès son arrivée. Mais vous étiez sorti quand le facteur...

— Je ne pense pas, interrompit Valentin. Le facteur distribue les lettres à huit heures du matin, et à cette heure-là, je n'avais certainement pas quitté la maison...

— Possible, répliqua Mme d'Amblezeuille. En tout cas, vous n'étiez pas chez vous, dans votre chambre. J'ai supposé que vous étiez dehors. Où auriez-vous pu être ?

Cette interrogation fut accompagnée d'un sourire ironique. Il comprit que sa visite aux Bussins était connue de Mme d'Amblezeuille, dont les suppositions là-dessus devaient aller leur train. Il en fut extrêmement agacé. Il flaira aussi qu'elle s'apprêtait à l'en questionner curieusement. Il essaya de couper court à l'inquisition menaçante en reprenant :

— Au fait, vous avez peut-être raison. J'étais sans doute dehors.

— Eh! non, repartit Mme d'Amblezeuille, vous n'étiez pas dehors, en effet, non, petit cachottier. Vous étiez dans un endroit d'où vous êtes parti précipitamment, avant qu'on ait eu le temps de vous remettre ceci, un endroit que l'on sait de reste.

— Qui? On? fit-il avec violence.

— Oh! rassurez-vous, répondit-elle. On, cela veut dire moi. Oui, moi toute seule. Personne autre. Et vous n'ignorez pas que je suis la discrétion même.

L'agacement de Valentin redoubla. Ainsi, elle l'avait guetté, elle avait mesuré le long temps qu'il avait passé chez les Bussins; et, non contente de cet espionnage, elle demandait, elle exigeait presque, des confidences. Alors, c'était le complot matrimonial de la table d'hôte qui recommençait! Il en eut un mouvement d'humeur non seulement contre elle, mais contre les Bussins, qu'il avait soupçonnés jadis de complicité dans ce complot, et même un peu contre Zénaïde, qui pourtant, la pauvrette, n'en pouvait mais. Du coup, le charme, dans lequel il avait vécu toute la matinée, brusquement fut rompu.

D'un geste, sans la moindre courtoisie, il prit la lettre que Mme d'Amblezeuille tenait encore, et tourna le dos après avoir dit d'un ton sec :

— Puisque c'est urgent, je n'ai pas le temps de bavarder.

Et il enfila d'un pas rapide la première cour pour se rendre chez lui, laissant Mme d'Amblezeuille interloquée d'une pareille impolitesse à laquelle elle n'était guère habituée, surtout de sa part.

Au milieu de la cour, il rencontra Prosper Broguet, et fut fâché de la rencontre. Depuis leur querelle, ils n'avaient plus eu d'entretien. Ils se bornaient à échanger des saluts avec les banales formules d'usage. Il vit, à la mine souriante du bisontin, que celui-ci allait lui adresser la parole. Il tâcha de s'y dérober en baissant la tête. Mais Broguet l'aborda quand même, lui disant :

— Eh bien! vous avez eu hier une séance de métamathématique avec Wronsky, hein? Curieux, n'est-ce pas? Et passionnant! Il m'en a parlé ce matin...

— S'il vous en a parlé, interrompit Valentin, inutile que je vous en parle aussi.

Et il continua son chemin sans s'arrêter, plantant là Prosper Broguet tout ébaubi. Il se sentait bourru, rogue, prêt à rabrouer de la sorte qui que ce fût. Il eût mal accueilli Wronsky en personne. Un obscur et inexplicable besoin le travaillait, de manifester qu'il en voulait à tout le monde. Il s'en voulait plus particulièrement à lui-même.

Il attribuait, d'ailleurs, à cette irritation irraisonnable, une cause qui ne l'était pas moins : cette lettre qu'il portait à la main, qu'il passait d'une main dans l'autre, et qu'il ne se décidait pas à ouvrir.

Au seuil de la maison, il eut un soubresaut de surprise. L'abbé était là, dans le vestibule, debout devant l'escalier qu'il semblait lui barrer. Toute l'irritation de Valentin tomba d'un coup. C'est d'une voix soumise et humble qu'il dit :

— J'ai eu encore, depuis ce matin, plusieurs mouvements de révolte contre vous. J'ai aussi éprouvé des terreurs tendant à m'éloigner de vous. J'ai voulu m'enfuir de vous. Je vous en demande pardon. Je reviens, vous le voyez, repentant et obéissant.

L'abbé murmura son ordinaire :

— C'est bien. C'est bien.

Puis, après avoir longtemps fixé son regard en phosphorescence sur la lettre que Valentin tenait dans sa main crispée :

— Pourquoi, fit-il, n'ouvrez-vous pas cette lettre ?

— Je ne sais trop, répondit Valentin.

— Efforcez-vous de le savoir, reprit l'abbé, dont le regard, fixé sur lui maintenant, lui poignardait positivement les yeux.

Comme si, en répondant, Valentin répétait des paroles que lui dictait une voix intérieure et étrangère, il dit :

— J'ai le pressentiment que cette lettre contient des choses d'où peut dépendre ma destinée, selon la décision que ces choses me feront prendre. J'ai peur d'en être instruit. J'ai peur, quand j'en serai instruit, de ne pas prendre la décision qu'il faut.

Comme s'il parlait ensuite de lui-même, commentant ce qu'il venait de dire, il ajouta :

— Ce pressentiment n'est-il pas un peu de ce que vous appelez de la télépathie ?

— C'en est, répliqua l'abbé.

— Excusez-moi, continua Valentin, si la requête que je vais vous faire vous paraît trop enfantine. Je vous prierais, cette lettre dont j'ai peur, d'en prendre d'abord connaissance, vous.

— Inutile, fit l'abbé.

— Vous la connaissez donc ?

— Oui, je viens de la lire.

— Quand cela ?

— Ici, entre vos mains.

— A travers l'enveloppe ?

— A travers l'enveloppe.

Valentin n'eut pas l'ombre d'un doute, ni la plus vague tentation de mettre la véracité de l'abbé à l'épreuve en lui demandant ce qu'il y avait dans la lettre. Sa foi en l'abbé se tenait toute droite, désormais inébranlable. Il n'en allait pas ainsi de sa confiance en lui-même. La lettre lui faisait peur toujours. Il insinua timidement :

— Alors, s'il est nécessaire que je la lise, voulez-vous me permettre de la lire devant vous ?

— Vous devez, répliqua l'abbé, la lire seul. Vous devez, après l'avoir lue, prendre votre décision, seul aussi.

— En aurai-je le courage ?

— Je l'espère pour vous.

— Ne pouvez-vous m'aider à trouver en moi ce courage?

— Cela, je le puis.

Et l'abbé lui dit à l'oreille, d'une voix très basse et à la fois très pénétrante :

— Si vous prenez la décision qu'il faut, je vous en récompenserai dignement, d'ici à quelques jours. Je me mettrai, devant vous, en état de vision révélatrice et communicatoire.

XXIX

L'escalier monté quatre à quatre, avec la fièvre de l'action, une fois clos dans sa chambre et seul en face de la terrible lettre, Valentin bravement en rompit le large cachet rouge, qui portait, en effet, comme l'avait vu Mme d'Amblezeuille, le sceau d'un double écusson de tabellion.

La lettre venait de Thiérache. Elle avait été écrite par maître Gribiez, notaire à Wigmeux-le-Vieux, village dont dépendait le château de Lagibasse. C'était un des nombreux officiers ministériels à qui Valentin avait eu affaire pour tout régler là-bas avant son départ du pays. C'est celui-ci qu'il avait trouvé le plus honnête, le plus dévoué aux intérêts de la famille, desquels maître Gribiez s'occupait depuis longtemps, et desquels le soin lui avait été laissé en conséquence. C'est lui qui touchait les fermages pour Valentin. C'est par son entremise que la fortune liquide avait été placée en rentes sur l'État, incessibles et insaisissables. Valentin avait en lui une confiance complète et justifiée.

Voici ce que disait, dans son style un peu long

et entortillé, mais clair quand même, la lettre du notaire :

« Monsieur et bien cher client, j'ai l'honneur de porter à votre connaissance deux importantes nouvelles, dont l'une a trait au présent et n'est pas bonne, par malheur, mais dont l'autre, qui a trait à l'avenir, peut devenir tout à fait excellente, si vous voulez bien en changer la probabilité en certitude, ce qui est à votre entière discrétion, je me hâte de le dire.

« Je commencerai par la mauvaise nouvelle, qui est que votre fermier de là-haut et garde-chasse, le pauvre Jacques Campion, est mort il y a trois jours, d'une congestion pulmonaire. Je n'avais pas jugé qu'il fût à propos de vous annoncer sa maladie, survenue la semaine dernière, et qui ne semblait pas grave, étant donné surtout la robuste constitution du gaillard. Je ne m'en serais inquiété pour vous que si la maladie avait traîné en longueur et avait nui à son service et à son travail. Il n'a interrompu les susdits que pendant les quarante-huit heures qui ont précédé sa fin. Il a été enlevé avec une rapidité vraiment extraordinaire. C'était un excellent fermier et un garde-chasse modèle, que vous remplacerez malaisément.

« Si j'ai tardé trois jours à vous annoncer sa mort, la cause en est que je voulais précisément être en mesure de vous parler de ce remplacement indispensable avec tous les éléments d'information nécessaires, c'est-à-dire après avoir consulté là-dessus sa veuve Mélanie, dont je ne pouvais décemment sonder les intentions au lendemain même de l'enterrement de son mari. J'ai donc patienté le temps moral convenable, et je possède maintenant les éléments en question. La veuve Campion, aidée par Doctrové toujours vaillante, et par l'aîné de ses fils qui va sur ses quatorze ans, et en s'adjoignant un garçon de ferme dont elle fera les frais, est disposée à reprendre le bail. Je la crois, dans ces conditions, très capable d'en remplir les charges. Reste à savoir qui elle choisira comme garçon de ferme, et si l'homme de son choix aura votre agrément pour être assermenté comme garde-chasse. Elle m'en propose plusieurs. Le mieux serait qu'elle en eût en vue un avec qui elle convolerait plus tard en secondes noces. Cela, m'est avis, arrangerait bien les choses. Mais raison de plus pour que cet homme, destiné ainsi à devenir votre fermier bientôt, eût votre agrément. C'est vous dire, mon cher client, que votre présence ici, le plus tôt possible, serait fort désirable.

« Mais ce pour quoi elle serait plus désirable encore, c'est touchant la seconde nouvelle que j'ai à vous annoncer, et à laquelle il faut pourtant bien que j'en arrive, quelque délicate et embarrassante qu'en soit l'expression. Je sais, en effet, mon bien cher client, ayant eu l'honneur de vos confidences à ce sujet, je sais que vous avez pris le parti naguère (très sagement, m'a-t-il semblé alors), de consacrer la majeure partie de vos revenus, et de longues années en attente, à la future et noble reconstitution de votre domaine et de votre maison. Or, la nouvelle que j'ai à vous annoncer ne tend à rien moins qu'à vous faire revenir sur ce plan de conduite pour en adopter un autre. Laissez-moi vous dire, toutefois (et c'est l'excuse de mon intervention peut-être importune), que je vous propose, non pas de changer de but, mais d'y arriver par une voie nouvelle, beaucoup plus courte et moins difficultueuse.

« En quelques mots, la bonne nouvelle que j'ai à vous annoncer, c'est qu'il s'offre pour vous la possibilité d'un beau, d'un riche mariage, vous permettant de procéder tout de suite à la reconstitution sus-énoncée.

« Il ne m'est pas permis de vous confier le nom de la jeune personne dont il s'agit. Mais je me fais un devoir et un plaisir de vous fournir sur elle les renseignements suivants, dont je vous garantis la parfaite authenticité, et qui ne peuvent manquer, je crois, de vous donner à réfléchir. La jeune personne a dix-neuf ans, est douée d'une bonne santé, d'un physique agréable, a reçu tout ce qu'il y a de plus convenable comme instruction et comme éducation. Elle est la fille unique d'un opulent industriel belge, dont elle sera très vraisemblablement aussi l'unique héritière, son père étant veuf, âgé de soixante-deux ans, et nullement en goût de se remarier. En attendant, elle a 330,000 francs de dot, qui seront versés au contrat en bonnes espèces sonnantes, comme nous disons dans nos actes.

« Votre patrimoine, à vous, mon bien cher client,

outre le château, le parc et la ferme, se monte actuellement, avec ce que vous avez déjà capitalisé de vos revenus, pour l'accroître, se monte, dis-je, à 164,000 francs, qui seront, au terme prochain de vos rentes, soit dans sept mois, devenus 170,000 francs.

« Les deux fortunes réunies constitueraient juste, vous le voyez, un demi-million. Je n'insiste pas. Le chiffre parle lui-même, éloquemment, avouez-le.

« Vous me demanderez sans doute comment il se fait que je sois l'intermédiaire de cette proposition de mariage. Cela, monsieur et bien cher client, c'est mon secret de notaire. Bornez-vous à savoir que j'ai toujours été dévoué à votre famille, à vous-même, que j'en ai fait l'éloge où et comme il fallait, que la jeune personne et son estimable père cherchent une alliance noble, et convenez, toute modestie mise à part, qu'il leur était difficile de trouver mieux qu'une alliance avec l'illustre et antique maison des Leleup de Marcoussy de Lagibasse.

« Vous comprenez sans peine maintenant, n'est-il pas vrai, pourquoi je souhaite si vivement que vous veniez au pays. Je pourrais vous communiquer *de auditu* et en détail des renseignements plus amples sur l'affaire, avec pièces à l'appui, vous montrer un portrait en miniature de la jeune personne, et, si tout cela vous plaisait, comme je l'espère, aviser avec vous aux mesures à prendre pour conclure de la façon la plus conforme à vos intérêts.

« Le père de la jeune personne, en effet, dans un esprit de prudence très naturel et qu'il ne m'appartient pas de blâmer, ne cache pas sa prédilection pour le régime dotal pur et simple. Inutile de vous dire que je tiens pour le régime de la communauté, où vous trouveriez infiniment plus de profit. Mais si je ne suis pas sûr d'avoir gain de cause complet, il ne me paraît pas impossible d'arriver à une transaction qui couperait, comme on dit vulgairement, la poire en deux, en vous en attribuant la plus grosse part. Bref, il s'agirait d'obtenir le régime dotal avec communauté d'acquêts.

« J'y tâche de mon mieux, comme bien vous pensez. Mais j'y parviendrais plus vite et plus sûrement si, à la suite d'une présentation préliminaire et admis à faire votre cour en règle, vous joigniez à mes efforts les vôtres propres, autrement efficaces, grâce à l'influence que vous donneraient bientôt, sur l'esprit du père et sur le cœur de votre fiancée, vos avantages personnels.

« J'ai terminé, et je vais maintenant attendre avec impatience, mais sécurité, votre réponse, laquelle ne saurait guère tarder et sera favorable, j'en ai l'intime conviction, connaissant le sérieux et la maturité de votre caractère.

« C'est dans cette attente que je vous prie d'agréer l'expression distinguée des sentiments avec lesquels j'ai l'honneur d'être,

« Monsieur et bien cher client,

« Votre tout dévoué serviteur et très affectueux ami,

« Augustin Gribiez. »

Valentin avait lu cette lettre d'une seule traite, d'un regard rapide, machinal, presque indifférent, comme si ses yeux uniquement s'y appliquaient, sa pensée distraite étant ailleurs. Elle était, en effet, occupée tout entière, pendant cette première lecture, à se demander avec une véritable angoisse de curiosité :

— Qu'est-ce que l'abbé entend par cette promesse de se mettre, devant moi, en état de vision révélatrice et communicatoire ?

Et, absorbé par ce mystère, il en avait oublié sa terreur de la lettre, et la nécessité même de prendre une décision après l'avoir lue.

C'est à une seconde lecture, plus attentive, que cette nécessité lui avait sauté aux yeux brusquement, et qu'avec elle revint la terreur de la lettre.

— La décision à prendre, la voilà. Il s'agit de savoir si je veux, oui ou non, ce mariage.

Il avait dit cela intérieurement. Il dit à voix haute :

— Non, certes, je ne veux pas.

Sa terreur redoubla, d'avoir ainsi parlé à voix haute, tout seul dans sa chambre, et cependant comme s'il répondait à quelqu'un. Qui était ce quelqu'un, si présent à son imagination, quoiqu'il n'y eût personne là en réalité ? En même temps qu'il se posait la question, il y fit la réponse :

— Ce quelqu'un, c'est l'abbé.

Et il n'eût pas éprouvé le moindre étonnement si, à ce moment-là juste, cette présence imaginaire se fût transformée en présence réelle.

— Non, certes, répéta-t-il, à voix haute encore, non, certes, je ne veux pas.

Mais, cette fois, ce n'est plus à l'abbé qu'il lui sembla répondre, c'est à Zénaïde. Et il l'eût vue, devant lui, surgir et apparaître en personne, miraculeusement, que cette fois non plus il n'eût pas été stupéfait.

Soudain des scrupules s'éveillèrent en lui. Avait-il le droit de prendre immédiatement une telle décision, sans y avoir réfléchi, par un coup de tête ? Cette précipitation n'était-elle pas un signe de lâcheté ? Son acte d'énergie factice n'avait-il pas quelque chose de tyrannique sur lui-même, lui interdisant d'avance l'examen de mobiles et de motifs dont il redoutait la discussion et qui peut-être étaient assez forts pour dicter à sa raison la décision précisément contraire ? Ce que l'abbé avait exigé de lui, était-ce bien ce hâtif, sommaire et enfantin « je ne veux pas » ? N'était-ce pas plutôt le plein et noble exercice de sa volonté, jugeant après une lente et virile enquête sur le pour et le contre et ne prononçant un arrêt définitif qu'en connaissance de cause ?

— Oui, oui, c'est cela évidemment que désire l'abbé. C'est cela seul qui est digne de moi.

En même temps lui revenaient en mémoire les beaux projets faits naguère touchant ce qu'il appelait sa grande œuvre, le plan de conduite qu'il s'était tracé si bravement pour y arriver, avec quel courage, quelle foi et quelle joie d'orgueil il avait suivi d'abord ce plan de conduite. Et il se reprocha de s'en être si peu souvenu depuis ces derniers mois, de n'y avoir presque plus pensé, pour tout dire, d'avoir oublié ce rêve héroïque de son adolescence, d'avoir oublié surtout qu'à ce rêve son père et sa mère s'étaient sacrifiés, et qu'il leur devait de continuer leur sacrifice. Il eut honte d'un pareil oubli.

Puis il eut honte de cette honte. Il se trouva mesquin, inintelligent, borné, de l'avoir eue.

— Le programme que je m'étais imposé, par écrit (ce qui était peut-être puéril et prétentieux), ai-je donc cessé un instant de m'y conformer ? Non. J'en ai pu négliger la lettre. J'en ai toujours observé strictement l'esprit. Mon but, c'est de rendre à notre maison, à notre nom, leur ancien lustre perdu. Comment ? En devenant glorieux, un grand philosophe. Or, à quoi ai-je travaillé, pendant ces derniers mois plus que jamais ? A cela, uniquement.

Il relisait cependant les phrases du notaire relatives à l'argent. Un demi-million ! Le chiffre, en effet, parlait éloquemment. Avec ce demi-million, le domaine tout de suite se reconstituait. Avec l'héritage entier du père, plus tard, la maison reprenait aisément dans le monde le rang qui convenait au nom de Leleup de Marcoussy de Lagibasse. Cela, en tout cas, était assuré en attendant la gloire, plus problématique. Et qui empêchait, d'ailleurs, cette assurance matérielle obtenue, de persévérer quand même au pourchas de la gloire ? L'opulence n'est pas un obstacle à devenir un grand philosophe. Si Spinoza en fut un dans la pauvreté, Marc-Aurèle en fut un sur le trône.

— Mais les soins d'une fortune à gérer, les tracas d'un ménage, en voilà des obstacles, très probablement. Cette femme, quelle âme a-t-elle ? Pourra-t-elle me comprendre ?

— Fais sa connaissance. Tu le sauras. Si tu constates qu'elle puisse être une gêne au développement de ta pensée, il sera toujours temps de le dire alors ton : « Je ne veux pas ».

Ainsi, discutant serré avec lui-même, il en arriva logiquement à se convaincre qu'il ne pouvait pas, en conscience, refuser, sinon l'offre catégorique, au moins les ouvertures du notaire, et qu'à tout hasard il devait aller là-bas. Il prit une plume pour répondre dans ce sens et annoncer son arrivée prochaine.

Comme il la prenait, il eut dans les doigts un subit tremblement qui la lui fit lâcher, sautant en l'air. On eût dit que quelqu'un venait de la lui arracher de la main. Il en eut positivement la perception. De nouveau il se demanda qui était ce quelqu'un, et en même temps qu'il se le demandait, il s'affirma :

— C'est l'abbé.

Puis, aussitôt :

— C'est Zénaïde.

Ses terreurs de tout à l'heure le ressaisirent,

vagues d'abord. Elles se précisèrent ensuite, sous forme de dubitations angoissantes de ce genre :

— Suis-je de force à devenir un grand philosophe, livré à moi-même seul? Pour faire usage du don d'*intuition* qui est né en moi si récemment, n'ai-je pas besoin de guides encore? Ne suis-je pas redevable de ce don à l'abbé? N'en serai-je pas privé, loin de lui? La société de Wronsky, même celle de Broguet, ne sont-elles pas nécessaires, en de certains sens, à l'exercice de ce don? La maison, si bien nommée le sanctuaire, n'en est-elle pas le lieu d'élection? Zénaïde n'y est-elle pas mêlée intimement, par je ne sais quel mystère dont je n'ai pas la clef, mais dont j'ai senti les effets irrésistibles? Cette clef ne me sera-t-elle pas fournie finalement, et peut-être très prochainement? N'est-ce pas, juste, à cela qu'a fait allusion l'abbé, quand il m'a promis de se mettre, devant moi, en état de vision révélatrice et communicatoire?

Il ouvrit sa fenêtre, en proie à une grande exaltation. Là-bas, au fond du jardin, sur le banc, il aperçut l'abbé, dont ce n'était pourtant pas l'heure habituelle de s'y tenir. L'abbé, en plein soleil, ne regardait ni l'angle de la muraille, ni le ciel, mais à ses pieds, la tête basse, la pose affaissée, tout son corps à l'abandon, comme écroulé sous un écrasement.

Au même instant, un cri aigu, parti de la première maison, traversa la cour et arriva jusqu'à l'oreille de Valentin, bien qu'il fût sur l'autre face de la seconde maison : et dans ce cri, achevé en éclat de rire, il reconnut la voix de Zénaïde.

— Tous les deux, pensa-t-il, me signifient de rester.

Il déchira en morceaux, rageusement, la lettre du notaire. Un profond sentiment de bien-être, aussitôt, l'inonda. Il se frottait les mains. Il avait envie de dire à voix haute, et il le dit en effet :

— Je suis heureux.

Il eût, en ce moment, embrassé Broguet, même Mme d'Amblezeuille. Il cogna violemment à la porte de Wronsky, et, la porte ouverte, sauta au cou du Polonais, l'étreignit en lui criant :

— Je vous adore.

Après quoi, l'ayant repoussé dans la chambre d'une bourrade joyeuse, il descendit l'escalier presque en dansant.

Au bas, dans le vestibule, il se trouva face à face avec l'abbé, qui était revenu. (Comment? Si vite! Mais il n'y prit pas garde). Subitement, Valentin se fit grave, et dit à l'abbé, d'une voix forte :

— Non, certes, je ne veux pas.

Et l'abbé rentra chez lui en murmurant :

— C'est bien. C'est bien.

XXX

Toujours grave, mais sentant au fond de cette gravité une intime allégresse, Valentin se dirigea vers la première maison pour aller prendre des nouvelles de Zénaïde, et surtout pour lui dire, car il en éprouvait le besoin :

— Je ne pars pas.

N'était-il pas certain, en effet, qu'elle avait eu le pressentiment de ce départ, résolu pendant quelques minutes, qu'elle l'en avait détourné avec son cri aigu, et qu'elle attendait d'être rassurée là-dessus par lui-même? De tout cela, qui lui eût jadis paru absurde, il se donnait à présent, sans la chercher, une explication tout à fait satisfaisante, grâce à la télépathie. Tout, d'ailleurs, autour de lui, lui semblait dorénavant régi de la sorte, très naturellement, et rien ne pouvait plus l'étonner.

C'est ainsi que Mme d'Amblezeuille en personne ne lui fit plus l'effet d'une patronne de table d'hôte en affût de curiosité importune, mais d'une comparse obéissant aux ordres occultes de l'abbé, quand elle l'aborda sur le palier des Bussins en lui disant :

— A la bonne heure! Vous n'agissez plus en

petit cachottier. A quoi cela rimait-il, du reste? Ne suis-je pas votre alliée? Vous l'aviez oublié ce matin, quand vous m'avez quittée d'une façon si impertinente. Mais je ne vous en veux pas. Vous n'étiez plus vous-même. Je vois à votre figure que vous êtes redevenu le jeune homme sur qui l'abbé fonde à juste titre de si grandes espérances. Réalisez-les donc, mon cher enfant, jusqu'au bout. J'en serai heureuse plus que qui que ce soit au monde.

Et elle lui serra la main avec un geste de majesté affectueuse, en ajoutant :

— Vous verrez que je ne vous avais point menti, le jour où je vous affirmais, de la part de l'abbé, que vous trouveriez, à fréquenter Bussins, de vives et fécondes surprises.

Il en eut une, en effet, dès cette seconde visite. C'est la confidence que lui fit le créole touchant la généalogie de Zénaïde, et qu'il lui fit presque immédiatement.

Zénaïde, en effet, refusait de recevoir Valentin, ce qui l'avait déçu et peiné. Bussins n'avait pas de motifs plausibles à pouvoir alléguer de ce refus, sinon que Zénaïde était capricieuse, lunatique, qu'il fallait la prendre comme elle était. A quoi Valentin s'était buté, insistant pour la voir quand même.

— Eh bien! avait repris Bussins, je vais donc tout vous dire. Car, en somme, elle tient à vous voir, et elle serait très fâchée, douloureusement affectée, de ne pas vous voir. Mais elle y met, pour condition formelle, que vous lui rendiez les hommages qui lui sont dus, en la saluant dans la langue de ses aïeux, du titre qui lui appartient.

Et Bussins avait alors raconté le mariage de sa sœur Xavière avec Mala-Inga, et la filiation royale de Zénaïde.

— Pourquoi exige-t-elle ce salut en tamoul? ajouta-t-il. Je l'ignore. Mais sa volonté est expresse. Voilà.

— Je m'y conformerai de grand cœur, répondit Valentin. L'idée me paraît originale et jolie. Enseignez-moi la formule de ce salut. Je la répéterai à Zénaïde, très ravi de pouvoir lui être agréable.

Il le fit, comme il l'avait dit, et très sérieusement, Zénaïde elle-même étant on ne peut plus sérieuse, assise à jambes croisées dans un large fauteuil, où, la tête immobile, les mains aux genoux, le corps drapé du châle de Manille en crépon mauve brodé d'or, elle avait vraiment l'air d'une petite reine hiératique sur un trône.

Quand Valentin eut prononcé la formule de salut que lui avait enseignée Bussins, Zénaïde leva le bras droit et lui fit signe impérieusement de s'accroupir devant elle. Il obéit docilement, sans la moindre envie de rire, quoique Mme Bussins se fût mise à sourire en disant à mi-voix :

— Quelle enfant! Quelle enfant! Et elle rend tout le monde enfant comme elle.

Puis Zénaïde, décroisant ses jambes, penchée vers lui, l'expression du visage détendue en mutinerie, commença un long et volubile discours dans une langue qu'il n'entendait pas, en tamoul sans doute, et pareille à celle de la chanson qu'elle avait chantée devant la volière. C'était léger, gazouillant, presque une chanson encore, avec des modulations beaucoup plus musicales que parlées.

Et Valentin, qui ne comprenait pas un traître mot, n'éprouvait aucun besoin de comprendre, tout entier au charme de se laisser suavement caresser l'ouïe par cette musique, d'autant plus pénétrante qu'elle n'avait pas de sens.

Zénaïde cessa brusquement, comme un rossignol arrête sa mélodie, sur une note ne concluant pas, et elle dit, en son baragouin de mauvais français :

— Toi apprendre tamoul par écouter beaucoup. Toi écouter demain et demain comme.

— Elle devrait ajouter, interrompit Bussins, le mot « aujourd'hui ». Elle prétend qu'en l'écoutant ainsi, chaque jour, vous apprendrez le tamoul. C'est une méthode assez bizarre. Mais peut-être, en effet...

— Je la trouve excellente, fit Valentin. La première leçon m'a enchanté.

Zénaïde entama un nouveau discours, où Valentin reconnut, cette fois, des termes anglais déformés, du patois créole-français, mais où abondaient d'autres sons absolument étranges, brefs, gutturaux, labiaux, tout en consonnes, lui semblait-il.

— Cela, dit Bussins, ce n'est plus du tamoul; c'est sa langue à elle. Il y a du tamoul encore, et de l'anglais, et du créole. Mais il y a surtout des racines.

— Des racines? interrogea Valentin. Qu'entendez-vous par là?

— Oh! fit Bussins, ce serait trop long à vous expliquer. Plus tard, quand vous la connaîtrez mieux, je pourrai vous donner un aperçu de ce que je veux dire.

— Oui, ajouta Mme Bussins, c'est une idée de mon mari, un peu folle, je crois, mais qui aura quelque intérêt pour un homme instruit comme vous.

— Seulement, reprit Bussins, n'en parlez à personne, je vous prie.

— Eh! fit Valentin, de quoi parlerais-je? Je ne sais rien.

— Mais vous saurez, un jour, vous saurez, continua Bussins. Plus tard! Je vous le promets.

Il se posa un doigt sur les lèvres. Mme Bussins de même. Zénaïde les imita, riant, avec une grimace. Et tous trois cependant ne parurent pas comiques à Valentin, qui les contemplait en pensant :

— Il y a là un secret, duquel, m'a dit jadis Mme d'Ambezeuille, dépend ma destinée. L'abbé en a la certitude, m'a-t-elle affirmé positivement. Et moi aussi, désormais, j'ai cette certitude, obscurément, mais absolument.

Et c'est le cœur gonflé de joie, d'une joie orgueilleuse, qu'il sortit de chez les Bussins, entendant bourdonner dans sa mémoire ces paroles fatidiques, mêlées au discours tamoul de Zénaïde, incompréhensible et si suavement gazouilleur, et parmi lesquelles se détachaient, en sons gutturaux, labiaux, brefs, les verbes mystérieux que Bussins appelait des racines. Il cherchait machinalement à reproduire les sons de ces verbes. En même temps, tout au fond de lui-même, non moins machinalement, il répétait à satiété :

— Zénaïde est fille de rois. Zénaïde est fille de rois. Zénaïde est fille de rois. Zénaïde est fille de rois.

XXXI

Comme Valentin arrivait au rez-de-chaussée, se disposant à retourner (il ne savait pourquoi, d'ailleurs) vers le banc où il s'était assis ce matin dans le Jardin des Plantes, il rencontra de nouveau Mme d'Amblezeuille qui lui barra le passage, de cette injonction rapide :

— Défense d'aller dehors. Ordre de l'abbé.

Quoique son désir de cette promenade fût très vif, d'autant plus vif même qu'il était irréfléchi, Valentin ne fut pas contrarié qu'on l'empêchât de le satisfaire, et, cela, si brutalement. Il lui était plutôt doux de se sentir passif et en proie. Il ne songea seulement pas à questionner Mme d'Amblezeuille sur les motifs de cette défense. Elle dut le rappeler pour les lui fournir.

— L'abbé, dit-elle, a des instructions immédiates à vous donner. Il affirme aussi que l'extérieur, en ce moment, retarderait pour vous l'épanouissement d'un état intime qui est éclos déjà. Permettez-moi, personnellement, avec l'expérience que je puis avoir de ces choses, d'ajouter...

— Inutile, interrompit Valentin. Je n'ai besoin d'aucune explication. L'abbé ordonne. J'obéis. C'est tout simple. Où faut-il que je me rende? Chez lui, n'est-ce pas? Je m'y rends.

— Non, reprit Mme d'Amblezeuille. Pas chez lui. Mais bien chez vous. Je vous préviens même, et formellement, de sa part, que vous ne devez pas chercher, sous aucun prétexte, à le voir d'ici à quelques jours.

— Mais, objecta Valentin, et les instructions immédiates qu'il a, disiez-vous, à me donner?

— Vous les trouverez, fit-elle, sur la table de votre chambre. Il vous a fait l'insigne honneur de les écrire pour vous, de sa propre main.

Et Mme d'Amblezeuille, en témoignage évident de respect envers un être si particulièrement honoré, lui tira une profonde révérence, dont il goûta tout le prix, cette idée lui venant soudain, très nette :

— J'ai la consécration.

Quelqu'un qui l'eût aperçu alors, traversant la cour et montant son escalier d'un pas lent, mesuré, sacerdotal, l'eût pris pour un officiant à l'autel. C'est ce qu'il avait la conscience d'être. Il ouvrit sa porte comme si elle eût été celle d'un tabernacle, et prit sur sa table la feuille écrite par l'abbé comme s'il eût pris une hostie dans le saint ciboire. Il la tenait à deux mains, du bout des doigts, et ses doigts en tremblaient.

L'écriture de l'abbé, qu'il contemplait pour la première fois, était de forme gothique carrée, en lettres presque unciales, mais très petites, tracées avec une encre de Chine très noire, luisante et parfumée. Elle faisait relief sur la surface lisse et grasse de la feuille, qui était en parchemin.

Voici ce que contenait cette feuille :

Instruction liminaire accidentelle.

Oublier entièrement toutes préoccupations étrangères au lieu d'élection où vous êtes présent, et, en conséquence, répondre d'abord à la lettre reçue ce matin, de façon à en débarrasser votre esprit de fond en comble, puis renoncer à sortir du sanctuaire, sauf dans les deux cas prévus ci-dessous

Instructions essentielles, au nombre de treize, pour vous mettre en état d'assister à ma prochaine vision révélatrice et communicatoire.

I. Commencer, à partir de demain, chaque journée, au réveil, par la diction intérieure, lente et fervente, de la syllabe AUM, en en majusculant successivement les trois signes au moyen de la ferme intention de le faire, et répéter cette diction, sans en accélérer la lenteur ni en atténuer la ferveur, septante-sept fois.

II. Procéder ensuite aux soins de votre toilette et à l'évacuation des immondices de votre corps, en sorte qu'il ne soit plus nécessaire d'y revenir avant le soir, dussent les heures intermédiaires en éprouver des incommodités et des souffrances que vous devrez souffrir sans plaintes.

III. Demeurer, jusqu'à midi, dans la plus grande immobilité qu'il vous sera possible d'obtenir, physique et morale, c'est-à-dire non seulement en ne bougeant pas, ou du moins en ne bougeant que pour éviter la trop dure fatigue de ne bouger pas, mais aussi, et surtout, en vous appliquant à ne point penser.

IV. Observer, également jusqu'à midi, le jeûne le plus rigoureux, étant bien compris qu'il serait considéré comme rompu par la simple absorption d'une goutte d'eau.

V. A midi, seconde diction de l'AUM, pareille à la première, et pendant laquelle vous prendrez le repas qui vous sera servi, quotidiennement le même, composé selon mes indications, et consommable intégralement.

VI. Jusqu'à deux heures, récréation et promenade dans le jardin du fond, en complète liberté du corps et de l'esprit, avec l'unique restriction de ne pas vous asseoir, sur le banc, au bout que je me suis réservé, étant bien compris que cette restriction est de la plus haute importance, et qu'en enfreindre la règle constituerait une faute irrémissible.

VII. De deux heures à quatre heures, séance chez Prosper Broguet, dont vous n'aurez jamais à interrompre l'enseignement par la moindre interrogation, et que vous vous efforcerez d'écouter avec ce que votre intelligence a de plus terre-à-terre, étant bien compris qu'il s'agit là de vous procurer le contact scientifique avec le concret.

VIII. De quatre heures à six heures, séance chez Wronsky, dont vous n'aurez jamais, non plus, à interrompre les rêveries parlées par la moindre interrogation, et que vous vous efforcerez, lui, d'écouter intuitivement, étant bien compris qu'il s'agit là de vous procurer le contact supra-scientifique, ou métamathématique, avec l'abstrait.

IX. De six heures à sept heures, visite chez les Bussins, sans recommandations, restrictions ni conseils d'aucune sorte.

X. De sept heures à neuf heures, demeurer, comme le matin avant midi, dans la plus grande immobilité qu'il vous sera possible d'obtenir ; mais, cette fois, seulement physique, et votre pensée en exercice à sa fantaisie pour ruminer les souvenirs du jour.

XI. Procéder alors derechef aux soins de votre toilette et à l'évacuation des immondices de votre corps.

XII. Collationner dans votre lit, avec la bouillie spéciale qui vous sera fournie *ad hoc*, quotidiennement la même, composée selon mes indications, et consommable intégralement.

XIII. Troisième diction de l'AUM, pareille à la première et à la seconde en lenteur et en ferveur pendant les septante-sept fois réglementaires, et se continuant ensuite en égrènement de rosaire, fût-ce machinalement, jusqu'à l'obtention du sommeil.

Amen.

. . . .

Dévotieusement, Valentin reposa la feuille, non à plat sur sa table, mais de champ sur le marbre de sa cheminée, où la raideur du parchemin la fit tenir toute droite comme un missel appuyé contre un tabernacle.

Puis il écrivit aussitôt à maître Gribiez pour lui dire qu'il refusait catégoriquement la proposition de mariage, et qu'il s'en rapportait complètement à lui touchant la question du bail, soulevée par la mort de Campion. Il remit cette lettre, pour la poste, à la servante qui lui apportait en ce moment son ordinaire dîner du soir. Il pensa :

— Voilà le dernier repas que je fais comme les autres hommes. Demain j'entre en initiation.

Et ce repas, fort peu sardanapalesque cependant, plutôt frugal même, lui parut un festin régalant, dont il eut presque honte après l'avoir achevé, honte comme d'une espèce d'orgie, en vérité, y ayant assouvi sa faim, qui ce soir-là était très grande.

XXXII

Les premiers jours de cette existence nouvelle, strictement conforme aux instructions de l'abbé, lui furent extrêmement pénibles, malgré la joie d'orgueil que lui donnait l'idée d'être entré en initiation, comme il disait.

Et tout d'abord il se trouva incommodé, jusqu'à la souffrance, en effet, et ignominieusement, lui sembla-t-il, par l'observance de l'article II, rappelant son orgueil à l'humiliante constatation de son infirmité humaine. Cette même infirmité lui était d'ailleurs soulignée aussi par les besoins contraires à ceux que l'article II mettait parfois à une véritable torture d'inapaisement, c'est-à-dire par la faim et par la soif, que le long jeûne matutinal aiguisait avec férocité. Il lui fallut chercher dans son orgueil même une consolation au chagrin de son orgueil, et se répéter en y insistant :

— Plus les obstacles offerts sont dégradants, plus il y a de gloire à les surmonter. Voilà pourquoi on m'en oppose ici de ce genre. J'en viendrai donc à bout.

Et il en vint à bout, certes, ayant vaincu la douleur morale de l'humiliation. N'empêche que la douleur physique fut réelle, âpre souvent, empoisonnant les heures d'un sale poison.

La matinée, en immobilité de corps et d'esprit, n'était pas non plus une chose facile à établir. Toutes les fibres de la chair, à ne pas bouger, s'alourdissaient de fourmillements, se raidissaient de crampes, les muscles en révolte contre l'étreinte de la volonté condamnant les membres à une inaction d'ankylose. La pensée était plus malaisée encore à tenir stagnante. Elle fusait de toutes parts, en rêvasseries, en fuites d'idées, filtrant à travers tous les efforts pour la réduire au silence, comme de l'eau qu'on voudrait emprisonner dans sa main en serrant les doigts. Valentin s'épuisait à cette pratique d'un ascétisme oriental, particulièrement dure, quant au corps, pour un homme de son âge, et, quant à l'esprit, pour un Européen à l'intelligence toujours trépidante. Il ne s'en acquittait que très imparfaitement, malgré tout le mal qu'il y prenait, et n'en tirait aucun bénéfice. Ce qui eût conduit à l'extase un yoghi de l'Inde, ne produisait chez lui qu'une fatigue agaçante et un inutile énervement.

Il avait espéré s'en détendre dans la promenade au jardin, puis dans les séances chez Broguet et chez Wronsky, et faire jouer là les ressorts de son corps et ceux de son esprit ensuite.

Mais la promenade lui fût gâtée par la défense de s'asseoir sur le bout du banc réservé à l'abbé. L'importance même attribuée à cette restriction la rendait d'une cruauté persécutrice et obsédante.

Les menaces attachées à l'infraction de cette règle donnaient irrésistiblement envie de l'enfreindre. Il fallait lutter sans cesse contre la tentation qu'on en avait. La promenade au jardin, dans ces conditions, n'était plus un repos, mais une recrudescence de fatigue énervante.

Il en alla pareillement pour les séances chez Broguet et chez Wronsky, à cause de l'expresse interdiction s'opposant au désir naturel de les interroger. Leur enseignement, d'ailleurs, s'était fait spécialement sévère et ardu, d'une technicité rebutante avec Broguet, d'un algébrisme plus incompréhensible que jamais avec Wronsky. Quelque bon vouloir qu'y apportât Valentin, il ne pouvait suivre ni le premier dans les infiniment petits du concret, ni le second dans l'infiniment grand de l'abstrait. A ces courses sans haltes, d'un pas trop précipité pour le sien, il ne trouvait pas du tout l'exercice intellectuel qui lui eût convenu, dérouillant sa pensée de l'immobilité ascétique. Elle s'y forçait, s'y essoufflait, s'y surmenait vainement, d'une agitation exaspérée par son impuissance, et en sortait fourbue.

Enfin la diction de l'AUM, dont il s'était promis (sans savoir pourquoi, au reste) des joies inconnues et rares, lui avait été une profonde déception.

Malgré la lenteur et la ferveur d'oraison qu'il y mettait, de toute son âme, il n'en avait éprouvé rien d'extraordinaire. Ignorant la signification de cette syllabe, il n'avait pas eu même la curiosité inquiète du mystère qu'elle pouvait et devait contenir. Il s'était docilement résigné à la répéter septante-sept fois, à chaque moment indiqué, *en en majusculant de son mieux les trois signes au moyen de la ferme intention de le faire.* Il avait compté sur cette obéissance passive, sans discuter, sans chercher à comprendre, pour en obtenir la récompense de quelque révélation soudaine et finale en *intuition*. Il fut obligé de se rendre à l'évidence en constatant que la récompense n'était point venue. Il ne s'irrita pas, continuant à croire qu'elle viendrait, mais attristé de l'attente. En somme, la diction de l'AUM ne lui avait procuré de bon que le sommeil où elle le faisait, le soir, doucement s'assoupir dans son égrènement de rosaire, machinal, ronronnant et berceur.

Les seuls instants vraiment agréables de ces journées, c'était aux heures des deux repas et pendant la visite aux Bussins.

Encore le repas de midi, invariablement composé d'une omelette, d'un hareng grillé, d'une purée de lentilles, d'un médiocre morceau de pain rassis, et d'un bol de café noir très fort, se prenait-il pendant une diction de l'AUM, ce qui gênait quelque peu pour s'en régaler tout à l'aise. L'appétit, toutefois, excité par le long jeûne du matin, s'y repaissait, non sans un vif plaisir. Quant à la collation du soir, absorbée au lit, et que ne gênait point, elle, la diction de l'AUM, elle consistait en un grand bol de bouillie, dont Valentin eût dû se régaler tout à fait, puisqu'elle était de riz au lait très sucré, une réelle friandise pour lui. Il ne s'en régalait qu'à demi cependant, la couleur, l'odeur et la saveur en étant singulières. Le ton blanc du riz se teintait, en effet, d'une nuance safranée, souvent même verdâtre. A la senteur chaude du lait se mêlait une sorte de parfum froid, opiacé, de pavot ou de chanvre. Sous la douceur du sucre se percevait une légère et pénétrante amertume. Néanmoins, fût-ce à demi, et avec une certaine appréhension vague, Valentin se régalait.

Mais où son agrément était complet et pur, c'était pendant la visite chez les Bussins. L'heure qu'il y passait lui semblait toujours trop courte. Zénaïde l'emplissait, cette heure, de ses gentillesses.

Tantôt grave et lui parlant tamoul du haut de son fauteuil où elle trônait, tantôt mutine et lui baragouinant son français de sauvagesse naïve, elle le divertissait de toutes façons. La détente dont son esprit avait besoin, elle la lui donnait par ses questions vives, ses réponses primesautières, la turbulence de son esprit, à elle, sautillant sans trêve comme un oiseau. L'exercice nécessaire à son corps de jeune homme et que ne lui fournissait pas la promenade agaçante au jardin, elle l'obligeait à le prendre en se livrant devant lui à sa gymnastique de bonds, de danses, où elle l'entraînait.

— Quelle enfant! Quelle enfant! répétait Mme Bussins.

— Bah! laisse donc! disait Bussins. Après une journée de travail philosophique, comme celui où s'absorbe monsieur Valentin, cela lui fait une excellente récréation. N'est-ce pas, cher ami?

— Certes, répondait Valentin, en s'offrant cette récréation avec délices.

Et délicieuse aussi lui était l'amitié de ces deux bonnes gens, dont la parole molle et roucoulante le reposait du long silence gardé toute la matinée, des interminables cours professés par Broguet, du verbe apocalyptique de Wronsky. D'autant que tout ce qu'ils disaient en revenait toujours à Zénaïde, commentait ses faits et gestes, traduisait ses discours, expliquait son langage, et uniquement sur le mode apologétique. Car tous deux l'admiraient, la prétendue idiote, et ne se lassaient point de l'admirer.

Valentin non plus ne s'en lassait pas. Le charme dont elle l'avait jadis obscurément séduit, il le subissait maintenant en s'en rendant compte. Il raffolait de cette grâce simiesque. Il voyait vivre ce visage mort, enfin ressuscité, avec tous ses traits en harmonie. Il entendait tout ou presque tout, et devinait le reste, de ce qu'elle exprimait dans ses parlers divers, et même il avait l'illusion de découvrir des sens à la gazouillante, gutturale, labiale et absurde chanson qu'elle employait de préférence, et que Bussins appelait des *racines*.

L'heure de récréation s'écoulait ainsi dans un ravissement, et les journées, si longues, si pénibles, en étaient fleuries.

Puis, par l'accoutumace, le cours même de ces journées se fit plus bref, et les exigences en devinrent moins âpres. Les révoltes du corps engourdi en immobilité s'apaisèrent. La pensée cessa de bouillonner quand il ne le fallait pas, stagna pendant la matinée entière et ne tenta plus d'échapper à cette torpeur. La faim, la soif, les besoins contraires, réglés, ne s'éveillèrent désormais qu'aux moments prescrits. L'enseignement de Broguet prit de l'intérêt. Le verbe apocalyptique de Wronsky s'éclaira de clartés intermittentes. La diction de l'AUM amena une vague excitation d'où naissait une sorte de bien-être moral. Ce bien-être fut acquis aussi par le fait de s'asseoir sur le banc au fond du jardin en respectant le bout réservé à l'abbé.

Vers le milieu de la seconde semaine, les impressions de Valentin avaient changé du tout au tout. Aucune souffrance maintenant, aucun effort même, à remplir le dur programme! Loin de là! Une délectation! Si intense bientôt, que sembla s'en atténuer, tout d'abord, celle prise auprès de Zénaïde. Après quoi les deux délectations s'amalgamèrent en une, qui fut une perpétuelle et totale ivresse de tous les instants.

Cette ivresse dura trois jours pleins sans discontinuer, et ces trois jours-là, justement, Zénaïde fut plus extraordinaire, plus captivante que jamais. Elle aussi paraissait ivre. Les Bussins eux-mêmes en étaient étonnés. Mme Bussins dit :

— J'ai peur qu'elle ait un nouvel accès. Elle est

dans un état de dangereuse exaltation. Il faudrait la calmer peut-être. Mais comment?

— Elle n'aura pas de nouvel accès, répondit Valentin avec autorité. Inutile de la calmer! Son exaltation n'a rien de dangereux. Elle est simplement le contre-coup de la mienne.

Et il ajouta, d'un air profond qui leur sembla très énigmatique :

— Je suis en initiation.

Ni Bussins ni sa femme ne pouvaient comprendre ce qu'il voulait dire, certainement. Zénaïde, de toute évidence, le pouvait moins encore. Et cependant, les yeux étincelants d'intelligence, et tout son visage en étant illuminé, soudain elle s'écria :

— Lui parler vrai. Moi sentir. Moi savoir. Vrai. Flèche soleil entrer tête moi. Lumière grand, grand. Lui tout connaître. Soleil tête lui. Veux. Veux. Veux.

Valentin ne douta plus qu'elle fût en communion télépathique avec lui, comme il l'avait affirmé tout à l'heure sans en avoir d'autre garant que son intime conviction. Bussins, lui, n'entendit pas les choses de la sorte, d'autant que les paroles de Zénaïde s'éclairaient très nettement, pour lui, du geste impérieux qui les avait suivies, désignant le chiffonnier. Zénaïde, interprétant à sa façon la phrase obscure et l'air énigmatique de Valentin, avait cru sans doute, pensa subitement Bussins, que Valentin exigeait d'être *initié* à l'histoire contenue dans les onze petits cahiers, qu'elle savait

être enfermés là. Et il fut bien sûr d'avoir deviné
juste, quand Zénaïde reprit :

— Ouvrir, toi, donner lui. Veux. Veux. Veux.

Il n'y voyait, d'ailleurs, aucun inconvénient.
Valentin n'était-il pas à présent un ami en qui
l'on pouvait avoir pleine confiance? Depuis quelque
temps déjà, outre la filiation de Zénaïde, Bussius
lui avait insinué certains détails curieux. Le mettre
définitivement au courant de tout, c'est ce qu'il
était à peu près décidé à faire un jour ou l'autre.
Pourquoi pas aujourd'hui, en effet? Il ouvrit donc
le chiffonnier-secrétaire, en tira les onze petits
cahiers et dit :

— Elle tient à ce que je vous montre cela. J'y
consens volontiers, cher ami. Rien ne s'y oppose
plus. Vous y trouverez, je crois, des choses inté-
ressantes sur elle. Ce sont les choses dont je vous
avais promis à plusieurs reprises la communication. Comment cette petite masque a-t-elle appris
qu'il s'agissait d'elle là-dedans ? Voilà qui me
passe, par exemple! Enfin, c'est ainsi. Elle est
si rouée! Peu importe, au reste! L'essentiel,
c'est que...

Et il expliqua longuement en quoi consistaient
les onze petits cahiers, dans quelle modeste intention il les avait rédigés à ses moments de loisir, et
qu'il ne fallait pas y prendre tout au pied de la
lettre, mais que, au surplus...

Valentin l'écoutait à peine, tout à son idée de
communion télépathique avec Zénaïde. Il prit les
onze petits cahiers presque indifféremment, ce qui

choqua un peu Bussins, en train de lui rabâcher alors, pour la dixième fois au moins :

— Comme la prunelle de vos yeux, n'est-ce pas, cher ami ! Et pour vous seul, cela va sans dire. A personne au monde, à personne !

Valentin ne prit pas garde à la recommandation. Il s'abîmait en cet instant dans le regard de Zénaïde, où il *royait* cette volonté claire :

— Tu m'initieras, moi aussi.

Zénaïde, en réalité, rayonnait du désir que Valentin la connût. Elle avait souvent entendu son oncle lire à Mme Bussins tel ou tel passage des onze petits cahiers, le soir, alors qu'elle-même était censée dormir dans la pièce voisine. Cela lui avait paru être à sa gloire ; elle tenait à en éblouir Valentin. De là son rayonnement par avance.

— Oui, se disait *in petto* Valentin, oui, pauvre créature dans les limbes, et qui es belle cependant, et qui es fille de rois, et dont le nom me fut répété par les échos de l'infini pendant ma chute éternelle à travers l'Absolu, oui, Zénaïde, je t'initierai aussi. Je te le jure.

Et il sortit, ce soir-là, tout son être dilaté d'une prodigieuse joie, faite à la fois d'orgueil épanoui et de douce charité débordante, sûr de se sentir désormais en initiation manifeste, puisqu'on lui demandait à lui-même l'initiation.

XXXIII

Comme il rentrait dans la maison du fond, afin de s'y livrer à ses deux heures vespérales d'immobilité corporelle, il rencontra sur le seuil Broguet. Wronsky et l'abbé qui semblaient l'attendre. Il n'avait pas vu l'abbé depuis quinze jours. Il le trouva changé, comme fondu, singulièrement grandi dans sa soutane devenue flottante et paraissant vide, la mine aussi émaciée que le comportait sa graisse habituelle, les yeux beaucoup plus creux qu'à l'ordinaire, et tout à fait en brouillard, en deux pâles flocons de brouillard dormant au fond de deux cavernes.

— Venez chez moi, lui dit l'abbé simplement, et lisez-nous les onze petits cahiers de Bussins.

Le ton était si naturel qu'il ne vint pas même à Valentin l'idée de se demander comment l'abbé savait que les petits cahiers de Bussins étaient au nombre de onze, et que lui, Valentin, les avait en sa possession. Le ton, en même temps, était si péremptoire que Valentin en oublia tout à fait de se conformer à la recommandation expresse de Bussins qui, bien qu'il n'y eût pas pris garde en l'écoutant, lui remonta soudain alors en mémoire. Il ne se sentait en état d'obéir qu'à l'abbé. Il manqua de parole à Bussins sans le moindre scrupule.

— Avant tout, dit l'abbé, examinez tous les trois l'aspect matériel, à première vue, de ces onze petits cahiers, et dites-moi ce que vous en pensez, sur ce sommaire examen.

Un rapide feuilletage les mit à même de constater la figure fine, féminine et anglaise de l'écriture, la pâleur de l'encre, les passages en rouge, l'absence complète de pagination, d'alinéas, parfois de ponctuation, les doubles marges, et que toutes les lignes commençaient par des lettres majuscules, comme si elles étaient des vers.

A quoi Broguet dit :

— Il y a là quelques détails bizarres, et surtout des négligences imputables à la nonchalance du créole, voilà tout.

— Moi, fit Wronsky, je n'y aperçois rien de notable.

— Moi, s'écria Valentin, j'y découvre d'étranges symboles qui...

— Assez, interrompit l'abbé.

Puis, avec un geste qui semblait leur donner raison à tous les trois, il ajouta son éternel :

— C'est bien. C'est bien.

Et, après un ordre formel de ne troubler la lecture intégrale par aucune observation, il fit signe à Valentin d'y procéder.

Valentin était assis devant une table basse, les cahiers posés à côté d'une lampe qui en éclairait vivement les feuillets, grâce à un abat-jour qui concentrait sur eux toute la lumière. L'abbé siégeait, en face de Valentin, au fond de la chambre, dans son grand fauteuil où il s'était effondré, tout son corps à l'abandon, la tête pendante jusqu'à sa poitrine. A sa droite était Broguet, à sa gauche Wronsky, tous deux sur des chaises hautes. Leurs visages ainsi demeuraient dans l'ombre. Celui de l'abbé, au contraire, se trouvait dans la nappe de clarté qui s'épandait horizontalement du bord de l'abat-jour.

L'abbé tenait ses paupières closes, sa bouche ouverte. Ses narines, pincées par l'amaigrissement, restaient immobiles malgré sa respiration, d'ailleurs imperceptible. On eût dit une face de trépassé.

Valentin fut-il comme hypnotisé par cette face effrayante, qu'il contemplait malgré lui chaque fois que ses regards quittaient la page en lecture et se levaient, dardés devant lui? Ou bien tout son effort était-il tendu à déchiffrer l'écriture difficile de Bussins, à inventer une ponctuation absente, à improviser la construction grammaticale de chaque phrase prise en particulier, sans avoir ainsi le loisir et la faculté d'en chercher l'esprit, ne pouvant s'occuper que de la lettre? Ou encore, sa pensée profonde voyageait-elle ailleurs, et laissait-elle à sa pensée superficielle le soin de reconnaître les sons des syllabes, de les articuler mécaniquement, sans y attacher de signification? De tout cela, vraisemblablement, il y eut un peu, dans sa façon de lire, lente, uniforme, neutre, et ne montrant pas qu'il comprît ce qu'il lisait.

Et, de fait, il ne le comprenait point. Il ne tenait pas, non plus, à le comprendre. Il lui semblait positivement proférer des vocables dans une langue étrangère, dont il avait la prononciation exacte et dont le sens lui était non seulement fermé, mais tout à fait indifférent.

Il lut de la sorte pendant deux heures et demie, et ne s'éveilla de son hébétude intime qu'aux derniers membres de la dernière phrase, où Zénaïde lui apparut souriante, tandis qu'il disait :

« ... Car elle nous a rendu un peu, à ma femme et à moi, pauvres exilés, la lumière éteinte et le parfum évaporé de notre chère et cythéréenne patrie, dont elle nous semble à la fois une fleur et un oiseau. »

A cet instant, en rabattant la couverture sur la fin du onzième petit cahier, il s'écria involontairement :

— C'est vrai! Une fleur et un oiseau!

— Silence! fit l'abbé. Que Wronsky nous dise d'abord son opinion sur cette lecture!

— Je n'en ai aucune, répondit Wronsky. J'en ai passé le temps, malgré moi, à déterminer pour le volume $= \sqrt{u}$ les coordonnées de...

— Il suffit, interrompit l'abbé. A vous, Broguet! Quelle est votre opinion?

Très vite, presque en bredouillant, Broguet déclara que certaines choses l'avaient passionné, qu'il y avait des expérimentations à établir, qu'il les établirait volontiers, que ses propres hypothèses rencontraient là des arguments singulièrement curieux, et qu'il demandait une communication plus ample, plus longue, à lui, des cahiers de Bussins...

— Je vous interdis absolument, fit l'abbé avec violence, de demander cette communication. Bussins en personne doit ignorer que les cahiers nous sont connus. Vous les étudierez peut-être un jour, plus à loisir, mais si Valentin y consent.

— Je n'y consens pas, s'exclama Valentin.

Puis, se reprenant :

— Du moins aujourd'hui.

Il avait vu le visage de Broguet se contracter de colère. Il avait eu peur que le bisontin, trapu, rageur, lui arrachât de force les cahiers. Il les tenait serrés énergiquement contre sa poitrine.

— Vous deux, fit l'abbé en s'adressant à Broguet et à Wronsky, laissez-nous seuls, Valentin et moi. J'entends, par là, seuls dans la maison. Ne rentrez même pas dans vos chambres. Allez dîner et coucher dehors, pour cette nuit.

Quand ils eurent franchi le seuil du vestibule, l'abbé dit à Valentin :

— Vous, remontez chez vous, avec ces onze petits cahiers. Dites d'abord l'AUM. Puis, mangez la nourriture qui vous attend sur votre table. Ensuite, lisez les onze petits cahiers, en les comprenant, cette fois. Lisez, relisez et rêvez ! Quand l'heure m'en paraîtra venue, j'irai vous rejoindre pour vous octroyer la chose promise. Amen !

XXXIV

Seul dans sa chambre close, Valentin commença par dire l'AUM. Il le fit avec une ferveur qui lui sembla infiniment plus intense que celle qu'il avait connue en ses plus ferventes dictions. Il en éprouva une béatitude qu'il ne pouvait comparer à aucune de celles qu'il en avait eues jamais. Il *sentit* que l'abbé, en bas, disait aussi l'AUM, en même temps que lui.

Il mangea ensuite la nourriture qui l'attendait, en effet, servie sur sa table. C'était son ordinaire bouillie du soir, mais plus verdâtre que de coutume, fleurant plus fort son odeur froide et âcre de chanvre, et le sucre n'arrivant plus à en dissimuler la saveur amère. Il la trouva néanmoins exquise et s'en reput, jusqu'à la fin, dévotement.

Il se mit alors à lire les onze petits cahiers de Bussins, et les comprit, certes, cette fois. Et ce n'est pas uniquement la signification banale et terre à terre qu'il en comprenait, à la façon d'un Broguet, par exemple, qui n'avait vu là que des matières scientifiques. Il y voyait, lui, bien d'autres significations plus rares et plus hautes, en nombre tel, d'ailleurs, et si tourbillonnantes, qu'il n'avait pas le loisir de s'y arrêter, de les fixer, chacune l'éblouissant au passage et s'éteignant dans l'éblouissement produit par la suivante.

Même sans prendre garde au texte, rien que de sa figure, des bizarreries qui en caractérisaient la rédaction matérielle, il surgissait une floraison de symboles. Ces lignes, entre deux marges, et dont la première lettre était toujours une majuscule, vers d'un poème! Cette absence de pagination et d'alinéas, désignation du Chaos originel comme sujet ésotérique du poème! Les mots tracés à l'encre rouge, traînées de sang! Quel sang, sinon celui de Zénaïde, en qui l'on tentait d'égorger le préhumanisme? Qui, on, sinon Broguet?

Car, parmi tant d'images innombrables et tourbillonnantes qui s'envolaient des phrases, celle du bisontin revenait incessamment, menaçante, astucieuse, scélérate, voulant donner au texte une interprétation naturaliste, filouter les cahiers, faire de Zénaïde un champ d'expérimentations, la coucher sur une table d'amphithéâtre, la disséquer.

Et Zénaïde, cependant, les onze petits cahiers en témoignaient partout à sa gloire, Zénaïde était fille de rois, Zénaïde ressuscitait le type préhumain, donc divin, Zénaïde s'exprimait en *racines*, c'est-à-dire possédait le secret de l'origine du langage, c'est-à-dire incarnait le Verbe! Quelle tonitruante illumination! Quelle cataracte de clarté! Zénaïde incarnait le Verbe! C'était précisément, et miraculeusement, le contraire, et, par conséquent, l'identique, du fameux : *et verbum caro factum est.*

Par elle, en elle, l'*intuition* ne se bornait plus à voir l'*inexcogitabile* de Thomassin ; elle le touchait, le palpait, le saisissait, le tenait comme on tient avec des doigts.

Et voilà ce que Bussins avait mis au linceul de ses pages sans pagination, sous les bandelettes serrées de son texte sans alinéas ! Mais il n'avait pu en étouffer le poème chantant, toujours chantant par les majuscules initiales des lignes, chantant l'ordre à rétablir dans ce Chaos symbolique, irrésistiblement chantant comme Zénaïde elle-même avec son parler guttural, labial, tout en *racines* gazouillantes et ténébreuses !

Et si Bussins avait procédé de la sorte, le brave et affectueux Bussins, c'était pour cacher Zénaïde, pour la soustraire, ainsi qu'elle le faisait d'elle-même au reste par son attitude d'idiote morne, aux recherches de Broguet, à la convoitise scientifique, meurtrière, disséquante, de ce vampire ! Qu'il eût déjà flairé depuis longtemps la proie possible, on n'en pouvait douter ! Les traînées de sang des mots tracés à l'encre rouge en faisaient foi, prouvaient des sondages essayés à travers les bandelettes, par cet hypocrite gabelou de la tératologie, armé de son scalpel. Son hypocrisie maintenant jetait le masque. La proie, ne l'avait-il pas réclamée, en demandant que les onze petits cahiers lui fussent remis, et cela, le visage contracté de colère, quand Valentin lui avait crié :

— Je n'y consens pas.

Y consentir ! Livrer Zénaïde à ce bourreau.

Zénaïde fille de rois, Zénaïde la préhumaine, Zénaïde l'incarnation du Verbe ! Jamais ! Jamais !

Sûr de sa ferme volonté à la défendre contre Broguet, Valentin chassa peu à peu ces cruelles pensées. De plus sereines idées lui venaient en songeant à Wronsky, chez qui la connaissance des onze petits cahiers de Bussins n'avait éveillé aucune honteuse convoitise, qui n'avait aperçu rien de notable dans les bizarreries de leur rédaction matérielle, et qui noblement avait passé son temps, pendant qu'on les lisait, à déterminer des coordonnées pour le volume $z\sqrt{n}$, dans le domaine de l'Abstraction pure. Oh ! combien pur lui-même, ce cher Wronsky, aussi pur que l'Abstraction !

Et pourtant, lui aussi, aurait pu entrer en lice pour la conquête de Zénaïde ! Le z, employé dans sa formule $z\sqrt{n}$, n'était-ce pas une des lettres figurant l'inconnu, celle complétant les trois sommets, x, y, z, du mystique triangle ? Ce z n'était-il pas en même temps celui que zézayait le bruit de la chute éternelle dans l'Absolu, celui qui s'y changeait en le nom dans Zénaïde répété volubilement à l'infini ? Mais non, Wronsky n'avait pas voulu s'en souvenir, tirer de là des droits abusifs sur Zénaïde. L'archange foudroyé demeurait l'archange.

Valentin l'eût serré dans ses bras avec effusion. Il se rappelait tendrement le baiser qu'ils avaient échangé, le spasme qu'il en avait eu. Il se rappelait aussi le baiser de Zénaïde, et comment la sensation de ces deux baisers s'était faite unique, et comment il en avait éprouvé une jouissance, quoique par mémoire, toute présente.

C'était au Jardin des Plantes. Il revécut la scène, s'y attarda. Il relisait, à ce moment, une fois de plus, les onze petits cahiers de Bussins, qu'il avait relus et relus, au hasard de sa main les rouvrant maintenant d'un geste machinal. Il les relisait de l'œil seulement, la pensée ailleurs, là-bas, au Jardin des Plantes, sur le banc où il avait bramé comme le grand cerf.

Une coulée de bien-être l'emplissait et l'enveloppait. La saveur amère de sa bouillie lui remontait au goût, transformée en un miel balsamique et suave. Il lui semblait que ce miel débordait de sa bouche, devenait une vapeur dans laquelle il allait flottant. Il en était soulevé, bercé, imprégné, s'y vaporisait lui-même

Il crut qu'il allait défaillir et fit un violent effort de volonté pour se reprendre, quelqu'un, au plus intime de lui, s'étant mis à lui crier :

— Sois sur tes gardes ! Ne t'évanouis pas ! Ton prochain évanouissement serait le dernier et serait la mort.

Il se leva de la chaise où il avait eu cette quasi-syncope, trouva que l'air épais de sa chambre était irrespirable, s'aperçut que sa lampe charbonnait et fumait, depuis assez longtemps sans doute, l'éteignit, et ouvrit toute grande sa fenêtre pour humer largement la rafraîchissante haleine du dehors.

Il en fut tout de suite ragaillardi, les poumons libres, la tête légère, le sang battant d'un rythme allègre et régulier.

La nuit était très noire. Non seulement la lune et les étoiles ne brillaient pas au ciel ; mais à l'horizon lui-même ne scintillaient pas les innombrables petits points rouges des maisons parisiennes, qui d'ordinaire restaient éclairées fort tard, quelques-unes jusqu'au jour. Il devait y avoir sur la Seine un brouillard qui en absorbait les lueurs. Valentin s'imagina que ce brouillard était dans ses yeux.

Il les écarquilla pour distinguer, au-dessous de lui, les arbustes, les broussailles, les terrasses éboulées, la sente le long du mur, le banc au fond. Il devina les choses et ne les vit pas. Ce qu'il vit, à leur place, ce fut un gouffre de ténèbres où s'étageait, en profondeur, une perspective de ruines. Il y reconnut le château des Hommes-sans-Tête. Il y chercha la fillette au collier en œufs de corneille. Il fut déçu de ne point l'y rencontrer au bout de son regard. Il l'appela, très bas, en un murmure, et le nom qu'il dit pour l'appeler fut le nom de Zénaïde.

Soudain une horloge lointaine sonna, un coup fort, en commençant, puis trois coups faibles. Comme le troisième de ceux-ci allait s'égrener, la cloche d'une seconde horloge plus lointaine se mit en branle, puis la cloche d'une autre toute proche, et encore la cloche d'une autre, intermédiaire, mais de voix plus profonde. Valentin confondit ces tintements qui se mêlaient, ceux d'ici, ceux de là-bas, ceux de l'heure, ceux des quarts, les attribua tous à une seule horloge, fut certain d'en avoir compté seize, et referma sa fenêtre en disant :

— Ce sont les seize ans de Zénaïde.

Il fit quelques pas dans sa chambre, s'étendit sur son lit, s'y étira, bâilla. Mais c'était nerveusement. Il n'avait point envie de dormir. Il se sentait, au contraire, singulièrement éveillé. Il lui eût même été impossible, fût-ce de s'assoupir. Sa peau fourmillait de picotements qui l'en eussent empêché. Une agitation interne lui fermentait dans tout le corps. Ses muscles étaient traversés de longs tressaillements. Un frisson lui courait dans les cheveux, ainsi que d'une onde électrique. Des souffles lui passaient sur la face. Des flammes lui dansaient devant les yeux.

Il quitta son lit, revint s'asseoir sur la chaise, qu'il appuya au mur, en face de la porte. Pour calmer la fièvre dont il était plein et entouré, il s'astreignit à une pose immobile, les coudes aux flancs, les mains à plat sur les genoux, et il tint closes ses paupières. Le calme rentra en lui et autour de lui instantanément, juste comme il s'étonnait de penser, pour la première fois de cette nuit, à la chose promise qui devait pourtant lui miraculer cette nuit, à la vision révélatrice et communicatoire de l'abbé. A peine y eut-il pensé, que son calme se changea en un anéantissement d'extase, écrasant et délicieux, où la suprême sensation consciente qu'il eut fut celle de se fondre dans du rien qui était extrêmement doux.

XXXV

Quand il en sortit brusquement, à une violente bouffée d'air froid qui lui souffleta le visage et lui fit rouvrir les yeux tout grands, l'abbé était devant lui.

L'escalier, dont les marches de bois criaient à l'ordinaire, même sous les pas légers de Wronsky, n'avait pas trahi cette fois la montée de quelqu'un. La porte de la chambre, dont les gonds grinçaient toujours, était restée muette. Valentin était bien sûr de n'avoir pas dormi. Il n'avait cependant rien entendu. Et l'abbé était devant lui.

La nuit emplissait la chambre tout à l'heure. Avant de baisser les paupières, Valentin avait à plusieurs reprises constaté que le noir y était profond, d'ombre insondable, au point que la fenêtre elle-même ne s'y pouvait distinguer, l'obscurité du dehors étant aussi intense que celle du dedans. Et, visible dans ces ténèbres, l'abbé était devant lui.

Il se détachait sur la muraille du fond, en face de Valentin, dans un halo de lumière vague qui émanait de son corps, et se projetait surtout en avant, comme au moyen d'un réflecteur.

Cette lumière vague était, d'ailleurs, moins une lumière qu'une brume lumineuse. On eût dit la brume habituelle de ses regards, dont la phosphorescence passagère, au lieu de se concentrer en un éclair dense, s'était pulvérisée en une buée diffuse.

Les traits de l'abbé, malgré cet éclairage d'éclipse, étaient nettement discernables. Valentin en remarqua l'émaciation, encore accentuée depuis tantôt, aux rides du front, aux creux des tempes, à l'encavement des yeux sous l'arcade sourcilière plus surplombante, aux plis des paupières, à l'aplatissement des joues, à l'anguleux des pommettes et du menton que ne garnissait plus la graisse, aux commissures tombantes des lèvres, aux fanons du cou changés en cordes.

Les yeux de l'abbé, plus morts encore que de coutume, n'avaient aucune expression, étaient pareils à des yeux d'aveugle, tout blancs, et ce blanc semblait avoir coulé sur la peau du visage, qui était d'une pâleur spectrale.

Certes, Valentin n'était pas le jouet d'un rêve, d'une hallucination. Il observait et notait tous ces détails avec une parfaite lucidité. Il était en état de s'en rendre compte. Il en raisonnait presque. C'est ainsi qu'il se demanda s'il devait attribuer à l'amaigrissement l'apparence qu'avait l'abbé, d'être devenu beaucoup plus grand. Et il se convainquit vite que non et que cette apparence avait pour cause l'élévation réelle de l'abbé, dont les pieds ne posaient point sur le parquet.

L'abbé, en effet, bien qu'il fût là, en chair et en os, était suspendu dans l'espace.

Valentin ne pouvait pas s'expliquer comment. Mais il ne pouvait pas non plus ne pas le voir.

Rien de tout cela, au reste, ne le stupéfiait. Il évoluait en ce moment, de corps et d'esprit, dans le surnaturel, ou plutôt dans ce qu'on nomme le surnaturel, avec une aisance complète à quoi l'avaient suffisamment préparé tous les exercices propitiatoires de ces quinze derniers jours.

C'est aussi cette aisance qui lui permit l'entrée de plain-pied, sans effort pour l'y suivre, dans la vision révélatrice et communicatoire de l'abbé. Révélatrice, en effet ; car elle s'adressait médiatement à la raison raisonnante, immédiatement à *l'intuition*. Et communicatoire ; car, ce que la raison raisonnante ne comprenait pas médiatement et n'avait pas à comprendre, *l'intuition* immédiatement le *prenait*, en sorte qu'ici *l'intuition* raisonnait et la raison *intuitivait*.

Telle fut, du moins, en toute et ingénue sincérité, l'impression qu'eut Valentin pendant que l'abbé parlait, et sans cesser un seul instant de l'avoir, tant la clarté des choses dites lui était éblouissante, leur autorité irréfragable, leur évidence absolue.

Il apportait, d'ailleurs, à les écouter, une attention qui n'engendrait aucune fatigue, et qu'accompagnait, au contraire, en la soutenant, un agréable bien-être continu et renouvelé. Ce n'était pas non plus l'exaltation à laquelle il aurait pu s'attendre.

Point de fièvre ! Point d'ivresse ! Une parfaite sérénité !

Si sereinement parlait l'abbé, d'une voix calme, onctueuse, pénétrante, rythmique, musicale !

Non monotone, toutefois ; car elle passait par les mesures et les modulations les plus variées, et la mélodie en était harmonisée et orchestrée avec une luxuriante richesse. Déjà, en certains cas de l'existence ordinaire, Valentin avait éprouvé les effets de cette instrumentation des mots, toute spéciale à l'abbé, et qui consistait à leur donner des basses, des timbres, des résonances, des dissonances, des dessous, des au delà, des plénitudes, des fulgurations, bref, une autre valeur sur d'autres plans, par la façon de les syllabiser, d'y souligner les concordances les plus inouïes, d'y faire surgir les plus inattendues et les plus substantielles majuscules. Ici, dans cette existence extraordinaire, non seulement chaque mot, mais presque chaque lettre des mots, comportait cette instrumentation, avec une abondance cataractante d'images évoquées et de significations explosives.

Et tout cela, Valentin le recevait, le percevait, le concevait et, en complète communion, le sentait *vivre* et le *vivait*.

C'était simple et facile à ce point que, non content de se dédoubler, comme il le faisait, en raison raisonnante et en *intuition*, il avait encore le loisir, dans un triple fond de son for intérieur, d'assister à ce dédoublement de lui-même, d'en jouir, de s'apothéoser à son *intuition* en si triomphal épanouissement, de dire avec mépris à sa raison raisonnante :

— Réduite à tes seules forces, pauvre misérable, que verrais-tu dans cette révélation prodigieuse ?

Et il la laissait s'exercer vainement à cette besogne impossible, niaise, ridicule, dont elle sortait irrémissiblement humiliée, elle pour qui le *discours* de l'abbé n'était qu'un *discours*, sans plus, tantôt sibyllin, tantôt enfantin, tout à fait inintelligible par moments, souvent baroque, logomachique ici, plus loin logogriphique.

Tout ce qu'elle y trouvait, en somme, d'intéressant, c'était une sorte d'ordre bizarre, procédant par l'enchevêtrement en spirale, et comme tressé, des matières où elle distinguait nettement des éléments tels que : souvenirs sacerdotaux, métaphysique ténébreuse et délirante, contes populaires maldigérés, mathématiques saugrenues, essai de quelque chose pouvant s'appeler grammatomancie, et enfin, et surtout, galimatias et abracadabra.

Ce qu'elle entendait particulièrement par ces deux derniers termes, c'étaient certaines enfilades de vocables, juxtaposés, agglutinés, sans aucun lien logique ou composant une phrase, et qui se suivaient dans un manifeste *à la queue-leu-leu* de pur hasard.

Or là, précisément, resplendissaient pour Valentin, en *intuition*, les plus éclatantes clartés, et tout le reste, au sens humain parfois incomplet, en était inondé d'aveuglante illumination.

Mais cette image de la tresse, inventée par sa raison raisonnante, lui plut. Son *intuition*, même, ne dédaigna pas d'en faire usage en la transfigurant.

— Oui, tresse, en spirale! Tresse aux sept brins, qui sont les sept couleurs de l'arc-en-ciel, qui sont les sept notes de la gamme, qui sont les sept étoiles de la Grande Ourse, qui sont les sept branches du lampadaire mystique.

L'abbé en était alors, il faut tout dire, à quelqu'un des passages qu'on lira plus loin, touchant le nombre *sept*.

Ce qu'il faut dire aussi, et surtout, et répéter, c'est que l'état étrange, vraiment de *grâce*, où se trouvait Valentin, lui permettait de se dédoubler, et même de se détripler ainsi, sans rien perdre, absolument rien, des choses que lui révélait l'abbé ; et ce qu'il faut répéter avec plus d'insistance encore, si absurde qu'en paraisse l'affirmation, c'est que ces choses lui étaient bien révélées, en effet, au sens strict du mot, puisqu'il les recevait, les percevait, les concevait, les sentait *vivre* et les *vivait*.

On lui eût demandé, tant que l'abbé parla :

— Seriez-vous capable de reproduire, fût-ce approximativement, ce que vous entendez?

— Certes, eût-il répondu, sans la moindre hésitation et de bonne foi. Et non seulement de le reproduire par à peu près, mais tel quel.

Comment eût-il pu là-dessus avoir l'ombre d'un doute? Tant la clarté des choses dites lui était éblouissante, leur autorité irréfragable, leur évidence absolue!

Subitement, le halo de lumière, au centre duquel était l'abbé, s'éteignit. L'abbé avait fini de parler. Valentin suffoqua dans les ténèbres. Une violente bouffée d'air brûlant lui incendia le visage et lui fit fermer les yeux. Quand il les rouvrit, il s'écria :

— Êtes-vous là encore?

Aucune réponse! A tâtons, il alla, droit devant lui, vers la muraille du fond, sur laquelle l'abbé se détachait tout à l'heure. Ses mains heurtèrent la muraille. L'abbé n'était plus dans la chambre.

Retournant sur ses pas, Valentin revint jusqu'à sa table, ralluma sa lampe, se mit à écrire. Il avait conscience d'agir en pleine lucidité, sans exaltation. Sa mémoire lui sembla très fidèle. Il y *lisait* tout ce qu'y avait *imprimé* l'abbé. Il le recopia, en quelque sorte. Il le fit comme machinalement. Quand il eut achevé, il se coucha, souffla le peu de clarté fumeuse qui restait dans sa lampe, et dit l'AUM. En le disant, il s'endormit d'un sommeil paisible et suave.

Il devait, le lendemain, au réveil, alors seulement, s'apercevoir de l'illusion à laquelle il avait été en proie, en s'imaginant *lire* dans sa mémoire *tout* ce qu'y avait *imprimé* l'abbé. Il n'y avait, en réalité, retrouvé que les parties du discours à peu près possibles à rendre en langage humain. Des sept brins de la tresse, deux lui avaient totalement échappé, et il n'avait arraché aux autres que des bribes. La forme de la tresse, en spirale, se devinait encore malgré ces effiloquements. Là où manquaient les deux brins, il avait mis des points, convaincu qu'il y mettait les vocables aux fulgurantes syllabisations, aux surgissements d'inattendues et substantielles majuscules.

Cette copie sommaire, incomplète, mélodie sans basse aucune et sur une gamme dont sont absentes deux notes, cet exsangue et mort résumé (extrait plus tard de ses paperasses et que voici), c'est tout ce qui reste, traduit, c'est-à-dire trahi, de ce qui avait si intensement *vécu* devant lui et en lui pendant la vision de l'abbé.

XXXVI

Avec AUM, avec AMU, avec UMA, avec UAM, avec MAU, avec MUA, avec AUM, salut et bénédiction en Tò, Océan du Tout dont je suis la goutte Rien, Océan du Rien dont je suis la goutte Tout! Amen!

. . . .

Explosion des Nombres, qui ont pour matrice *zéro*, qui ont pour tombe *zéro*, qui sont la poudre de *zéro!* Amen!

. . . .

Condensation des Lettres, nœuds vibratoires, et stellaires noyaux, au Chaos tourbillonnaire du Verbe! Amen!

. . . .

Feu d'artifice des Mots, où se résout en prisme le Blanc originel, qui est le Noir final, du Soleil intermédiaire! Amen!

. . . .

Ceci est l'oraison d'*Introibo ad altare*, devant la première porte du temple, laquelle est sans clef, d'un seul bloc et adamantine.

Arrêt et recueillement!

. . . .

Nulle oraison devant le diamant vaporisé de la seconde porte, brume en arc-en-ciel, où les doigts lumineux font des trous! Ils sont dix, les doigts lumineux. Le *un* a jailli du *zéro*. Il s'est placé devant le *zéro*. Voilà pourquoi les doigts lumineux sont *dix*.

Compte tes doigts sur tes doigts. Arrêt et avertissement!

. . . .

La troisième porte est celle des Lettres. L'alpha y est oméga. L'oméga y est alpha. Le delta y est partout, triangle où se circonscrit la circonférence de l'abécédaire entier. Mais laquelle de ces lettres est celle qui manque toujours pour composer le Nom de l'Innomable? Ne la cherche point. Ce Nom est le Nom de celui qui n'est plus quand on le nomme.

Mange tes lèvres. Bois ton souffle. Arrêt et anéantissement!

. . . .

Je suis dans le sanctuaire, à l'autel. Cet autel est moi-même. Cet autel est toi-même. Γνῶθι σεαυτόν. C'est la gnose de Tò. Sur le tau majuscule de Tò, crucifie-toi.

Les yeux crevés pour y voir, les oreilles bouchées pour mieux entendre, les autres sens paralysés pour devenir plus sensibles, le corps évanoui dans la pensée, la pensée abolie dans l'extase, l'extase abîmée dans elle-même, c'est bien.

. . . .

Maintenant, regarde, aveugle; écoute, sourd;

flaire, goûte et palpe, paralytique; naís, mort!

Je vais te parler humain pour la dernière fois. Que le dément ne soit pas démenti! Que l'élu soit lu! Amen!

. . . .

Ne dis pas, comme ceux qui raisonnent leur déraison :

— Je viens de humer l'Absolu d'un trait. Donc je le suis. Car...

Les vocables tels que ce *donc* et ce *car* ne sont plus de mise ici. Quels sens y auraient-ils? Mes mots ont une âme, et ceux-là sont des cadavres.

. . . .

Ne sois pas de cœur avec la vieille qui va criant que *deux* et *deux* font *quatre!* Elle ne sait pas ce qu'elle dit. *Deux* et *deux* ne font pas *quatre*. Ils font *un* et *trois*, ce qui s'écrit *treize*.

. . . .

Mais ne refuse pas le secours de l'autre vieille qui va murmurant :

— Il y avait une fois...

Elle déroule les dentelles que brodent les aragnes de l'analogie. Elle dévide l'or grège des cocons que tissent les vers à soie de la poésie. Elle en fait la layette du Silence. Quand Aïsha, engrossée par Aïsh, accouche, l'enfant qu'elle met au monde, en Tò, est le Silence. Il est nu. Il a froid. Il lui faut des langes. Ces langes sont les langues. Elle tâche, pour qu'il ait chaud, que ce soit des langues de feu, la vieille qui va murmurant :

— Il y avait une fois...

Apprends-lui seulement que désormais, au lieu de « il y avait une fois... », elle doit dire :

— Il y *a* une fois...

Et apprends-lui, et apprends toi-même, que cette fois est pour toutes les fois, à jamais et depuis toujours. Car (et si j'emploie ce *car*, c'est parce que je finis par là de te parler humain), le Nombre de la Bête, en Apocalypse, est bien *six cent soixante-six*; mais, en Exapocalypse, il est *six*, et *six*, et *six*, qui, additionnés, sont *dix-huit*, qui est *un* et *huit*, qui, additionnés, sont *neuf*, qui est le carré de *trois*, qui est *un*, et *un* et *un*, qui, tu ne l'ignores plus, est sorti de *zéro*.

Suprême arrêt! Suprême recueillement!

. . . .

Dans le palais des Apparences, la vieille conte des contes de fées. Il faut téter le lait des images pour en faire le sang du Réel. Illumination! Joie!

. . . .

Il y a une fois ceci, qui est cela, où vivent le Prince Charmant et la Belle au bois dormant. Ceci est par-ci. Cela est par-là. Ils vont ci et là. Ils vont là et ci. Et j'y vais aussi. Les chansons qu'on chante ont la saveur du miel. Les roses qu'on cueille disent des paroles dansantes. Les gestes qu'on fait balancent un hamac de parfums. Les gestes qu'on ne fait pas sont de la musique. C'est la ronde des enchantements. Elle va ci et là. Elle va là et ci. Et j'y vais aussi.

Et le premier conte est fini.

. . . .

Au corridor en labyrinthe les pèlerins se sont perdus. L'un après l'autre ils se sont perdus. Le dernier qui reste est dans les ténèbres. Des fantômes passent près de lui, en courant, et le fouettent de leurs suaires envolés. Ils crient au passage :
— Le château s'écroule! Le château n'est plus!

. . . .

Voici le lampadaire à sept branches. Ce sont les sept étoiles gelées de la Grande-Ourse. Qu'on y allume tous les cierges pour le catafalque de la Nuit! Et qu'on dise l'office des trépassés dans le missel lu à rebours! Meiuqer! Meiuqer! Meiuqer! Ecap ni tacseiuquer? Sidnuforp ed! Nema!

Le corps humain a sept ouvertures aussi, et toutes les sept, quand elles sont en action, ont la forme du *zéro*. Les sept couleurs du spectre solaire sont *zéro* dans le Noir. Les sept notes de la gamme sont *zéro* dans le Silence.

. . . .

Vieille, bonne vieille, conte encore un conte de fées!

. . . .

Il y a une fois ceci, qui est cela, où vivent le Prince Charmant et la Belle au bois dormant. Ceci est par-ci. Cela est par-là. Ils vont ci et là. Ils vont là et ci. Et j'y vais aussi. Des statues, des statues, en or, en argent, en orichalque, en airain, en tous les métaux précieux connus ou inconnus! Et tout a fondu dans le lac de mercure. Le miroir a tant de facettes qu'on s'y voit trop, trop, trop, et

tout petit, tout petit, tout petit. Myriades de moi!
Myriades de toi! Myriades de qui! C'est la ronde
des miroitements. Elle va ci et là. Elle va là et ci.
Et j'y vais aussi.

Et le deuxième conte est fini.

. . . .

Si elle veut maintenant risquer son mot, la
vieille qui va criant que *deux* et *deux* font *quatre*,
elle le peut. Mais qu'elle le dise la tête en bas,
sous l'éteignoir de sa jupe rabattue!

Vieille, mauvaise vieille, parle donc, voleuse de
mes lanternes où tu as oublié de mettre la flamme
de la grâce. Je saurai l'y mettre. Cela suffit. Parle.

. . . .

— En moi et hors de moi, en lui et hors de lui,
en tout et hors de tout, en l'être et hors de l'être,
à distance infiniment égale des deux pôles primordiaux, dont l'un est l'infini du temps, dont l'autre
est l'infini de l'espace, dans le centre à la fois et
partout sur la périphérie du...

Arrière! Va-t'en, vieille. Malgré l'éteignoir de
ta jupe rabattue, ton haleine empoisonne l'air pur
que l'on respire ici. Elle pue le sépulcre. Ton cerveau pourri te coule par la bouche.

. . . .

Nombres, Nombres, innombrables essaims
d'abeilles, éventez-moi de vos ailes rapides et
bourdonnantes! Tô est votre ruche, abeilles. Votre
ruche a la forme d'un œuf. L'œuf a la forme du
zéro. Après m'avoir éventé, rentrez dans votre
ruche.

Et les nombres me disent :
— Y rentrer, c'est en sortir.

J'interroge là-dessus le Silence, et le Silence me répond :

— C'est parce que je parle, que je suis le Silence.

. . . .

Vieille, bonne vieille, conte encore un conte de fées.

. . . .

Il y a une fois, dans le jardin que tu sais, la fleur que tu sais, et le papillon que tu sais. Et ils sont ceci et cela. La fleur est par-ci. Le papillon est par-là. Ils vont ci et là. Ils vont là et ci. Et j'y vais aussi. Le Prince Charmant prend la fleur. La Belle au bois dormant prend le papillon. Mais la fleur, c'est la Belle au bois dormant. Et le papillon, c'est le Prince Charmant. Ils ont mangé du tambour. Ils ont bu de la cymbale. Le papillon a des pétales. La fleur a des ailes. Arrachez les pétales ! Arrachez les ailes ! Semez ! Semez ! Semez ! Les astres font la farandole. C'est la ronde des éparpillements. Elle va ci et là. Elle va là et ci. Et j'y vais aussi.

Et le troisième conte est fini.

. . . .

Lettres de Aïsh et de Aïsha, vous avez passé devant moi tout à l'heure, et vous vous êtes enfuies aussitôt. Il faut revenir et me dire qui vous êtes. Et elles me disent :

— Superpose-nous et ne garde que ce qui reste.

Je réponds :

— Du masculin et du féminin inclus dans l'Adam

25.

primitif androgyne, et qu'à vous deux vous reconstituez, il ne reste que *a*.

Mais *a* me dit :

— Je ne suis pas *a*. Je suis *o*, accru d'un jambage.

Et les Nombres se mettent à rugir :

— Le *un* a encore jailli du *zéro*... Il s'est placé cette fois, derrière le *zéro*. C'est le *dix* inversé. Il s'écrit : *zéro*, *un*. Total : *zéro*.

Et moi, plus rugissant que les Nombres, plus subtil que les Lettres, je dis :

— Reste de Aïsh et de Aïsha superposés, Adam primitif androgyne et sans nom, *a* qui est un *o* accru d'un jambage, *zéro* suivi du *un*, figure de Tô entrevue dans l'angle que font les Lettres et les Nombres, je ne te nommerai pas, puisque tu es Celui qui n'est plus quand on le nomme; et je laisserai à la vieille, dont l'haleine pue le sépulcre, le soin scélérat de te blasphémer.

La vieille, tout son cerveau pourri lui rentrant dans la bouche, le ravale et dit parmi les hoquets :

— Tô est le Neutre essentiel.

. . . .

Au labyrinthe du corridor, les pèlerins se sont retrouvés. L'un après l'autre ils se sont retrouvés. Le dernier qui est venu porte le lampadaire à sept branches. Mais les sept étoiles gelées de la Grande-Ourse y ont fondu en larmes, et tous les cierges du catafalque de la Nuit en ont été, l'un après l'autre, éteints. C'est la fête de la vraie lumière. Il n'y a plus de ces vains flambeaux dont on disait :

— Le flambeau n'éclaire point sa base.

Maintenant, allègre, je peux sauter hors de mon ombre. J'y saute. Éperdument, je danse, si vite que j'en demeure immobile. Ma face m'apparaît par le dedans.

. . . .

Vieille, bonne vieille, conte encore un conte de fées.

. . . .

Il y a une fois ceci, qui est cela, et cela, qui est ceci.

Et le quatrième conte est fini.

Vieille, celui-ci est trop court.

Les Nombres ont éclaté de rire en disant :

— C'est le plus long.

Nombres, n'éclatez pas de rire ainsi, ou je me vengerai de vous. Je sais qui est *trois*. Je sais qui est *quatre*. Je sais qui est *sept*. Je le crierai.

Trois est *un*, plus le reflet de *un*, plus le *un* où convergent les rayons émanés de *un* et du reflet de *un*. C'est le delta formé par les points-sommets du triangle qu'ont dessiné toutes les révélations.

Un point sur un autre plan, et voici engendrée la pyramide tétraèdre, symbole de la création sous la forme la plus embryonnaire. Cela est le *quatre*.

L'addition du *trois* et du *quatre* donne le chiffre du monde, qui est *sept*.

Les Nombres ont éclaté de rire en disant :

— Mais tu ne sais pas qui est le *un*.

Nombres, n'éclatez pas de rire ainsi, ou je me vengerai de vous. Je sais qui est le *cinq*. Je le crierai.

Le *cinq* est l'homme en croix sur l'X, écartelé à ses quatre membres, écartelé par *quatre*, puisque *quatre* est la création, mais faisant de la croix en X le pentagramme de l'étoile à *cinq* pointes, soit qu'il redresse sa tête quand l'étoile a la pointe en haut, soit qu'il regarde pendre son sexe quand l'étoile a la pointe en bas. Et ainsi, ce qu'il crucifie avec lui, *cerebro vel inguine*, c'est le *un*. Voilà pourquoi il est le *cinq*.

Les Nombres ont éclaté de rire en disant :

— Mais tu ne sais pas qui est le *un*.

Je réponds :

— Le *un* est le Verbe du Silence.

Et les Nombres ont pleuré sur eux-mêmes et sur moi.

. . . .

Vieille, bonne vieille, conte encore un conte de fées.

. . . .

Il y a une fois ceci, qui est cela, et que tu as dit. Et je le dis aussi.

Et le cinquième conte est fini.

. . . .

Lettres, Lettres, la bonne vieille est lasse de faire la layette du Silence. Le Silence a froid. Il ne parle plus. Amusez-le de vos amusettes. S'il ne parle plus, qu'au moins il balbutie! Enseignez-lui à dire Iod-Hé-Vau-Hé, en attendant mieux.

Constellation du ciel hébraïque, ton premier astre est le soleil Phallus au ciel latin, ton second astre est la lune Ctéis au ciel grec, ton troisième astre est le soleil-lune Lingam au ciel indou, ton quatrième astre n'a d'équivalent dans aucun ciel. Aussi Iod-Hé-Vau-Hé s'est-il appauvri en Jehova.

Lettres, Lettres, le Hé qu'on n'ose pas traduire, celui de la fin, est-il donc le même que celui du milieu, mais en AUM?

L'*a* qui reste de Aïsh et de Aïsha superposés est-il un *o* accru d'un jambage qui lui est, non tangent, mais diamètre? Est-ce là une figure nouvelle de l'alpha qui est oméga? Le Tarot des bohémiens, celui que nul ne connaît plus, sauf moi, n'avait-il pas un peu raison de faire résorber le pilon par le mortier?

Lettres, Lettres, peut-être que Tô n'est pas le Neutre essentiel dont parlait la vieille au cerveau pourri. Lettres, Lettres, répondez!

Et les Lettres ont pleuré sur elles-mêmes et sur moi.

. . . .

Mais la vieille à l'haleine qui pue le sépulcre, la vieille, en ricanant, dit :

— Que Tô soit le Neutre essentiel, il s'en faut d'une quantité infinitésimale.

. . . .

Vieille, toi, la bonne vieille, conte encore un conte de fées.

. . . .

Il y a une fois le sixième conte, qui est comme le cinquième, qui est comme le quatrième.

. . . .

Vieille, bonne vieille, conte le septième conte de fées.

. . . .

Il y a une fois ceci, qui est cela, où vivent le Prince Charmant et la Belle au bois dormant. Ceci est par-ci. Cela est par-là. Ils vont ci et là. Ils vont là et ci. Et j'y vais aussi. Dans le palais des Apparences, sont les seules réalités. Les pèlerins pèlerinent vers eux-mêmes. La fleur est son papillon. Le tambour mange de la cymbale et la cymbale boit du tambour. Hier et demain sont dans aujourd'hui. Aujourd'hui n'est pas, et c'est ce qui est. La Vieille des Vieilles porte autour du cou, en spirale sans bouts, un collier d'œufs, mis deux à deux. Chacun est Rien, œuf de Tout. Il y a une fois, il y a une fois, ce qu'il y a pour toutes les fois. C'est la ronde des... je ne dirai pas quoi. Elle va ci et là. Elle va là et ci. Et j'y vais aussi.

Le septième conte est l'ultime ainsi.

Mais voici voilà, et voilà voici ! Dernier ou premier, c'est queumi-queussi, c'est queussi-queumi.

Et le conte ainsi n'est jamais fini.

. . . .

XXXVII

Le sommeil de Valentin fut extrêmement court. A peine s'il dura deux heures. Il s'acheva net au tout petit jour, juste à première pointe d'aube.

C'était de quoi se réveiller le corps moulu, les membres endoloris, la tête pleine de vertiges, tout l'être en *deliquium*, surtout si l'on songe à l'incroyable dépense nerveuse qu'il avait dû faire pour suivre sans fatigue immédiate la vision de l'abbé, pour en garder si vive l'empreinte dans sa mémoire, pour transcrire cette empreinte d'une seule traite, cela succédant, d'ailleurs, à la lecture passionnée des onze petits cahiers de Bussins, aux tempêtes de cœur qu'avait déchaînées cette lecture, et enfin ces deux secousses bouleversantes et coup sur coup s'étant produites au bout d'une quinzaine entière pendant laquelle le régime ascétique, les jeûnes, les dictions de l'AUM, les séances d'immobilité, la méditation solitaire, les leçons exténuantes, la nourriture spéciale, tous les moyens d'exaltation préparatoires à l'extase, avaient engendré, entretenu et exaspéré le plus épuisant surmenage physique et cérébral.

Valentin cependant, de son sommeil si court,

s'éveilla tout à fait reposé. Sa chair était en allégresse. Son esprit avait les regards grands ouverts frais, limpides, ce qu'il appelait, selon une expression de sa mère, l'œil clair comme un basilic. S'il avait pu s'analyser en cet instant, il se serait dit :

— C'est mon *moi* thiérachien qui (encore une expression de sa mère) reprend du poil de la bête.

Sans se le dire, d'instinct, sous les obscures poussées réflexes de cet instinct, il se mit à agir dans le sens de ce *moi*. Mais il ne s'aperçut pas que l'action et l'énergie de ce *moi* s'exerçaient d'après des mobiles et des motifs fournis par l'autre.

Sa présente lucidité, en effet, s'appliquait à chercher les moyens *pratiques* (et sa volonté se tendait à en faire usage) de s'approprier exclusivement la vision de l'abbé, et de soustraire Zénaïde aux probables et menaçantes convoitises scientifiques de Broguet.

Il venait de relire, à la hâte, le résumé qu'il avait écrit, de la vision. Il avait été déçu de n'y plus entendre grand'chose, d'y rencontrer des lignes de points remplaçant les révélations les plus lumineuses. Mais il s'en était tout de suite consolé par l'idée très naturelle qu'il n'était plus, momentanément, en état de grâce, et par l'espoir certain qu'il s'y remettrait un jour ou l'autre, puisqu'il possédait maintenant le don manifeste de *l'intuition* et les *instructions* pour le susciter.

— Quand et comme je le voudrai, pensa-t-il, avec ce résumé me servant de tremplin à rebondir dans l'extase, je reverrai ce que j'ai vu. Où je suis allé une fois, je suis capable de retourner. Mais j'y veux désormais aller seul. Il faut m'évader de l'emprise qu'a sur moi l'abbé.

Car, à cette heure, il ne doutait plus de cette emprise. Il en retrouvait mille témoignages dans ses souvenirs. Il s'expliquait les thaumaturgies de l'abbé par la télépathie, le magnétisme. Cela, très à la galopade, sommairement, de façon néanmoins à satisfaire les méfiances questionneuses de son thiérachisme, qui se contentait à peu de frais, mais n'en était que plus âpre à conclure :

— Oui, évadons-nous !

A quoi le finaud ajouta immédiatement :

— Avec Zénaïde, bien entendu, pour l'arracher à Broguet.

Et Valentin, les deux projets posés en problèmes, tout de suite en conçut la *pratique*, dans un plan hardi, qu'il ne se donna même pas la peine de discuter, et à l'exécution duquel il passa aussitôt, sûr qu'elle n'aurait rien de hasardeux.

— Moi aussi, s'affirmait-il avec foi et avec autorité, moi aussi je suis un thaumaturge. Zénaïde et moi, j'en ai eu les preuves souvent, et cette nuit encore lorsqu'elle a jeté son cri aigu, nous sommes en communion télépathique. L'intensité, dont je charge mon vœu qu'elle m'obéisse, est en train de la magnétiser, je le sens. Elle m'obéira. Elle m'obéit.

Ce disant, il avait plié, puis fourré dans sa poche les *instructions* de l'abbé, et le résumé de la vision. Il y avait joint quatre billets de cent francs qu'il avait en réserve sur ses rentes récemment touchées. Il avait mis son chapeau, son pardessus. Il descendait l'escalier, ses souliers à la main. Il se prémunissait ainsi, *humainement*, contre le danger d'éveiller l'abbé. La pensée ne lui vint pas que l'abbé pourrait le *sentir* descendre, *télépathiquement*.

D'une façon ou d'une autre, l'abbé ne soupçonna rien. Ou, s'il *sut* quelque chose, ayant ses raisons pour laisser faire, il laissa faire.

La petite maison était vide de ses locataires, Broguet et Wronsky ayant découché par ordre, on s'en souvient, de l'abbé. La cour et le jardin dormaient, déserts et silencieux. On dormait pareillement dans la grande maison. Les deux fenêtres de Mme d'Amblezeuille avaient leurs persiennes closes.

Les horloges sonnèrent quatre heures trois quarts.

Juste au dernier tintement de la dernière horloge, Valentin était sous la fenêtre de Zénaïde. Impérieusement, mais à voix très basse, et avec une force toute concentrée à l'intérieur, il dit en un souffle :

— Zénaïde !

Les volets, puis la fenêtre, furent ouverts sans bruit. Zénaïde parut. Elle était tout habillée, prête à sortir. On eût cru qu'elle l'attendait. Il n'en fut pas surpris. Le contraire seul l'eût étonné.

Il lui tendit les bras. Elle enjamba l'appui du balcon, dégringola par les ferrures jusqu'au rebord inférieur, s'y accrocha du bout des doigts, y resta un instant suspendue en un gracieux balancement d'agile guenon qui prend son élan, et en sauta comme si elle s'envolait en arrière.

Ce n'était pas haut. Elle avait un corps léger et souple. A peine s'il plia sur les jarrets en la recevant dans ses mains allongées qui lui soutinrent les aisselles et lui palpèrent involontairement la gorge.

Elle se retourna, l'embrassa longuement, mais ne lui dit rien. Elle avait les joues toutes roses sous leur bistre vert habituel, les yeux pareils à deux fleurs fraîches écloses, un joli sourire épanoui où étincelaient ses dents, et un imperceptible tressaillement au coin des lèvres.

Il ne lui dit rien non plus et sourit, lui aussi. Ce lui fut un ravissement particulier, infini, de remarquer soudain qu'elle portait au cou un collier de perles. Il ne le lui connaissait pas et en eut les regards hypnotisés, sans savoir pourquoi.

A pas de feutre, ils passèrent par le corridor d'entrée. Valentin prit le passe-partout posé à plat sur la serrure, s'en servit doucement. C'est elle qui referma la porte derrière leur sortie, plus doucement encore.

Une fois dehors, ils marchèrent très vite. Ils se tenaient par la main comme deux enfants.

A cinq heures, ils étaient rue du Bouloi, d'où allait partir, dans quinze minutes, la diligence pour la Picardie, avec correspondance pour la Thiérache. Le coupé entier se trouvait libre, une famille, qui devait l'occuper, ayant préféré, au dernier moment, voyager en chaise de poste. Valentin le loua, entier, et, sans réfléchir, naturellement, inscrivit sur le registre qu'on lui présenta :

« M. et Mme Valentin Leleup de Marcoussy de Lagibasse. »

Ils s'installèrent dans le coupé, au milieu, appuyés l'un contre l'autre. Il leur sembla être au creux d'un nid.

Quand la lourde voiture s'ébranla, dans un vacarme de ferraille, de piétinements, de jurons et de coups de fouet, ils s'endormirent tous les deux à la fois profondément. Ils n'avaient pas encore échangé une parole. Mais de nouveau, juste au moment où ils s'endormaient, ils s'étaient remis à sourire en se regardant, et de nouveau ils se tenaient par la main. Valentin était très pâle, et Zénaïde avait aux coins des lèvres une petite mousse blanche.

XXXVIII

Malgré les relais interrompant le bercement et le ronflement de la voiture, malgré les appels des postillons, le va-et-vient des bagages chargés et déchargés, les trompettades du conducteur à l'entrée des bourgs et des villes, ils ne s'éveillèrent qu'un peu avant midi. On était à mi-chemin, non loin de Soissons.

Ils s'éveillèrent, ainsi qu'ils s'étaient endormis, tous les deux ensemble, et tous les deux dans la position qu'ils avaient prise pour s'endormir, blottis l'un contre l'autre comme au creux d'un nid et se tenant par la main. Ils s'embrassèrent, d'un tendre et ingénu baiser d'enfants.

Les premiers mots de Zénaïde furent :

— Moi faim beaucoup.

— Moi aussi, fichtre ! répondit-il gaiement. Moi aussi, faim beaucoup.

Et il rit de bon cœur à parler ainsi petit nègre. Et elle de même, à l'entendre parler ainsi. Par une des glaces de devant, qu'il avait ouverte, les éclats de leur joie montèrent jusqu'à l'impériale de la diligence, où le conducteur dit à ses voisins :

— Y a là deux jeunes particuliers qui ne se font pas de bile, hein !

Ils ne s'en faisaient guère, en effet. Zénaïde était parfaitement heureuse. Valentin débordait d'allégresse. Il lui semblait que ce voyage durait depuis un temps infiniment long, qu'il devait durer un temps infiniment plus long encore. Il lui semblait, surtout, qu'il avait toujours vécu avec elle. Il la tutoyait, sans y prendre garde. Il n'eût pas pu faire différemment. Elle, tout de suite, s'était aperçue du tutoiement, en jouissait avec délices. Elle buvait les paroles, cependant bien quelconques, par quoi il lui expliquait le retard de la diligence, l'approche de Soissons, comme quoi on allait y déjeuner.

— Tu comprends, disait-il, on devrait faire trois postes à l'heure. Les affiches de la rue du Bouloi le promettent. Mais va-t'en voir s'ils viennent ! C'est à peine si l'on en fait deux, à cause du temps perdu aux relais. Aussi, voilà bientôt qu'il est midi. Tiens, regarde à ma montre ! Et nous ne sommes pas encore à Soissons. Réglementairement, le déjeuner est pour onze heures. Bah ! tu n'en déjeûneras que mieux. L'hôtel de la Poste est très bon, tu verras ! Il y a un petit champagne rosé naturel, je ne te dis que ça. Est-ce que tu l'aimes, le champagne ?

Elle ne connaissait pas Valentin sous cet aspect de bavard. Il ne s'y connaissait pas lui-même. Mais elle avait plaisir à l'entendre, et il avait plaisir à lui donner ce plaisir. Quand il s'arrêtait de bavarder, elle lui disait :

— Encore ! Encore !

C'était un amusement puéril, dont il sentait vaguement la puérilité, mais en y trouvant des charmes, surtout celui de ne presque pas penser. Il ne prenait même pas la peine de penser qu'il ne pensait pas. Son cerveau se reposait dans une espèce d'hébétude végétative. Il s'y sentait, comme eût dit sa mère, *ben aise* et *tantimol*.

Ils déjeunèrent à l'hôtel de la Poste, d'excellent appétit, mangeant une bonne vieille cuisine picarde, se régalant du petit champagne rosé. La correspondance des Ardennes ayant du retard aussi, une grosse demi-heure de loisir leur permit de se dégourdir un peu les jambes sur la grand'place. Après quoi, dispos, et le petit champagne rosé ne leur ayant cocardé la tête que juste ce qu'il en fallait pour égayer encore leur gaieté, ils reprirent leurs places et leur bavardage.

Zénaïde, cette fois, en fit les frais, du bavardage, tantôt dans son français sans conjugaison, tantôt dans son baragouin anglais-créole, tantôt en tamoul, dont les syllabes chantantes plaisaient tant à Valentin. A son tour, lui, maintenant, comme elle avait fait si gentiment ce matin, il ne l'interrompait que pour dire :

— Encore ! Encore !

Et le temps passa ainsi, rapide, léger, dans des enfantillages où tout son être rajeuni se rafraîchissait. Il eût voulu ne jamais avoir dorénavant d'autre occupation cérébrale que d'écouter, sans y rien comprendre, les rossignolantes roulades de cette langue inconnue. Même lorsque Zénaïde coupait sa cantilène en tamoul de phrases en anglais créole ou de mots français dont il saisissait le sens, il en était fâché, trouvait que son intelligence y avait trop à faire, se hâtait de réclamer là-contre, s'écriait :

— Non ! Non ! En tamoul. Je préfère. Je t'en prie.

Et, pour lui être agréable, y prenant de l'agrément aussi, elle recommençait à parler tamoul, d'une voix plus volubil, aux modulations plus musicales. Il s'en grisait, d'une griserie profonde, mais sans exaltation. Son hébétude végétative d'avant le déjeuner se précisait dans ce caractère d'être végétative. Il se délectait à l'idée, non pas même à l'idée, et plutôt à l'obscure et pénétrante sensation, de devenir une plante arrosée, tout en moelle, en fibres, sans pensées, sans système nerveux, vibrante néanmoins, à sa façon, satisfaite, épanouie, émue. Et c'était d'une douceur inexprimable.

L'enchantement dura jusqu'à Marle, où ils durent descendre de leur coupé, quitter leur nid à deux, et chercher place dans la diligence partant de là pour la Thiérache. Ils purent s'y caser en face l'un de l'autre. Mais ils n'étaient plus seuls. Tout de suite Zénaïde se renfrogna dans l'attitude morne, stupide et close, qu'elle avait toujours parmi des étrangers. Ils gardèrent un farouche et triste silence.

Les voyageurs qui se trouvaient avec eux les examinèrent curieusement, quoique à la dérobée.

Zénaïde en particulier les étonnait, à cause de son teint exotique, de sa mine à la fois hargneuse et idiote, de sa noire et bestiale crinière qu'elle avait rabattue en éteignoir d'ombre sur sa face. Valentin remarqua qu'on la remarquait, qu'on le remarquait aussi par contre-coup, qu'ils inquiétaient les gens. Leur inquiétude, à son tour, ne tarda pas à l'inquiéter. Sa pensée, là-dessus, se remit en travail.

Non pas, toutefois, sa pensée de philosophe, tout à fait abolie depuis le moment de la fuite ; mais sa pensée terre à terre, pratique, méfiante, de Thiérachien.

— Nous serons bientôt en Thiérache. Si j'allais y rencontrer des personnes de connaissance! Que leur dire, au cas où l'on m'interrogerait ? Comment expliquer la présence de Zénaïde avec moi ? Il ne faut qu'on sache qu'elle est avec moi.

Aux relais, il relevait le col de son pardessus, s'y enfouissait le visage, ramenait son chapeau sur ses yeux, faisait semblant de dormir dans son bras replié.

Il y *ruminait* aux précautions qu'il devait prendre pour son arrivée dans le pays. Il se rappela soudain combien peu il avait su en prendre pour le départ.

— N'ai-je pas bêtement inscrit, sur le registre de la rue du Bouloi, mon nom, tous mes noms ? N'y ai-je pas mentionné que j'étais accompagné de ma femme ? Pourquoi ai-je fait cela ? Pourquoi ai-je mis : *et madame?* C'est le comble de l'imbécillité.

Une terreur lui vint, qu'on ne voulût les poursuivre, qu'on eût tant de commodité à le faire, à les retrouver, dès demain.

— Mais qui? Eh! parbleu, Broguet!

A ce nom, toute sa colère, de la soirée précédente et de la nuit, le remordit au cœur, et devant sa mémoire reparurent les images sanglantes évoquées par les lignes en rouge dans les onze petits cahiers de Bussins. Puis, brusquement :

— Ah! les cahiers, à propos, où sont-ils? Là-bas! Je les ai laissés là-bas! Broguet les volera sûrement. Il les a peut-être volés déjà. Pourquoi les ai-je laissés là-bas? Ah çà! j'étais donc fou, ce matin?

C'est maintenant qu'il s'affolait, positivement, ne songeant plus qu'à Broguet, le voyant déjà sur leur piste, en possession des cahiers et prêt à tout risquer pour entrer aussi en possession de Zénaïde.

— Cela, non, jamais!

Il avait proféré la phrase tout haut, ou, pour mieux dire, l'avait criée. Les voyageurs de la rotonde le regardèrent, stupéfaits. Une grosse dame dit, tout effarée, à son voisin :

— Dieu, qu'il m'a fait peur! C'est un malade.

— Rassurez-vous, madame, répondit Valentin très posément. J'ai parlé en rêve. Cela m'arrive parfois, comme à tout le monde.

Mais sa voix, en donnant cette explication très naturelle, tremblait. Zénaïde s'en aperçut, et lui murmura, très bas, à l'oreille :

— Toi peur. Moi aussi. Descendre. Partir.
— Oui, oui, lui répliqua-t-il. Tout à l'heure. A la dernière montée avant Buire.

Et il lui pressa les mains d'une ardente étreinte, en se disant :

— Elle ne veut pas tomber au pouvoir de Broguet. Elle est avec moi. Elle est à moi. Nous sommes sauvés. Il ne s'agit plus que de nous mettre adroitement à l'abri de tout, dans la forteresse inexpugnable de Lagibasse.

On en était encore passablement loin. En temps ordinaire, on quittait la diligence à Buire, on prenait là une cariole d'auberge, et il restait quatre bonnes lieues à faire pour être rendu de Buire à Lagibasse. Or, du bas de la dernière montée avant Buire jusqu'aux premières maisons, on comptait une grosse demi-lieue. Et cependant, ces quatre lieues et demie qui les séparaient de Lagibasse, Valentin avait, dès maintenant, résolu que Zénaïde et lui les feraient à pied.

Cela entrait dans l'ordonnance de son plan pour dépister Broguet, en cas d'une poursuite possible. plan fort bien combiné, comme on le verra, et qui prouve de reste que si Valentin, à partir de ce moment, donnait déjà quelques signes de dérangement mental, il conservait, dans ce dérangement même, une très singulière lucidité logique et pratique.

La dernière montée avant Buire étant très rude et très longue, un certain nombre de voyageurs, tous les hommes en général et quelques femmes aussi, la faisaient d'habitude en marchant, pour soulager un peu les chevaux, et, comme on dit dans le pays, pour se *déhudir*. Valentin mit à profit cette circonstance, descendit de voiture au bas de la montée, avec Zénaïde, et, allant à pas très lents, laissa passer devant eux tous les autres voyageurs. La route longeait, à droite, un petit bois. Dès que Valentin jugea que les voyageurs et la voiture étaient assez éloignés, vivement, d'un saut, et en entraînant Zénaïde, il se jeta sous les arbres, et ils s'y enfoncèrent aussitôt d'une allure rapide.

Quand ils sortirent du bois, débouchant par un sentier sur un chemin de traverse, Valentin dit :

— Il faut faire quatre lieues à pied. Quatre heures au moins, tu entends?

— Moi bien, répondit-elle. Toujours, toujours, avec toi.

La nuit était venue, très noire. Un chien, dans le lointain, hurlait. Valentin embrassa Zénaïde longuement, ainsi qu'elle l'avait embrassé ce matin. Et, ainsi que ce matin, sans rien se dire, en se tenant par la main comme deux enfants, ils se mirent à marcher dans les ténèbres.

XXXIX

Que le dérangement mental de Valentin fût sur le point d'aboutir à un définitif accès de démence, fatalement, c'est ce qu'un aliéniste seul, très expert et très attentif, eût su diagnostiquer dès lors à certains prodromes tout extérieurs, tels qu'une fixité spéciale et hagarde du regard, la raideur contractée de la nuque, l'intermittente absence de balan des bras soudain collés au corps, l'allure, tantôt décoordonnée, tantôt automatique, du pas. Mais le diagnostic eût assurément été démenti par quelqu'un pouvant assister aux évolutions intérieures de l'âme de Valentin, pendant ces quatre heures de marche silencieuse. Jamais, depuis bien longtemps, cette âme n'avait été plus calme, plus sage, en meilleur équilibre, d'une raison aussi raisonnable.

Il repassait dans sa mémoire et revoyait toute sa vie, à partir du jour où il était entré rue des Boulangers jusqu'au jour présent, et il en jugeait toutes les circonstances à la vive et nette clarté de son bon sens thiérachien. La maison lui apparaissait, ainsi jugée, comme un habitacle de fous ou d'imbéciles. Il s'estimait y avoir été lui-même, par contagion sans doute, un peu fou à des moments, un peu imbécile à d'autres.

Il reconnaissait à Prosper Broguet une rare et remarquable valeur scientifique, mais gâtée par des chimères.

Il regrettait que des chimères plus chimériques encore eussent tout à fait dévoré le génie véritable de Wronsky, pour qui malgré tout il gardait une grande admiration et de la tendresse.

Il admirait aussi, beaucoup moins toutefois, l'abbé mystérieux, dont le mystère lui semblait fait d'un pouvoir indéniable et curieux comme magnétiseur, mais aussi d'un adroit charlatanisme. Il se rendait fort bien compte, en effet, d'avoir été en proie aux suggestions occultes de cet homme. En revanche, il se rappelait la complaisance qu'il avait apportée lui-même à s'y laisser être en proie. Combien il avait ainsi facilité la tâche à l'abbé, et combien Mme d'Amblezeuille y aidait vraisemblablement par la complicité de son espionnage, il en avait la certitude aujourd'hui. L'abbé se ramenait de la sorte, sans trop de peine, aux proportions moins prodigieuses, et même, par certains côtés, ridiculisantes, d'un thaumaturge de table d'hôte.

Quoique Bussins eût, à sa façon, son petit grain de lubie, en somme, lui et sa femme étaient encore les personnages les plus normaux, les plus humainement sains, de la maison; et, si les onzes petits cahiers déliraient souvent à propos de Zénaïde, il n'en restait pas moins acquis que Zénaïde constituait un être précieux, charmant, digne enfin, non seulement d'intérêt, mais d'amour.

— Car je l'aime, c'est bien simple. Et voilà l'explication très naturelle de beaucoup de choses qui m'étaient obscures. Je l'aime depuis la première fois que j'ai fait attention à elle. Sans doute, c'est à Mme d'Amblezeuille que je dois d'y avoir fait attention. Et c'est l'abbé, m'a-t-elle dit, qui le voulait, qui mettait en conjonction les deux lignes de nos destinées. Eh! parbleu, il n'y a pas eu grand mal! Rien de miraculeux dans cette histoire. Un seul miracle : l'amour! Et j'ai cru ceci. Et j'ai cru cela. Grande bête, va!

Gaiement, il se moquait de lui-même. Sans amertume, d'ailleurs, sans se trouver malheureux d'avoir été pris au piège de ce qui lui avait paru naguère un petit roman matrimonial de table d'hôte. N'en était-il pas, au faire et au prendre, le bon marchand, comme eût dit sa mère? Il aimait. Il était aimé. Que la d'Amblezeuille, le Dubogard de Cérons, la comtesse, se fussent entremis et divertis à l'aventure, qu'importe! C'est bien lui, Valentin, qui en cueillait la fleur exquise. Alors, quoi?

Il est à noter que, parmi toutes ces réflexions, Valentin oubliait totalement deux choses capitales : l'œuvre qu'il avait jadis assignée pour but à sa vie, et la vision de l'abbé. Ce n'est pas qu'il se refusât volontairement à y penser. C'est en toute conscience, qu'il n'y pensait absolument plus. On eût dit que le *moi* d'exaltation, d'orgueil, qui était l'essence même de son *moi*, était mort en ce moment, et mort depuis un temps immémorial, et mort à jamais.

Ce vrai *moi*, qui était le sien, et qu'avaient nourri, amplifié, hypertrophié, tant de rêves, tant d'espérances, tant de fièvres, tant d'enthousiasmes, tant d'efforts déjà récompensés par un commencement de succès obtenus, tant de jouissances éprouvées, tant de révélations reçues comme certaines, tant d'illusions ayant force de réalités, tant de lumières resplendissantes jusqu'à l'évidence, ce vrai *moi* était-il mort irrémissiblement comme il semblait l'être?

— Oui, eût répondu le quelqu'un imaginaire assistant aux évolutions intérieures de l'âme de Valentin, pendant ces quatre heures de marche silencieuse.

— Non, à coup sûr, eût répondu l'aliéniste très expert et très attentif, continuant à observer les caractéristiques indices du prochain accès de démence.

Et même ces évolutions intérieures de l'âme de Valentin, tout compte fait, témoignaient, à leur façon, de cet état menaçant où il était, ainsi qu'une accalmie trop subite et trop profonde annonce l'ouragan prêt à éclater. Sa raison présente était, positivement, par trop raisonnable. Sage et en parfait équilibre, elle eût discuté avec ce *moi* au lieu de le tenir comme nul et non avenu. Elle l'eût convaincu d'erreur peut-être. Elle l'eût, en ce cas, tué. Il ne lui eût pas été d'avance un cadavre aboli dont la mémoire même s'était évaporée.

Les déments, au contraire, ont de ces instants où la surface de leur pensée, en quelque sorte, est tranquille jusqu'à l'immobilité. Le fond de leur être n'en demeure pas moins une mine où la charge s'accumule, se concentre, couvant, sous cette immobilité de surface, toutes les énergies latentes, en puissance d'explosion.

C'est ce phénomène qui se produisit en Valentin pendant les quatre heures de cette marche silencieuse.

Il y vécut des années entières d'esprit sceptique, terre à terre, banalement humain, inaccessible à l'étrange, au merveilleux, au mystère, à tout ce qu'aimait, à tout ce dont vivait son *moi* essentiel. Il s'y baigna, pour la dernière fois, dans ce qu'il appelait, en ses jours d'exaltation, son bas thiérachisme. Mais il ne pouvait plus, désormais, s'y noyer. Son *moi* essentiel n'était mort que d'une mort apparente, pareil à ces volcans que l'on croit éteints, dont le cratère s'est changé pour un temps en un val de verdure plein de fraîches fleurettes, et qui, soudain en éruption, redeviennent une gueule de flammes vomissant de monstrueuses fleurs rouges.

XL

Il n'était pas loin de minuit quand ils arrivèrent au pied du coteau escarpé que couronnait Lagibasse. Quoique l'obscurité n'eût pas cessé d'être très profonde, soit que les yeux de Valentin s'y fussent habitués, soit que sa mémoire suppléât à leur insuffisance, il reconnut tout de suite et discerna fort nettement la tache plus opaque faite dans le noir du ciel par la massive silhouette du château. Et à cette vue, brusquement, s'évanouit en lui le Valentin qu'il venait d'être pendant quatre heures.

Celui qui le remplaça n'était pas encore, toutefois, le fou mystique dont l'abbé avait deviné, puis mûri l'éclosion. C'était simplement le Valentin d'astuce qui s'était évadé de la diligence, qui redoutait la poursuite possible de Broguet, qui s'était reproché d'avoir si mal pris ses précautions au départ de Paris, qui s'était promis d'en prendre de meilleures et de parfaites pour se mettre, avec Zénaïde, à l'abri dans l'inexpugnable forteresse de Lagibasse. Le plan qu'il avait combiné avant la montée de Buire lui revint alors en bouffée à l'esprit, et il s'y conforma immédiatement.

Pour accéder au château, dont la façade était de ce côté-ci, on devait gravir un chemin qui tournait vers la gauche, laissant à mi-côte la ferme. Valentin se jeta, sur la droite, à travers champs. Il ne voulait pas entrer au château par la grande porte, ni passer devant la ferme. Il rejoignit ainsi, par le bas, le mur d'enceinte du parc, qui là dévalait presque jusqu'à la plaine. Il prit, à la clôture d'un pâturage, une *baille*, sorte de longue poutrelle, en ficha un bout dans le sol, appuya l'autre à la crête du mur, et dit à Zénaïde :

— Grimpe.

Elle obéit, leste et adroite comme un écureuil. Une fois qu'elle fut assise là-haut à califourchon, il y grimpa aussi, moins aisément, la *baille* lui virant entre les mains, mais, quand même, avec une force et une agilité dont on ne l'aurait pas cru capable. La *baille* rejetée à terre, il se dressa sur la crête du mur, en fit faire autant à Zénaïde, et, avec elle, sauta dans le parc, en pleine ombre et au hasard. Ils n'eurent aucun mal, en tombant.

Par un sentier qu'il savait, sous bois, ils gagnèrent alors la partie du château demeurée en ruines, où se trouvait un retrait encore habitable, mais sans porte. Il y installa Zénaïde, sur un banc de pierre, et lui dit :

— Reste ici. Attends-moi. Tu n'as pas peur, n'est-ce pas? Il ne faut pas avoir peur. Il faut se taire, ne pas faire de bruit, ne pas bouger. Je vais te laisser toute seule dix minutes, un quart d'heure tout au plus. Obéis!

Elle était écrasée de fatigue, heureuse d'être assise. Elle ignorait, d'ailleurs, les terreurs nocturnes. Elle répondit à son geste d'autorité en lui baisant la main. Il en éprouva une joie singulière, comme à la constater son esclave. Derechef, ainsi que le matin précédent avant de quitter la petite maison de là-bas, il se dit :

— Moi aussi, je suis un thaumaturge.

Les clefs du château étaient gardées à la ferme; mais une ancienne poterne, condamnée en dedans par des traverses de bois, permettait jadis de sortir. Il décloua les traverses avec ses doigts, dans une violence d'efforts qu'il ne se connaissait point et dont il ne fut pas étonné. Il descendit jusqu'aux communs de la ferme, d'un pas furtif, muet et somnambulique. Il ouvrit sans bruit, en l'arrachant pourtant d'une secousse, le volet d'une lucarne par où prenait jour le fournil. A côté du fournil était la chambrette de Doctrové. Il alluma, dans le fournil, une lanterne dont il trouva aussitôt la place habituelle; puis muni de cette lanterne, entra chez Doctrové, lui posa la main sur la bouche pour l'empêcher de jeter un cri en se réveillant, et lui dit :

— C'est moi. Tu vas te lever sans qu'on t'entende. Tu viendras me rejoindre à la poterne condamnée. Tu m'y apporteras du pain, du fromage et du cidre et surtout les clefs des appartements. Et pas un mot à qui que ce soit! Je ne veux pas que Mélanie, que personne, sache que je suis arrivé, que je suis là-haut. Je t'expliquerai tout à l'heure pourquoi, et je te donnerai mes autres ordres pour demain et les jours suivants.

Il était absolument sûr de Doctrové, de sa soumission passive, de sa prudence rusée, de sa diligente et adroite discrétion. Il remonta en courant, sans se cogner ni buter malgré les ténèbres, rejoignit Zénaïde, vit qu'elle attendait toujours tranquille et patiente, lui commanda de patienter un peu encore, la quitta de nouveau pour revenir au rendez-vous de la poterne, se fit ouvrir les portes des appartements par Doctrové, arrangea le lit avec elle dans la chambre qu'il occupait pendant ses vacances, lui remit les clefs, la reconduisit jusqu'à la poterne et lui dit :

— Encore une fois, silence absolu, à tout le monde, sur ma présence ici ! Cela, pendant quelques jours, où tu m'apporteras chaque jour, à cette poterne, quand on dormira dans la ferme, de quoi manger et boire. La poterne sera décondamnée à l'heure qu'il faudra. Pendant ces quelques jours, veille bien, empêche qu'on entre au château. Caches-en plutôt les clefs, si c'est nécessaire. Il y a des gens qui me veulent du mal, qui viendront peut-être dans le pays pour me chercher, me demander. On leur répondra que je n'y suis pas. C'est ma vie, entends-tu, Doctrové, c'est ma vie qui en dépend.

Et il embrassa la bonne vieille servante avec une effusion de confiance et de tendresse dont elle eut tout le cœur inondé. Elle aimait déjà bien fort *monsieur Valentin, nô maître*, lui était dévouée du meilleur d'elle-même; mais à présent, il en avait la pleine certitude, plutôt que de le trahir par une parole, elle se serait laissée arracher la langue avec des tenailles de fer rouge.

Il revint vers Zénaïde, la conduisit dans sa chambre, la fit manger et boire, ce qui ne fut point de refus, car elle mourait de faim et de soif.

Lui, n'éprouvait aucun besoin de ce genre, n'eût pas pu se mettre un morceau de pain dans la bouche, ni verser une lampée de liquide dans sa gorge serrée. Il n'avait pas non plus envie de dormir, tandis qu'elle tombait de sommeil.

Elle se fourra dans le lit à demi dévêtue. Debout au pied du lit, il la regardait, les yeux fixes. Elle dit, d'une voix lente et somnolente :

— Toi coucher aussi.

— Non, répliqua-t-il, très bas.

— Pourquoi? demanda-t-elle, d'une voix déjà presque dans le rêve.

Elle n'entendit pas la réponse, qu'elle n'eût pas comprise d'ailleurs et que lui-même fit sans la comprendre davantage :

— Parce que nous sommes au château des Hommes-sans Tête.

XLI

Les associations d'idées, dans un cerveau sain et normal, procèdent parfois d'une façon fort bizarre, et il est impossible d'en retrouver la marche aux crochets capricieux, inattendus. En revanche, les évocations qui en sont le produit sont, à l'ordinaire, furtives et fugaces, la pensée n'y attachant pas grande importance et les laissant s'éteindre au moment où elles s'allument.

Il en va tout au contraire des associations d'idées dans un cerveau de dément. Le labyrinthe n'en est pas inextricable, en général. Elles sont extrêmement simples, les idées y étant à l'état d'idées fixes qu'enchaîne souvent, pour ne pas dire toujours, une logique rigoureuse jusqu'à en être implacable. En revanche, les évocations qui en sont le produit sont impérieuses, tenaces et l'hallucination en prend une consistance de réalité.

C'était le cas chez Valentin, en qui l'évocation du château des Hommes-sans-Tête s'expliquait aisément, s'imposait même, par l'arrivée nocturne dans les ruines et par la conversation avec Doctrové, la conteuse du conte. Mais qu'il eût répondu de la sorte à la demande de Zénaïde en subissant une association d'idées, voilà ce qu'il n'était pas à même de comprendre, ni seulement de soupçonner à cette heure. Car, au château des Hommes-sans-Tête, effectivement il y croyait être, et, par conséquent, il y était.

Quant au *parce que* précédant la phrase et répliquant si mal au *pourquoi* de Zénaïde, il n'avait aucune raison d'être, sinon son absurdité même.

Cette absurdité, toutefois, d'un certain point de vue, peut et doit être considérée comme ce qui subsiste de sagesse dans la démence.

En l'admettant à titre de suprême résidu dans l'alambic de la raison volatilisée...

Mais à quoi bon vouloir s'épuiser plus longtemps en vaines tentatives pour expliquer les mouvements d'une âme désormais sans boussole, tourbillonnante épave ballottée de remous en remous?

Déjà peut-être, au cours de cette histoire peu commode à rendre claire, on n'y a que trop tâché, risquant à maint endroit d'être inintelligible par désir excessif d'être intelligent.

Et peut-être aussi eût-il mieux valu narrer des faits, qui sont véritables, sans essayer d'en chercher les causes, qui demeurent souvent problématiques.

Le moment est venu, en tous cas, de renoncer ici à des analyses d'une psychologie devenue impossible, de se borner à dresser modestement, sans commentaires, des constats d'actes, en les illustrant des tableaux extérieurs et intérieurs qui en furent le décor.

Comment a-t-on pu reconstituer ce décor, en ce qui a trait aux tableaux intérieurs, c'est-à-dire noter, fût-ce à peu près, les sensations, les pensées, les rêves, les visions, la vie délirante enfin, d'un homme qui n'en a fait confidence à personne? C'est ce qu'il n'est pas permis de révéler.

Libre aux sceptiques de ne voir là qu'une ruse d'auteur désirant donner à ses imaginations, par un trop facile artifice, un inquiétant parfum de mystère!

Les croyants au *surnaturel*, ceux pour qui l'abbé Garuby n'est pas un personnage fictif, n'auront pas de peine à excuser ce qu'un tel dérobement a de forcément énigmatique, et ils s'inclineront d'eux-mêmes devant les nécessités déclinatoires d'une discrétion dont le seul aveu est déjà presque indiscret.

XLII

Son collier de perles ! OEufs de corneille dénichés au château des Hommes-sans-Tête ! Elle les a au cou. Et elle est là. L'oiseau bleu n'avait pas menti.

La Vieille des Vieilles en a un aussi, de collier d'œufs, mis deux à deux. Le sien est en spirale sans bouts. Et voici pourtant que les bouts se sont rejoints. Il le faut bien ! La spirale et la circonférence, en *Tò*, communient.

La Vieille des Vieilles et la petite-fille, elles sont là. Elles sont une. Elles ne sont pas. Elles vont être. Quand elles seront, elles ne seront plus.

Chansons en tamoul, volière d'oiseaux multicolores, vous répétez sans fin :

— Encore ! Encore !

Et les Nombres, en tourbillons, essaiment de la ruche en forme d'œuf, qui est en forme de *zéro*.

Des *zéros*, des *zéros!* Des œufs, des œufs! Des ruches, des ruches! Des essaims, des essaims! Toujours, toujours! Dans l'infini à n dimensions! Wronsky les chiffre. Wronsky archange foudroyé. Baiser de Wronsky! Baiser de Zénaïde!

Pauvre petite, qui était si gentille! Pourquoi est-elle retournée au pays du préhumanisme, où elle parle en racines? Broguet lui faisait peur avec son scalpel. Les lettres rouges des onze petits cahiers, gouttes de son sang, manqueront aux lettres du nom de l'Innomable. Tant pis! Tant pis!

Au labyrinthe du corridor, les pèlerins se sont retrouvés. L'un après l'autre ils se sont retrouvés. Le dernier qui est venu porte le lampadaire à sept branches. Une, deux, trois, quatre, cinq, six, sept! Le collier de perles n'a plus que sept perles. Il en avait des myriades et des myriades. Où sont celles que je ne vois plus? Dans la nuit de sa crinière. On les reverra au réveil.

Ce chien qui hurlait au loin, c'est à la mort qu'il hurlait, à la mort du vieux bonhomme si vieux, vieux, vieux. Il n'est plus au château des Hommes-sans-Tête, le vieux bonhomme qui jouait aux boules avec les chefs des statues décapitées. Il est mort. Il n'avait plus rien à faire. A force de compter sur ses doigts combien il avait d'années, il s'est embrouillé dans son compte. Wronsky le lui recommencera.

Je sais qui est *sept*. Je sais qui est *cinq*. Je sais qui est *quatre*. Je sais qui est *trois*. Je sais qui est *un*. C'est le Verbe du Silence. Je me tairai, puisqu'elle dort.

Elle dort. C'est la Vieille des Vieilles, c'est la petite-fille, c'est Zénaïde, c'est la fille des rois, c'est la descente éternelle dans l'Absolu. Zénaïde, Zénaïde, Zénaïde, Zénaïde! Je ne le dirai plus, puisqu'elle dort.

Tout bas. seulement une fois, sous la fenêtre, pour le départ. Rue du Bouloi. Inscrire qui nous sommes sur le registre? Mais parfaitement! M. et Mme Valentin Leleup de Marcoussy de Lagibasse.

AUM. AUM. AUM. Trois, pas plus, non soixante-dix-sept. L'ère des épreuves est passée. Les instructions sont inutiles. Le vieux si vieux, vieux, vieux, n'est-il pas mort au château des Hommes-sans-Tête?

Vieille, bonne vieille, conte encore un conte de fées. Il y a une fois cela, qui est ceci, et tous les contes sont finis. C'est la ronde de quoi et pour qui? Wronsky est Wronsky. Par un *y* grec, non par un *i*. Tous les points sont mis sur tous les *i*. Mais il n'y a plus d'*i*. Il y a une fois cela, qui est ceci, et tous les contes sont finis.

Ah! Oui, sans doute, boire le vin qui fait croire qu'on est le bon Dieu! J'en ai bu. Je n'en boirai plus. Je bois mieux que ça. Garde ton vin pour d'autres, brave Doctrové! Mais ne le dis à personne, à personne, à personne, que je suis ici. Broguet la cherche. Il la disséquerait.

Si le Silence est nu et s'il a froid, c'est moi qui lui broderai une layette d'images. Elles seront toutes neuves, par exemple! On parlera en *racines*. On refera le langage. Du préhumanisme va sortir une autre humanité. C'est nécessaire, pour que Lagibasse soit reconstruit. Et le voici qui refleurit de ses ruines. Au palais des Apparences, le Prince Charmant s'émerveille avec la Belle au bois dormant. J'en amuse mes rêves. Les Lettres y épousent les Nombres.

Thiérache, antique et noble Thérache, il y aura encore des jours glorieux pour toi ! Le preux est revenu, compagnon de Godefroy de Bouillon à la première croisade. A tous les souffles du paradis reconquis, claquent mes oriflammes. Les oiseaux chantent des chansons en tamoul, qui sentent le musc.

Avec les chefs de quelles statues décapitées le vieux jouerait-il aux boules maintenant? Il n'y a plus de statues. Toutes, en or, en argent, en orichalque, en airain, elles ont fondu dans le lac de mercure. Au miroir qui a tant de facettes, c'est la ronde des miroitements. On s'y regarde. On s'y voit trop. On ne s'y voit pas.

Le collier de perles! Tous ces œufs dont chacun est Rien, œuf de Tout! Car je sais bien qu'ils sont vides, les œufs de corneille, puisque c'est moi qui les ai vidés, sans les casser. Et dire que je les ai enfilés à la queue-leu-leu, sur le fil en spirale, tous ces *zéros!* Et dire que de chacun il en flue des chiffres à travers les n dimensions!

Compte, Wronsky, compte! Moi, je ne compte plus que triangulairement, dans le triangle dont les trois sommets sont x, y et z.

Elle dort. C'est la plus belle petite fille qui soit. Mais elle ne veut pas qu'on le dise encore; car l'heure de le dire n'est pas venue. Peut-être que l'heure de le dire ne viendra jamais.

Elle dort. Ses cheveux, qui étaient en soleil,

sont devenus noirs, parce qu'ils dorment. Ses yeux en étoiles sont éteints. Ils voient sa face par le dedans. Sa peau sera en aurore quand elle s'éveillera, aurore elle-même. Maintenant elle est bistre et verte à cause de ma mélancolie qui se reflète en elle. Ma mélancolie vient de ce qu'elle dort. Mais tant que ses cheveux resteront noirs, c'est qu'elle veut dormir. Leur nuit m'ordonne de me taire.

Vieille, bonne vieille, conte encore un conte de fées, pour que j'écoute et que je me taise. Mais non! Tais-toi, tais-toi! Elle les aime aussi. Elle voudrait écouter. Elle dirait :

— Pourquoi m'empêche-t-on de dormir?

Le vieux ne joue plus aux boules avec les chefs des statues décapitées. Les miroitements sont muets. Tous les contes sont finis. Doctrové veille en retenant sa respiration. Wronsky a fait le tour des n dimensions. La spirale communie, en $T\delta$, avec la circonférence. Tout cela sans bruit, sans bruit, parce qu'elle dort.

Tais-toi aussi, toi, ma pensée! J'ai beau ne point parler au dehors. Tu parles toujours, en toi-même. Elle va t'entendre. Il ne faut pas qu'elle t'entende. Elle dort.

Tais-toi aussi, toi, le Silence! Ton Verbe est *un*. C'est encore trop. Qu'il soit *zéro!* Que *zéro* ne tressaille pas, fût-ce infinitésimalement, pour être *un!* Que *zéro* s'absorbe en son *zéro!* Elle dort. Ses cheveux sont toujours noirs. Ils dorment. Le collier de perles dort. Chut! Chut! Tous! Elle dort.

XLIII

Un nombre incalculable de fois Valentin refit cet incohérent voyage en lui, repassant par les mêmes carrefours, y arrivant par des voies différentes, toujours ramené à ce *chut* par quoi il essayait d'imposer le repos à sa pensée errante, l'observant quelques minutes pendant lesquelles il s'hypnotisait à regarder fixement le collier de perles, puis repartant à la débandade jusqu'à un nouvel accès d'hypnotisme où derechef il s'abîmait un moment pour recommencer ensuite son vagabondage de délire.

Bien d'autres images encore lui apparurent, à ces carrefours de sa mémoire, bien d'autres suggestions d'idées ou de sensations anciennes y resurgirent, fulgurantes et vivantes, mais à la façon de comètes traversant de leur parabole un système solaire, sans y demeurer à l'état de planètes.

Chose étrange, contraire à toutes les prévisions humaines : une seule figure ne se montra jamais nulle part, et ce fut celle de l'abbé.

Chose non moins étrange, au premier abord, mais qui, à la réflexion, s'explique mieux : la figure même de Zénaïde, unique objet pourtant d'une incessante contemplation, y perdait tout caractère individuel, au lieu de s'y préciser, s'y transmuait en de rapides et totales métamorphoses, devenait tantôt la petite fille du conte, tantôt Doctrové, tantôt la Vieille des Vieilles, tantôt un Nombre, tantôt une Lettre, parfois Wronsky, et le plus souvent une sorte de Nébuleuse tourbillonnante et chaotique en forme de *zéro* s'enflant à l'infini par un grouillement de *zéros* qui pullulaient les uns des autres.

Mais, à cette hallucination dernière, Valentin n'avait jamais le temps de s'arrêter. Toujours elle se produisait juste au moment où il imposait silence à sa pensée tumultueuse, sous le coup d'un nouvel accès d'hypnotisme devant le collier de perles.

Somme toute, ce n'était pas Zénaïde elle-même qu'il contemplait; c'était surtout le collier de perles. Il ne la voyait, elle, que par un rayon, divergent en haut, de son regard, dont le faisceau central de rayons droits était dardé sur le collier de perles.

Néanmoins, et quelque avatar que revêtît Zénaïde, et si diffusément qu'il prît conscience visuelle du réel visage de Zénaïde, c'est bien à la Zénaïde, présente dans le lit, qu'il rapportait tout ce que lui suggéraient ses souvenirs en désordre, ses idées à la fois en poussière et en almagame, ses évocations kaléidoscopiques, les sensations composées et décomposées instantanément par la chimie de sa démence.

Tout entier à ce monde intérieur en si bouillonnante activité, il ne recevait du monde extérieur que des impressions passives auxquelles il ne faisait aucune attention. Pas plus qu'à la faim, à la soif et au sommeil, il n'était accessible au froid, qui cependant, grâce à une fenêtre restée ouverte, glaçait et raidissait ses membres ankylosés dans une immobilité absolue. Cette ankylose même de ses membres ne lui était point douloureuse. Debout au pied du lit, sans s'y appuyer, il n'éprouvait aucun besoin, fût-ce réflexe, de hancher tantôt sur une jambe, tantôt sur une autre, comme on le fait machinalement, même dans la somnolence, pour se reposer de l'énervante lassitude qu'engendre la station droite trop prolongée. Cette lassitude, il ne l'avait pas. Son corps était comme en état de catalepsie rigide, de yoghisme, une statue.

Et des heures, des heures et des heures s'écoulèrent de la sorte, sans qu'il perçut seulement la lente venue du jour, la lutte entre les premières clartés pâles de l'aube crépusculaire et les suprêmes lueurs rouges des bougies agonisantes, puis la victorieuse entrée du soleil dans la chambre.

Son monde intérieur, cependant, en fut affecté à son insu, teinté par l'ambiance dont les impressions reçues, pour être passives, n'en avaient pas moins une influence modifiante sur son activité cérébrale. C'est ainsi qu'à la lente et sinistre venue du petit jour, parmi les râles de pourpre des bougies, s'accentuèrent les images funèbres, celle de la mort du vieil homme, celle des gouttes de sang dans les cahiers de Bussins, le souvenir du chien hurlant au lointain. C'est ainsi, en revanche, que le soleil illumina de triomphe le retour de la croisade, le claquement des oriflammes à tous les souffles du paradis reconquis, l'éclosion des chansons en tamoul, sentant le musc, la langue des *racines*, le préhumanisme enfantant l'humanité nouvelle avec Zénaïde, fille de rois, fille de rois, fille de rois, et, dans le Palais des Apparences, les émerveillements féeriques du Prince Charmant et de la Belle au bois dormant.

Ces concordances, Valentin ne pouvait pas en soupçonner la cause. D'autant plus fortement devait-il en subir les effets.

La nappe de soleil s'épandait d'une coulée insensible, sur le parquet violemment éclairé, à la droite de Valentin. Il n'en discernait pas la marche. La réverbération de la lumière le frappait de côté, par-dessous, et lui pénétrait de biais dans les prunelles. Elle y produisait de papillotantes scintillations, qui sollicitèrent, d'abord un peu, puis de plus en plus, son regard à se détacher du collier de perles. Il commença par résister à cette sollicitation. Le tourbillon de ses pensées se condensa un moment en cette pensée unique, comme en un centre :

— C'est la ronde des miroitements.

Et, son regard fixé une fois encore au collier de perles, il repartit une fois encore pour son incohérent voyage, mais avec cette ronde des miroitements mêlée à tout, partout, toujours, en une farandole obsédante où la lumière augmentait sans cesse, vertigineusement, de vibrations et d'intensité.

Brusquement, la farandole se dénoua; le tourbillon de ses pensées s'évanouit de nouveau; son regard quitta d'un saut le collier de perles ; et son être entier eut pour point d'attraction un foyer d'éclatante blancheur qui incendiait le drap au bord du lit.

La coulée de soleil avait avancé peu à peu sur le parquet, avait rencontré le drap traînant à terre, s'y était heurtée, cabrée, puis accrochée, en avait fait l'ascension, et déferlait maintenant sur le lit où elle déroulait lentement sa lave incandescente.

Elle la poussait vers Zénaïde, que Valentin ne voyait plus du tout, désormais hypnotisé par cela, blanc, coulant, étincelant, aveuglant, s'étalant, allant, par cela qu'il ne pouvait ni ne voulait arrêter, par cela dont il pressentait la lente et sûre arrivée jusqu'au collier de perles, par cela qui, bientôt, y arriverait, bientôt, si tôt, si terriblement tôt, tout à l'heure, tout de suite !

XLIV

Entre le moment où Valentin eut conscience de cet inéluctable tout-de-suite, et celui où ce tout-de-suite fut là, il ne se passa pas dix minutes. Valentin y vécut dix milliards de milliards d'éternités. Chacun des battements précipités de son cœur, par quoi se mesurait la progression du blanc vers le collier de perles, était lui-même ces dix milliards de milliards d'éternités.

Et cependant, cette durée infinie, absurdement faite d'infinis s'engendrant les uns les autres, n'était peuplée par rien, absolument rien, que par la progression continue du blanc vers le collier de perles, rythmée aux battements de plus en plus précipités de son cœur.

Elle-même, cette précipitation en vint à ne plus pouvoir être perçue, tant le rythme en multipliait sa cadence accélérée. Telle une toupie, en rotation de parfait équilibre, prend l'apparence d'être immobile. Telles certaines mouches, leurs ailes fouettant l'air avec une vitesse dont l'œil ne saurait noter les inimaginables vibrations, semblent s'y soutenir suspendues sur un plan d'une horizontalité mathématiquement idéale.

Alors, dans cette durée que ne peuplait, que ne

mesurait plus rien, absolument rien, pas même le rythme des battements de son cœur, rythme désormais annihilé à l'impossibilité de le percevoir, ce fut pour Valentin le néant pur, essentiel, la résorption à zéro, si tant est que les mots misérables, vaine logomachie, vides simulacres d'idées intraduisibles, bulles creuses échappées au chalumeau de la philosophie, ombres sans substance, figures de ces ombres, soient capables, non pas d'exprimer, mais de suggérer seulement, quelque peu que ce soit, la sensation qu'il eut, profonde, réelle et vivante.

Il va de soi qu'il ne chercha pas, lui, à l'exprimer, cette sensation. Il n'en aurait trouvé, en aucune occasion, les moyens, ni, d'ailleurs, en l'occasion présente, le loisir. A peine, en effet, l'eut-il, que déjà il ne l'avait plus.

La lave incandescente touchait au collier de perles. L'inéluctable tout-de-suite, retardé par les milliards de milliards d'éternités, était là. L'angle de blanc s'insinua entre deux des perles. Elles s'allumèrent aux deux points tangents. Valentin les vit énormes, pâles, phosphorescentes.

C'étaient les deux yeux de l'abbé.

Pour la première fois depuis hier, depuis si long temps, depuis des milliards de milliards d'éternités, il y pensait, à l'abbé, ou plutôt, il le pensait, l'abbé, il le...

Ici eut lieu l'éruption du volcan, cru éteint, l'éruption qui couvait, fatale, et dont la secousse explosive fut épouvantable.

— Non! Non! cria Valentin d'une voix tonitruante.

En même temps, la statue qu'il était, droite, rigide, d'un bloc, toute l'armature intérieure de son yoghisme en hypnose se désarticulant d'un coup, cette statue sur elle-même s'effondra. Valentin tomba, écroulé.

Mais, aussitôt, comme si en tombant il s'était rechargé d'électricité en accumulation dynamique, il se redressa, et sauta d'un bond prodigieux sur le lit en criant à nouveau d'une voix tronitruante :

— Non! Non!

Les yeux de l'abbé, les deux yeux énormes, pâles et phosphorescents, il voulait ne plus les voir. Sous ses poings abattus, il allait les clore, les écraser, les broyer, les crever, les faire gicler hors des orbites, les changer en deux trous de ténèbres! Enfin! Enfin! Enfin! Enfin!

C'est sur l'oreiller que s'abattirent ses poings, s'y enfonçant dans du vide mou. Les yeux de l'abbé n'étaient plus là, ni le collier de perles non plus, ni Zénaïde non plus, ni rien.

XLV

Ici un furtif retour à la notion de la réalité ambiante, non hallucinatoire; un durable éclair de raison appréciant les choses à leur valeur; cela, né au choc de cet objet concret, palpable : l'oreiller.

Des déductions en coulent, limpides :

— Zénaïde était dans ce lit. Mon premier grand cri l'a réveillée. Elle m'a vu choir, puis bondir. Je devais être effrayant. J'avais les paupières fermées en poussant mon second cri. Je ne l'ai pas, moi, vu bondir aussi, pour m'éviter. Si leste, elle a fui très rapidement. Elle a, du même saut, gagné la porte, s'est sauvée, de terreur. Mais où est-elle?

Conclusion : un mouvement réflexe, vers la fenêtre ouverte, toute proche, pour regarder si, en effet, Zénaïde est dehors, en fuite.

Elle y est, là-bas, déjà, non loin des arbres. Elle a dû descendre l'escalier quatre à quatre. Elle court. Elle est à demi dévêtue. Elle ne se retourne pas. On dirait qu'elle vole. Ses manches sont des ailes qui battent. La voilà presque sous le bois. Elle va y disparaître.

— Pourquoi ne cours-tu pas après elle? Pourquoi restes-tu là, immobile, stupide, à la regarder courir? Pourquoi ne l'appelles-tu pas? Pourquoi? Pourquoi?

— Parce que, si je cours après elle, sa terreur redoublera. Parce que, si je l'appelle, des gens peuvent m'entendre. Pourvu qu'elle n'appelle pas, elle! Qu'on nous entende, et nous sommes perdus! On sait que je suis ici, qu'elle est ici. Broguet nous guette. Broguet la prend. Broguet la dissèque.

Ici, fin de l'éclair de raison ordinaire, et rentrée dans le tourbillon. Recommencement, plus incohérent, de l'incohérent voyage, moins en vision hypnotique toutefois, plus du tout en posture de raide yoghisme, mais avec mélange d'impressions extérieures semi-conscientes, la sortie de la chambre, les pas sans bruit dans l'escalier, l'arrivée dans le parc, le regard à l'affût pour tâcher de voir la fuyarde en n'étant pas vu par elle, l'entrée sous les arbres, la précaution prise de se dissimuler, la joie de reconnaître les sentes conduisant au carrefour d'où l'on peut sonder les longues avenues, prêter l'oreille aux échos qui révèlent une course parmi les branches froissées.

Il marchait, toujours hanté de ses tourbillonnants délires, mais, à la fois, et se dédoublant fort bien, avec toutes les astuces d'un chasseur à la piste d'un gibier. Que ce gibier fût la Vieille des Vieilles, au collier d'œufs mis deux à deux, et tout ensemble la petite-fille du château des Hommes-sans-Tête, au collier d'œufs de corneille, et qu'il fût lui-même le petit garçon à qui avait parlé l'oiseau bleu, et qu'il fût aussi le Prince Charmant en quête de la Belle au bois dormant dans le Palais des Apparences, et que le collier de perles eût pour perles des *zéros* de Rien qui étaient les œufs du Tout, voilà ce dont il demeurait entièrement convaincu, sans en jamais douter de l'ombre d'un doute. Mais il n'en avait pas moins la certitude de Zénaïde en fuite, et qu'il fallait retrouver afin de la soustraire aux convoitises scientifiques de Broguet, et il n'en faisait pas moins tout ce qui était humainement dicté par la prudence pour y arriver au mieux, jusqu'à ratiociner de la sorte :

— D'instinct, étant égarée dans le bois, elle ira vers l'endroit le plus élevé, d'où l'on embrasse le plus d'horizon, ce qui sert à se guider, à voir par où l'issue est possible. Tôt ou tard, à cet endroit qui existe, elle y sera forcément attirée. Plusieurs chemins y mènent. Elle en prendra un. Elle viendra là. C'est là que je dois l'attendre.

Et il s'y rendit, non par un des chemins à découvert, lui, mais par des passées tortueuses qu'il savait, y conduisant en cachette.

C'était une petite colline de rocs, située à l'un des bouts du parc, et entre lesquels montait une grimpette en lacets, jusqu'à une plate-forme d'où l'on dominait tout le panorama de Lagibasse et de la plaine environnante. On était, une fois là-haut, au dessus de la cime des plus grands arbres, dont la nappe de ramures dévalait jusqu'au château. A cent mètres de l'autre côté, le mur d'enceinte du parc crêtait un escarpement à pic, au bas duquel passait la route venant du village.

Valentin prit la grimpette, et la gravit jusqu'aux deux tiers environ. Il y avait là, formée par deux rocs affrontés du sommet et s'écartant de la base, une fente étroite donnant accès en retour à une sorte de palier, d'où était masquée la vue du château, mais d'où l'on surplombait les cent mètres broussailleux du fond du parc, la plaine et la route.

Là, on pouvait se tapir, sûr de n'y être pas soupçonné par quelqu'un faisant l'ascension de la grimpette jusqu'à la plate-forme supérieure. Une fois la fente dépassée, une fois tourné le dernier lacet de la grimpette, il n'y avait plus moyen de redescendre sans être happé au passage par celui qui s'était établi là en sentinelle.

Valentin se glissa par la fente, et se tapit sur le palier, silencieux, immobile, attendant.

Il était environ dix heures du matin. Le soleil dardait violemment, et sa violence se multipliait aux réverbérations produites par les deux rocs. Les ronces, dont le palier était encombré, grésillaient de lumière et de cuisson. Valentin y était tête nue.

Malgré la chaleur étouffante, presque de fournaise, qui le frappait, l'enveloppait et le pénétrait, lui brûlant le crâne, lui calcinant le dos, lui faisant respirer du feu, il ne souffrait pas, ne s'assoupissait point, et sentait lui monter du sol, dans tout le corps, une fraîcheur. La terre, en effet, sous les ronces ardentes, était moussue, herbeuse et détrempée par une mare minuscule où s'attardait une infime sourcelette suintant goutte à goutte d'un des rocs. Quoique ses pieds n'en fussent humectés que bien légèrement, et qu'elle fût plutôt tiédasse que fraîche, Valentin avait l'impression d'y être baigné jusqu'au torse et dans du froid. Son cerveau, sous la calotte de plomb fondu qu'y mettait le soleil, n'en était que plus incendié.

Mais, si son activité délirante en était accrue, son activité sensorielle ne s'émoussait pas dans la congestion. Elle s'y aiguisait, au contraire Sa vue perçante, quand par hasard elle sondait la plaine et la route où pourtant il ne cherchait rien, y distinguait les choses à d'extraordinaires distances. Son ouïe, tendue aux plus vagues bruits qui pouvaient venir de la grimpette par la fente, y entendait les éboulis du sable désagrégé par la chaleur, et percevait en même temps le suintement de la sourcelette filtrant goutte à goutte, à travers l'herbe et la mousse, l'obscure chanson de ses larmes silencieuses.

XLVI

Là-bas, là-bas, très loin, tout au bout de la route, à l'endroit où, blanche, elle émerge d'une sapinière noire, là-bas, sur cette blancheur, ces deux foyers de blancheur plus blanche encore! Ces deux choses énormes, pâles et phosphorescentes! Les yeux de l'abbé!

Est-il en voiture, lui? Marche-t-il à pied? Quelqu'un l'accompagne-t-il? Est-il seul? Voilà ce que Valentin ne sait pas, ne saura jamais. Un détail unique lui est discernable, à cause de sa nouveauté sans doute, qui lui est inattendue, presque ridicule : c'est un haut chapeau gallican, aux larges ailes retroussées. Encore son attention n'en est-elle frappée qu'une seconde, d'un éclair aussitôt éteint qu'allumé. Tout le reste, il ne s'en doute pas, il ne le remarque pas, il ne le voit pas. Il voit les yeux, les yeux, les deux yeux énormes, pâles et phosphorescents.

Et il en voit le regard, qui le regarde.

Et ce regard avance lentement, comme ce matin avançait sur le lit la lave incandescente vers le collier de perles. Ce regard sera là bientôt, si tôt, si terriblement tôt, tout à l'heure, tout de suite !

Non ! Valentin s'est enfoui sous les ronces, qui lui égratignent les mains et le visage, et qu'il ne sent pas. Il s'est jeté la face contre terre. Il ne voit plus les yeux de l'abbé. Le regard ne viendra pas. Le regard est arrêté dans sa marche. Le regard se brisera contre le mur d'enceinte. Valentin rit d'un rire muet.

La terre est humide, molle, feutrée. L'obscure chanson de la sourcelette, murmurée de plus près, à l'oreille, se fait claire. Il y chante les mille bruits fourmillants de la terre toujours en travail, sous laquelle l'eau court comme de la lave, comme du sang. Un bourdonnement en émane, chatouillant à fleur de peau, s'insinuant dans les pores, mettant la chair en vibration. C'est le lit vivant, voluptueux, aux courtines de désirs, qu'est cette vieille terre de Thiérache.

De la mare minuscule où son front se rafraîchit, Valentin respire l'odeur avec délices. L'éponge congestionnée de son cerveau s'y parfume, s'y grise, y jouit. Vient-elle de la mare minuscule seulement, cette odeur ? Non. Elle s'exhale du creux de la vallée prochaine, du creux de toutes les vallées. C'est l'odeur légèrement croupie du marécage, qui sent la grenouille visqueuse aux prunelles d'or en extase. Il s'y mêle l'haleine âcre de l'oseraie, qui fleure l'écorce verte, arrachée, écrasée, de suc irritant, aphrodisiaque. C'est l'odeur même de la vieille Thiérache.

Au-dessus, dans les ronces grésillantes de lumière et de cuisson, le soleil continue à darder violemment. Ainsi fait-il aux chevelures embroussaillées de toutes les sentes, à tous les détours des grimpettes d'où l'on peut bondir ainsi qu'un fauve. Ce sont les sentes et les grimpettes, c'est le soleil, de la vieille Thiérache.

Elle les cache dans l'ombre de ses plus épais taillis, elle les cache sournoisement, ses étangs sinistres, la vieille Thiérache. Il y en a un non loin d'ici, à mi-chemin du château, un qui est voilé de grandes herbes et de larges nénuphars, qui semble un pré de velours, et dont la vase enlizante a des trous sans fond, des trous de noirceur impénétrables, des trous pareils aux trous de ténèbres que seront les yeux de l'abbé quand Valentin les aura crevés enfin. Quel bon repos, quel repos pour tous, dans la vase enlizante du sinistre étang, repos pour la petite fille du conte, pour Aïsh et pour Aïsha, pour le Prince Charmant et pour la Belle au bois dormant! Mais l'étang n'est pas si loin d'ici. Il est ici même. Le voici : cette mare minuscule que hume Valentin, dont il mange et boit l'âme en mâchant de la mousse. Il y mange du tambour. Il y boit de la cymbale. C'est l'âme même de la vieille Thiérache.

Son âme en détente s'y fond. Il en pleure doucement. Ses larmes goutte à goutte s'unissent aux larmes silencieuses de la sourcelette. Il est une chose qui flue dans l'inconscience. Tout en pleurant, cependant, il se reprend à rire d'un rire muet. Il attend. Il guette. Il sait bien qu'elle va venir. Son être entier est absorbé en cela. Toute son âme a cela pour âme. C'est l'âme de la vieille Thiérache, qui suc l'amour, l'embuscade et le meurtre.

XLVII

Par le cornet acoustique de la fente, un bruit nouveau est arrivé, le bruit d'un pas sur le sable.

Valentin a relevé la tête, tendu l'oreille. Il est à plat ventre dans l'humidité moussue. Il a les mains crispées contre le roc. Il est immobile. Sa respiration s'est faite toute menue. Son cœur bat très vite. Une sueur froide lui mouille les cheveux. Il écoute.

Comme le pas est léger, rapide! Le pas d'un oiseau qui sautille! Sous lui le sable de la grimpette grince à peine, ne s'effrite pas beaucoup plus qu'au désagrégement produit par la chaleur. Mais le sable a beau être complice du pas si léger, si prudent, si furtif! Valentin ne saurait s'y tromper. C'est le bruit d'un pas.

Le pas monte dans la grimpette. Le voici qui arrive au tournant du lacet précédant la fente. Le voici devant la fente. Il ne s'y arrête point. Il continue. Il monte. Il a passé le second tournant du lacet.

Maintenant, la bête est prise au piège. La proie est sûre. Elle ne peut plus redescendre sans être happée au passage.

Il n'attendra pas qu'elle redescende. Il n'a plus la patience d'attendre. Son cerveau bout. Ses nerfs vibrent à se rompre. Devant ses yeux dansent des flammes noires.

Il rampe, sort de la fente, à son tour gravit la grimpette. Son pas est encore plus léger, plus prudent, plus furtif, que celui de tout à l'heure. Le sable ne dit plus rien. Seul, dans le silence, parle le crissement aigu des mouches qui vrombissent à la lumière. Il dit z, z, z, z, z, à l'infini. Zénaïde! Zénaïde! Zénaïde!

Elle est là, sur la plate-forme. Elle est couchée, collée au roc, pour n'être aperçue de nulle part. Elle se confond avec le roc. Sa tête seule en émerge, à peine soulevée. Sa crinière y met une poignée de mousse brune et frisée. Ses deux talons nus resplendissent au soleil, comme des œufs roses.

Immobile, elle regarde, vers le château. Elle n'a pas entendu venir Valentin. Il la regarde, immobile, aussi, à deux pas d'elle. Il est ramassé sur lui-même, prêt à s'élancer. Il a la face en contracture et exsangue, les narines pincées, les yeux démesurément agrandis, fixes, hagards, la bouche grande ouverte ; et du coin de sa bouche, à gauche, coule sur son menton un filet de bave.

Soudain elle le *sent* derrière elle, se retourne sans avoir le temps de se redresser, crie, et son cri d'épouvante s'achève en cri de douleur.

Elle est étreinte, écrasée. Elle se débat. Elle étouffe. Elle le mord au cou. Il le lui rend. Leurs sangs se mêlent. Ils en ont le visage éclaboussé, rouge. Elle râle. Elle agonise. Il s'acharne. Il boit la pourpre qui se dégorge en suprêmes glouglous. Il s'évanouit dans un spasme.

Et ce fut le troisième et dernier évanouissement de Valentin.

XLVIII

Sur la plate-forme, debout et tête nue au soleil, l'abbé contemple les deux cadavres.

Mélanie et le garçon de ferme, après une scène de clameurs effrayées et de questions sans réponses, sont allés au village faire les déclarations et les préparatifs nécessaires.

Doctrové n'a pas voulu quitter le corps de monsieur Valentin. Elle pleure, n'interroge pas, ne parle pas, ne comprend rien à ce qui est arrivé, ni pourquoi ce prêtre est venu, ni comment il *savait*, ni à quelle force elle a obéi en lui obéissant. Elle pleure. Elle est à genoux. Elle ne bouge que pour écarter à chaque instant, du coin de son tablier, les mouches vertes qui se posent sur la flaque de sang.

Un long temps se passe ainsi. Doctrové s'étonne que ce prêtre reste debout, ne s'agenouille pas comme elle, n'ait pas même esquissé une vague génuflexion quand on a trouvé les deux morts, n'ait pas fait une seule prière. Elle finit par en être irritée. Malgré son respect pour la soutane, elle ne peut se tenir d'insinuer enfin :

— Monsieur le curé, si vous disiez une petite oraison !

Touché du reproche, et tendre pour cette simplesse, l'abbé murmura, du bout des lèvres, un *Requiem*. Mais sa pensée n'en suivait pas les mots. Intérieurement, elle y substituait ceux-ci :

— Une fois de plus le Neutre essentiel s'est polarisé, puis reconstitué. Une fois de plus Aïsh et Aïsha se sont superposés et il n'en est resté que l'*a* qui est l'*o* avec un jambage, qui est *zéro* accru de *un*, lequel est le verbe du Silence. Une fois de plus Iod-Hé-Vau-Hé redevient Hé, celui du Tarot perdu. Une fois de plus le Non-Être a eu besoin de l'Être. Mais une fois de plus n'est qu'un Nombre, et tous les Nombres ont pour matrice *zéro* et *zéro* pour tombe. Et Tô est Tô.

Puis, le *Requiem* achevé, en guise d'*Amen*, avec des yeux mornes où se reflétait l'éternel néant des choses, d'une voix lointaine qui était la voix même de l'Infini au fond de l'Absolu, il dit :

— C'est bien. C'est bien.

www.ingramcontent.com/pod-product-compliance
Lightning Source LLC
Chambersburg PA
CBHW050802170426
43202CB00013B/2529